剥茧抽丝看历史

宰相争议

陈玉潇◎编著

肱股之臣掌一朝重权
是非功过凭后人决断

陕西新华出版传媒集团

三秦出版社

图书在版编目（CIP）数据

宰相争议 / 陈玉潇编著. -- 西安：三秦出版社，
2014.5（2022.3 重印）
（剥茧抽丝看历史）
ISBN 978-7-5518-0791-3

Ⅰ.①宰… Ⅱ.①陈… Ⅲ.①政治人物—生平事迹—
中国—古代—通俗读物 Ⅳ.①K827=2

中国版本图书馆 CIP 数据核字(2014)第 103808 号

宰相争议

陈玉潇　编著

出版发行	陕西新华出版传媒集团 三秦出版社
社　　址	西安市雁塔区曲江新区登高路 1388 号
电　　话	（029）81205236
邮政编码	710061
印　　刷	三河市燕春印务有限公司
开　　本	710mm×1000mm　1/16
印　　张	16.25
字　　数	200 千字
版　　次	2014 年 5 月第 1 版
	2022 年 3 月第 3 次印刷
印　　数	6001-11000
标准书号	ISBN 978-7-5518-0791-3
定　　价	59.80 元
网　　址	http://www.sqcbs.cn

前　言

中国是一个对历史文化的传承极其重视的国家。中国拥有五千年的历史，创造出了无比灿烂的文化。如果你想要更好地了解中国的历史，那么最好从历史上重量级人物的争议以及重要事件的争议上细细地进行观看。

皇帝是历史的缩影，从他们或悲或喜的一生中，或神奇或平淡的故事中，隐现了中国封建历史的发展轨迹。正所谓"观看君王沉浮间的经历轶闻，洞悉君王宝座中的权利奥秘"。

宰相是一人之下、万人之上的大人物，在中国古代的政治舞台上扮演着非常重要的角色。如果一朝之宰相清正刚廉、直言敢谏，那么，将会有利于社稷的安定与百姓的幸福，会流芳百世，被后人称赞；倘若一朝之宰相阿谀逢迎、卖官鬻爵，那么必将会对社会的安定与百姓的生活带来危害，会遗臭万年，遭后人唾骂。

在历史的长河中，不只有帝王将相，还有很多花容月貌的妃子。千万不要小看了这些女人，她们在很多风云大事、江山更迭中起着至关重要的作用。可以说，这些女子在潜移默化或一颦一笑间，就可以舞动政治的波澜。

宦官是世界上古代所有帝国的一个特殊的人群，在中国历史上扮演着非常重要的角色。他们或谨守本分，努力工作，为整个朝代做出了突出的贡献；或操纵天子，总揽大权，加速了朝廷的灭亡……

除了重要人物之外，几乎每个朝代都会出现几个不同的党派，他们因立场不同、观点不同，对事物的看法也不相同，为此他们常常争论不休，各自阐述自己的理由，为了战胜对方，甚至不惜使用政治手段。本套丛书再现各朝党政内幕，坐看权柄更替。

在历史的长河中，曾发生过多起叛乱，比如八王之乱、安史之乱等。他们在权力、钱财、美色或其他诱因的刺激下，对权利充满了无限的欲望，渴望通过政变获得更大的权利……

中华民族的历史是一部多灾多难的历史，几千年来出现了众多大小冤案。在这里，读者将看到最具代表的冤假奇案，探知最不为人知的隐秘故事。

本套丛书分为《皇帝争议》《宰相争议》《后妃争议》《宦官争议》《党争争议》《叛乱争议》与《冤案争议》七册，从不同的方面详细地再现了历史的真相，正所谓"抽丝剥茧看历史，清晰明了又深刻"！

目 录

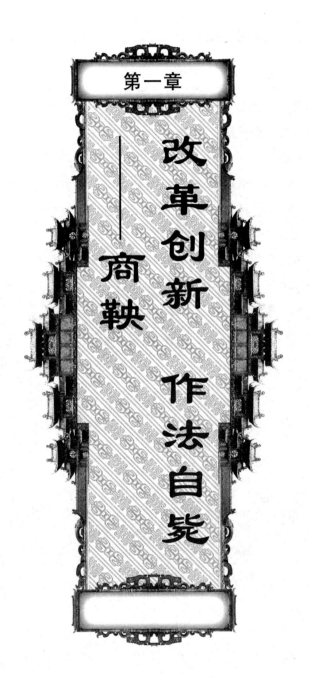

第一章

改革创新　作法自毙

——商鞅

宰相档案

☆姓名：商鞅

☆出生日期：约公元前 395 年

☆逝世日期：公元前 338 年

☆生平简历：

公元前 356 年，进行第一次变法。

公元前 352 年，被任命为大良造，进攻魏国。

公元前 350 年，进行第二次变法。

公元前 341 年，攻打魏国，俘虏公子卬，获得封地。

公元前 338 年，诬告谋反，被杀。

人物简评

商鞅作为一个变法的先行者，在整个中国的历史长河中占有非常重要的地位。有的人认为他是一个非常了不起的政治家，是第一个彻底改革政治制度的人，功在当代利在千秋，对中国今后几千年的历史都产生了非常重大的影响。有的人却认为商鞅的法制太过于残酷了，近乎于暴政，简直就是一种不人道的制度。商鞅所建立的那种制度，对老百姓造成了很严重的压迫，而且也对各种思想的发展造成了特别严重的负面作用。尽管这些人们谁也说服不了谁，但有一点可以肯定，商鞅确实是一个伟大的人，也正因为伟大，所以才会存在那么多的争议。

生平故事

初试身手

商鞅是卫国人，出生在现在的河南安阳市的黄梁庄镇附近。是战国时期著名的政治家、思想家，是法家最了不起的代表人物。因为他是卫国国君的后裔，所以人们也叫他卫鞅，或者公孙鞅，因为后来被封在商，所以人们一般把他叫做商鞅。因为看到了秦孝公的求贤令，他就来到了秦国，想要建立一番事业。他通过一番努力，终于说服了秦孝公，让秦国采用了他的理论，通过变法变得强大起来。

商鞅作为一个卫国公族后人，所处的又是战国那个思想非常自由的时代，因此在学好了知识，有了自己的观点以后，他就开始到各个国家游历，寻找着可以施展自己报复的机会。那个时代根本不需要考虑自己是哪个国家的人，只要有人能够赏识自己，让自己的才华得到发挥，就是最大的恩惠了。商鞅最想要遇到的也正是一个赏识自己的伯乐，让他从小就开始研究的变法思想能够在实际中得到应用。

虽然商鞅在军事和法律方面有着很高的造诣，比那些前辈们例如吴起、李悝等人的能力还要好，但是世事难料，他在自己的国家根本找不到施展才华的机会，因此他也加入了周游列国的大军当中。等他一路周游到了魏国的时候，第一个机会出现了。

当时魏国的国相公叔痤对商鞅的才华非常赏识，想要向魏国的国王推荐他。然而，非常遗憾的是，当公叔痤向魏惠王举荐商鞅的时候，他正好得了一场大病，几乎很快要死了。但是公叔痤还是找到了机会对魏惠王说出这件事，在魏惠王来看望他的时候，他赶紧对魏惠王说，希望魏惠王可以在他死后重用商鞅，把国家的大事都交给商鞅处理。但是魏惠王还以为他是病得糊涂了，因为他怎么也想不明白，一个年纪轻轻的小伙子，怎么能托付国家大事呢？不过魏惠王并没有把这样的想法说出来，公叔痤都是快要死的人了，魏惠王不想就这么直接拒绝他的请求。然而公叔痤已经从他的表情上猜到了他的心思，就对他说，假如不想重用商鞅的话，就一定要把他杀了，不然的话一旦其他国家重用了商鞅，魏国就要倒霉了。

虽然一时激动，说让魏惠王杀了商鞅，但是公叔痤后来却觉得于心不忍，一个有理想有抱负的青年，就这样因为自己死了，实在是太不值得。于是他忽然发了善心，把商鞅叫到自己跟前，将他和魏惠王谈话的经过告诉了商鞅，并要求商鞅赶紧离开魏国逃命去。公叔痤当时一脸的焦急之情，因为他担心魏惠王马上就会派人来杀商鞅了。但是当事人商鞅却一点也不害怕，因为他知道，魏惠王既然不相信公叔痤的话，不让自己治理魏国，又怎么会派人来杀他呢？事实证明，商鞅的想法是完全正确的，魏惠王根本没有要杀他的意思。公叔痤一死，商鞅在魏国的前途就不是很好了，根本找不到发展的机会，于是他就开始想着自己下一步要去哪里了。

时间不长，商鞅就去了秦国。这时候的秦国一点也不强大，无论从哪方面看，都比不上中原的那些诸侯国。就连距离最近的魏国也比秦国强大很多，将秦国河西的一大块国土侵占了。一直到秦孝公当上秦国国君的时候，他决心让秦国强大起来，在各国征集有才能的人。还颁布了一道命令，不管秦国人还是别的国家的人，只要可以让秦国繁荣起来，在诸侯国中变得强大起来的，就封这个人当大官。这道求贤令一发出去，立即引来了一大批有才能的人，其中就包括商鞅。商鞅通过秦孝公的宠臣景监求见孝公。

商鞅经过秦孝公的一个宠臣景监的引荐，见到了秦孝公。他滔滔不绝地向秦孝公介绍他的治国理论，但是秦孝公却对他所说的一点兴趣也没有，甚至经常打瞌睡。在这次见面之后，秦孝公就责备景监，说你给我介绍的人怎么这么能吹啊，大道理说起来一套一套的，但是根本和我们的国情不相符啊，不能实际应用，说了等于没说，全是废话。景监一听这话，生了一肚子气，回去就用这些话说了商鞅一顿。商鞅没有生气，而是想了想，对景监说："我给秦孝公说的是五帝治理国家的办法，看来他对这个方法完全不能理解。"

过了五天，商鞅又要求景监向秦孝公举荐自己，于是他就又一次见到了秦孝公，这次还是滔滔不绝地说了一大堆话，效果比上一次要好一点，不过秦孝公还是不太满意。于是秦孝公就又把景监责备了一通，景监回去后继续责备商鞅。商鞅说："我这次让秦孝公用三王的治国方法来治理国家，看来他还是理解不了啊，希望你可以继续向他举荐我。"

于是商鞅又一次和秦孝公见面了，这次的谈话过后秦孝公对他的态度比较和气，不过仍然没有重用他的意思。不过没有继续再责备景监，而是说："你给我推荐的这个人还有那么点意思，我觉得能和他聊一聊还是不错的。"

商鞅听说秦孝公这么评价他，就向景监说："我这次让秦孝公用五霸的治国方法治理国家，看来和他的心思有点合拍了，他已经有了任用我的想法。假如你可以让我再见他一次的话，我知道自己应该怎么劝说他了。"这次商鞅见到秦孝公的时候，和秦孝公面对面地交谈。秦孝公听得非常入神，不自觉地向商鞅靠近，以便能更清楚地听到他说的话。从这次谈话之后，秦孝公又一连和商鞅谈了好几天，而且完全不觉得厌烦。

景监看到秦孝公的态度发生这么大的转变，就很好奇地问商鞅，到底是如何将秦孝公打动的，让国君变得这么高兴？商鞅告诉他说："当我希望秦孝公用五帝三王的治国方法来治理国家的时候，是希望可以让秦国变得像夏、商、周那三个朝代一样强大，但是他认为这样的管理方法用的时间太久了，他等不及。而且那些贤明的帝王，哪个不是在活着的时候就已经创下了千古不朽的政绩，怎么可以等上那么多年都不见效果呢？因此我知道他想要什么了，就用春秋五霸让国家富强的办法来劝说，于是他就特别高兴了。不过虽然可以让国家强大起来，但是这样的方法并不能让国家像夏、商、周那样美好。"

商鞅变法

虽然秦孝公非常认同商鞅的治国理论，想要把秦国以前的制度变革一下，但是却担心别人对自己说三道四。商鞅劝他说："做事的时候如果没有自信，根本就没有成名的可能，做事的时候假如不果断的话，就没有成功的机会。一个人假如在各方面都超出众人的话，经常不会被那些庸庸碌碌的人理解和认同；一个人假如在一方面有自己独特的见解，肯定会被那些无知的老百姓们非议。愚蠢的人看到聪明的人把事情做好了，还在那里茫然不知怎么回事；而一个有智慧的人，在事情还没有发生的时候，就已经可以预测出结果了。根本不需要和那些无知的老百姓们商量什么事情，只需要和他们一起享受事情的结果就够了。一个道德特别高尚的人，不会被世俗的礼法牵绊住，想要成就一番大事业，不用去考虑普通人的看法。因此，圣人们通常只要是可以使国家强盛，不管是不是旧有的制度，都会毫不犹豫地去执行；只要是对老百姓们有好处的方法，就不被那些旧的规矩束缚住。"秦孝公觉得他说的很有道理，于是就下定了决心。

但是那些大臣们并不这样认为，很多人都反对商鞅的变法。甘龙说：

"圣人经常是在不让那些原来的风俗习惯发生变化的情况下教化那些老百姓的，有智慧的人会在治理好国家的同时，不改变国家原来的那些制度。如果教化百姓的时候可以遵循以前的风俗，就可以毫不费力地将他们管理好；而且用国家以前的制度来管理国家，官员们就会比较熟悉，百姓也不会感到有什么不安。"

商鞅听后反驳说："甘龙讲的这些全都是一些迂腐的论断，对于先进的法律制度根本不适用。只有那些一辈子碌碌无为的人，才会拘泥于以前的成规，不知道变通。那些只知道读书的傻瓜对书里面所说的事情敬若神明，盲目地相信一些不着边际的话。如果按照甘龙说的那些，倒是可以让老百姓们规规矩矩地过日子，但是如果想要发展的话，根本就不可能。至于制度的改变，也并不是多么了不得的事，夏、商、周这三个朝代的礼制全都不一样，但是都成就了伟大的事业；春秋五霸都那么强大，但是所采用的治国之道也各有各的特点。制定法令都是聪明人做的事，只有那些蠢货才是一味地因循守旧；那些贤明的人懂得从实际出发，改变旧的制度和法律，只有无能的人才一直抓着旧的东西不放手。"

杜挚也反对商鞅，他说："通常情况下，如果新法令的好处达不到原来法令一百倍的好处，就不需要将旧的制度改变；如果一件器物的使用价值达不到原来器物的十倍，就不用换掉旧的器物。因循旧的东西，就可以没有过错；采用已有的法制，就能不出现谬误。"

商鞅听完他的话，驳斥道："管理国家绝对不能只用单一的思想，假如想要让国家强大起来，就不可以模仿古人的方法。正是因为这样，所以商汤与周武王没有使用以前的制度，成就了不朽的王业，夏桀与殷纣却因为不知道改变一下祖宗的制度，导致了灭亡的灾难。所以不遵守现成制度的人不应该被人们瞧不起，而那些只知道墨守成规的人，也并不应该被人们赞扬。"

经过商鞅的一番慷慨陈词，终于把那些反对的声音全都压制了下去。秦孝公于是将商鞅封成左庶长，把变法的条令确定了下来。新的法令将老百姓们每五家凑成为一"伍"，每十家叫做一"什"。通过这样的编制，让百姓们相互监督，如果有一家犯了罪，别的人家必须要告发出来，否则的话就一起接受惩罚，隐瞒不报就要受到腰斩的刑罚。而如果将犯罪的人告发了，就会受到和砍下敌人首级一样的奖赏，假如包藏犯人就会受到和向敌人投降的人一样的惩罚。百姓的家里有两个以上男人，却没有分开立户的，一户就必须要交纳两份的赋税。一个人如果立下了军功，就依据他功劳的大小根据法令进行封赏；如果因为个人的私事打架斗殴，根据具体的情况进行惩罚。在农业和耕织上面尽心尽力，可以收获比较多的粮食，产出更多布帛的人，就不需要再参加那些劳役活动了。那些因为经商或者自己的懒惰变成穷人的人，就把他们降成奴隶。那些和国君有血缘关系的宗族之人，假如没有军功可以奖赏，就不让他们进入族谱。将上下尊卑的等级划分得更加明显，根据等级的不同可以拥有不同数量的房屋和田地，那些奴婢们所穿的衣服，样式也是根据他们主人的地位来确定的。那些对国家有功劳的人，就会地位高贵钱财充足，而那些没有功劳的人，就算是非常富有，也不会让他有更高的地位。

商鞅的新法各方面都已经准备好了，不过还没有向天下公布出来。商鞅担心那些老百姓们不相信刚刚颁布的新法令是真的，因此就在国都市场的南门树立了一根木杆，高为三丈，然后贴出一张告示说："如果有人可以把这根木杆挪到市场的北门，就赏给那个人十锭金子。"老百姓们看了这个告示，觉得相当奇怪，天下竟然有这样的好事，他们简直不敢相信自己的眼睛。商鞅见没有人敢动，就又贴了一张告示："只要有人能把这根木杆移走，就奖励他五十锭金子。"这次有人来把木杆挪走了，于是商鞅马上就赏了这个人五十锭金子。

这件事情顿时传遍了都城，继而轰动了整个秦国，老百姓都知道商鞅不是在开玩笑了。商鞅知道自己的做法已经起了作用，老百姓们已经知道他的命令不是虚假的了，于是马上把新法令向全国公布出来，果然能够顺利实行下去。

在周显王十三年（前356）与十九年（前350），商鞅前后进行了两次变法。在公元前356年的时候进行的首次变法，内容主要为：将新法

令公布，实行连坐的的政策，加重各种刑罚。鼓励农业生产抑制商业的发展，对耕织进行奖赏，尤其是对垦荒的人，奖励特别大。主张"依法治国"，要求那些官员一定要懂得法律才行。

公元前350年的时候，商鞅进行了第二次变法，这次主要是对"开阡陌封疆"进行了改革。把以前规定的"百步为亩"改成了240步才是一亩，并同步对"阡陌"和"封疆"进行了更改。国家认可自耕农和地主的土地，承认他们对土地的所有权，并且通过法律确定了土地能够进行买卖这件事。在全国实行县级制度，在没有县的地方，将很多乡、邑结合在一起，编制为县，这样总共新建了31个县。并且设立县令与县丞，都通过君主直接任免。

对于这么重大的改革，肯定不会是一帆风顺的，商鞅的新法刚一推行，就遇到了非常大的阻力，很多王公贵族和大臣们都强烈抵制新法。这个时候，太子犯法了。于是商鞅便说："新法之所以不能推行下去，遇到这么大的阻力，关键是因为这些大人物们不严格遵守。"于是想要对太子依法治罪。但是太子是秦国的接班人，将来要当皇帝的，不能对他用刑，因此商鞅就将太子的两个老师公子虔与公孙贾全都依法治罪，割掉一个人的鼻子，在另一个的脸上刺字。看到商鞅的手段这么犀利，那些贵族和大臣们再也不敢藐视新法了，于是在这件事以后，秦国上下都接受了新法。

商鞅的新法一直实施了十年之久，秦国的老百姓们感到非常高兴，路上就算有人丢了东西，其他人也不会去捡，荒山野岭之中从来也没有强盗出现过，每一家的生活都很富裕，有饭吃有衣穿。所有的臣民有愿意为了国家的荣誉而战，从来都不会因为自己的私事打架斗殴，国家的治安非常好。以前一直说新法不好的那些老百姓，现在又转过来说新法好了。商鞅却认为他们都是谣言的传播者，因此把这些人调到边境去居住。经过这件事以后，老百姓们再也不敢随便讨论新法的好坏了。

击破魏国

商鞅不仅在法律方面非常精通，而且还擅长兵法。于是秦孝公让他当了大良造，领着秦国的军队将魏国的安邑包围起来，最后迫使安邑的魏军全都向秦国投了降。后来秦国于咸阳兴建了非常雄伟的城池宫殿，把都城迁到了那里。商鞅将秦国的度量单位全都统一起来，让人们相互之间的交易更加方便。随着秦国一天天富强起来，周天子让人送祭肉给秦孝公，以表达对他的敬意，接着那些诸侯都来向秦国贺喜。

过了不久，齐国的军队于马陵将魏国的军队打败了，并且活捉了魏国的太子申，把魏国名将庞涓杀掉了。一年之后，商鞅对秦孝公说："我们秦国和魏国同时存在，这种情况和人腹心患病的状态差不多，只存在两种可能，一种就是秦国将魏国吞并，否则只能是魏国将秦国吞并。之所以出现这样的情况，是因为魏国的都城在中条山的西边，和秦国以河为界。中条山的山势非常险要，而魏国又独占着中条山东边的有利位置，因此当条件对他们好的时候，就能够向西对秦国进攻；当条件对他们不好的时候，就可以向东发展。现在因为您的贤明，国家变得强大起来，而去年魏国让齐国打得惨败，很多诸侯都不再依附它，我们可以抓住这个就会，攻打魏国。当魏国挡不住我们的大军之时，肯定会逃到东边去，这样我们就可以拥有黄河及中条山了。这个地方的地势非常险要，而且向东能对诸侯形成控制，这样一来就具备了成就帝王功业的条件。"

秦孝公认为商鞅的话非常有道理，于是就让他当大将军，领着秦军去和魏国交战。魏国见秦军大军压境，就让公子卬领兵出战。商鞅于是就写了一封信，让人带给公子卬说："我以前和你是好朋友，现在却是不同国家的将军，我不忍心和你作战，不如我们两个见一面，让两个国家结成盟友，举行宴会以后就各自领军队回去，这样对两个国家的老百姓都有好处。"公子卬觉得商鞅的话很有道理，于是就和商鞅结盟，接着就摆开宴席。但是商鞅在酒宴上面埋伏了很多士兵，将公子卬活捉了，接

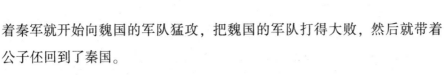

着秦军就开始向魏国的军队猛攻，把魏国的军队打得大败，然后就带着公子卬回到了秦国。

由于魏国这段时间经常打仗，而且全都是败仗，国家的人力财力消耗殆尽，魏惠王的心里十分害怕，就派出使臣把黄河西边的地方全都割让给秦国，希望可以和秦国和平共处。魏惠王不得已把都城迁移到了大梁，并且非常感慨地表示，当初没有听公叔痤的话把商鞅杀掉，现在非常后悔。

商鞅打了个漂亮的胜仗，回去以后，秦孝公将商於在内的十五邑封赏给他，并叫他商君。

不听劝告

商鞅在秦国做了十年的丞相，在秦国的贵族和官员当中都有很多人对他不满，积怨越来越深。

有一次一个叫赵良的人和商鞅见面，商鞅对他说："我之所以能和你见面，是因为孟兰皋向我介绍了你，我打算和您结交，不知道您能不能接受？"

赵良说："小人高攀不起，不敢产生这样的想法。孔子曾经说过这样的话：如果一个人尊重贤能的人才，善于管理国家，对老百姓非常爱护，那么人们就会纷纷过来投靠他；而如果一个人将没有才能的人聚集起来，那么那些有才有德的人就会主动远离他。我没有什么本事，因此不敢接受您的安排，在您的手下办事。我还听到有人这样说，假如一个人没有那样的能力，却处在高官的位置上面，就叫做贪恋权位；假如一个人没有那样的才能，却一心想要一个好的名声，就叫做贪图名誉。如果我接受您对我的友谊，恐怕就会有人说我贪图权位和名誉了，因此我万万不敢接受您的这番美意。"

商鞅听他这么客气地拒绝了自己，便问："难道您对我治理的秦国有什么不满意的地方吗？"赵良说："可以接受反对意见的人是聪明的人，能不停地反省自己行为的人是明智的人，而可以克制住自己内心冲动的人就是强大的人。虞舜曾经这样说，一个人如果非常谦虚，主动让自己处在一个比较谦卑的地位，这样的人不但不会让人鄙视，还会得到大家的尊重。但是您从来都没有按照这样的话去做事，因此我对您的行为满意不满意，已经不需要明白地说出来了。"

商鞅说："以前秦国的风俗非常不好，简直和野人差不多，父亲和儿子不分开居住，居然住在同一间屋子里，不成体统。现在我改变这样的风俗，让父子分开居住，让男女之间有所区别，还建造了高大雄伟的城池与宫殿，让秦国变得如此强大。您觉得我为秦国做的这些事难道不是重大的功业吗，如果和五羖大夫百里奚比起来，我们两个人谁比较有才能？"

赵良说："就算是有上千张的羊皮，也比不上一件狐裘的价值，就算是所有的人都跟随潮流称赞一件事，也比不上一个人用实话劝说。周武王之所以能让周朝变得强大起来，是因为他善于听从那些臣子们的直言相劝；而商纣王灭亡的原因，正是由于他残暴无度，听不进逆耳忠言，让大臣们谁都不敢说话。如果您想要效仿周武王，听从别人的正确见解，我希望可以每天都对您说实话，只要您不责怪我，不知道可不可以？"

商鞅说："我曾经听说过这样的老话，那些听起来很好听的话都像花朵一样华而不实，而那些真实的话却像是果实一样有用，让人讨厌的批评往往是和治病的草药一样，可以救人于水火之中，而专门让人开心的那些甜言蜜语则是最害人的。假如先生真的愿意每天对我说真实的话，就是解救我的金玉良言、苦口良药，我甘愿让你当我的师傅，您不用太客气。"

赵良劝告商鞅："百里奚以前是楚国一个地位非常低下的人，因为知道秦穆公是一个非常贤明的君王，就想要到秦国去拜见他。但是因为穷，没有路费，于是百里奚就找了一个到楚国旅行的秦国人，将自己卖给了他。然后百里奚就穿着非常破烂的衣服，给人家养牛，这样过了一年的时间，秦穆公才发现他是一个很有才能的人，将他从一个卑贱的喂牛人

提拔上来，让他当上了秦国的相国，但是秦国的人却没有对他产生怨恨。他在秦国一直当了六七年的相国，在这段时间里秦国向东面攻打过郑国，帮助过三个晋国的君王回到自己的国家当国君，还解除了一次楚国带来的祸患。他在秦国推行的政策是教化百姓，产生的功绩非常明显，让相邻的小国巴国主动向秦国称臣，自愿交纳物品贡奉；对其他的诸侯采取仁德的策略，让西边的那些国家都归顺了秦国，因为他们听别人说百里奚是个贤德的人，所以主动想要拜见他。百里奚在当相国的这段时间里，虽然非常辛苦，但是从来也不坐着豪华的车子出门，即使在夏天的时候也不把车上的伞盖张开，就那么被太阳晒着。在秦国考察的时候，他从来也不用军队跟着护卫，身上也不带任何用来防身的利器。他的千秋功绩在丝帛上面记载着，在府库当中收藏着；他的德行一直流传在世间。百里奚去世以后，整个秦国的老百姓都哭得非常伤心，就连小孩子也因为伤心不再唱歌和玩耍了，那些舂米的人都因为悲伤，不想继续哼唱号子。人们这么怀念他，就是因为他出众的德行。而现在您却不是这样，你一开始和秦国的国君见面，是通过他的贴身宠臣景监的引荐，一个注重自己名誉的人绝不会像您那么做。您当上了秦国的丞相以后，从来不为老百姓们做一点有用的实事，只是把城池和宫殿修建得高大威武、富丽堂皇，想要给国家带来发展的人是不会像您这样做的。您用那么残酷的刑法去伤害老百姓，还对太子的老师用刑、刺字，这些做法给您积累了更多的怨恨，埋下了危险的种子。通常来说，以自己的行为来教化百姓，比用法令来约束他们更加有效，人们效仿他们国君的行为，比他们遵从法令的速度快很多。现在您做事的方法、颁布的法令都和正确的道理不相符，真正想要让百姓变好的人绝不会做您这样的事。而且您有封地，拥有非常大的荣誉和很多的财富，却整天用您制定的那些法令来束缚那些秦国的贵族。《诗经》上说，连耗子都有一个完整的身体，人们怎么可以不讲礼仪呢？如果人都不讲礼仪了，还不如快点去死。如果按照这种说法，您如果想长寿的话，一定不能再继续这样做下去了。太子的老师公子虔在被您割掉鼻子以后，因为心中羞愧，一直待在家里，足不出户都有八年之久了，您还把祝欢杀掉，给公孙贾的脸也刺上字。《诗经》上面还说过，如果一个人能够得到人们的拥护，就会兴盛起来，而如果一个人不受大家的拥戴，那他就不会有好结果。您对别人进行的这些处罚，都是一些不得人心的行为。您每次出巡的时候，都跟着很多的车辆，上面装满了保护您的士兵，您让孔武有力的人做自己的贴身护卫，让那些拿着长枪和短剑的士兵在车子周围保护着。这些措施当中如果有一样没有做到，您都不愿意出去。《尚书》里面说，一个人如果依靠仁德，就可以强大起来，而一个人如果依靠武力，就会自取灭亡。所以我觉得您现在非常危险，和早上的露珠一样，马上就要衰败了，怎么能长命百岁呢？我建议您现在就把封地还给秦孝公，然后找一个人迹罕至的地方躲起来，并且让秦孝公任用那些隐居在民间的贤能之人，收养那些无依无靠的穷苦百姓，尊老爱幼，对那些有功于国家的人进行奖赏，尊重那些品德高尚的人。如果这样做的话，也许可以让灾祸减轻一些，但是如果贪恋荣华富贵，仍然抓着秦国的大权不放，就会让老百姓们更加愤恨。如果秦孝公去世了，秦国会有很多人想杀死你的，你的死期很快便会到了，就像抬起脚来那样迅速。"

尽管这番劝说都是非常恳切的话，但是商鞅却没有听进去。

自作自受

不可否认商鞅的这次变法的确是为秦国带来了非常大的发展，但是从另一方面来看，他制定的法律却又太过苛刻了，让百姓动辄得咎，日子过得战战兢兢。

到了公元前338年的时候，秦孝公过完了他励精图治的一生，安静地去世了，然后秦惠王嬴驷当上了皇帝。由于再也没有人庇护商鞅了，那些对他嫉恨已久的人便开始趁机下手，对他展开报复。被他用过刑的公子虔就联合了一些人，诬告商鞅想要造反，尽管秦惠王心知肚明商鞅根本就没有造反的理由，也不可能在这种时候造反，但是由于他对商鞅

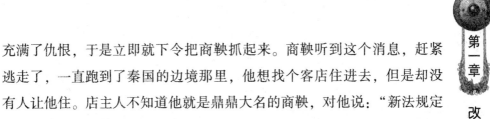

充满了仇恨，于是立即就下令把商鞅抓起来。商鞅听到这个消息，赶紧逃走了，一直跑到了秦国的边境那里，他想找个客店住进去，但是却没有人让他住。店主人不知道他就是鼎鼎大名的商鞅，对他说："新法规定了，不能让没有证件的人留宿，不然的话如果这个人犯了什么罪，连我们也要一起受惩罚。"商鞅听到这话，叹了口气，说："原来变法竟然有这么大的害处啊！"他这次可以算是搬起石头来却砸了自己的脚，没有一点办法了。

商鞅从秦国逃走，一路来到了魏国，但是魏国人却不收留他，因为他当初欺骗公子卬，用这种卑劣的手段把魏军打败了。商鞅见魏国人不愿意接纳他，就想跑到别的诸侯国去，但是魏国人认为他是秦国的犯人，现在到了魏国，魏国应该把他抓住送回秦国去，不然如果秦国追究起责任来，魏国就要倒大霉了。于是魏国人就又把商鞅送回了秦国。

商鞅跑了半天又回来了，没有别的地方可去，只好来到了他以前的封地那里，接着就和手下的人一起将那里的士兵发动起来，向北边朝郑邑进攻。秦惠王派出军队镇压他，在郑邑的黾池杀害了商鞅。商鞅死的时候非常凄惨，秦惠王用一种非常残忍的酷刑——车裂把他当众杀死，并告诫秦国的人说："你们一定不能像商鞅这个乱臣贼子一样背叛秦国！"

尽管秦惠王残忍地杀害了商鞅，不过对于他推行的法令却非常喜欢，并没有将新的法令废除，而是继续将这套政策实施下去，秦国也因此变得越来越强大，为后来秦始皇统一六国奠定了非常好的基础。

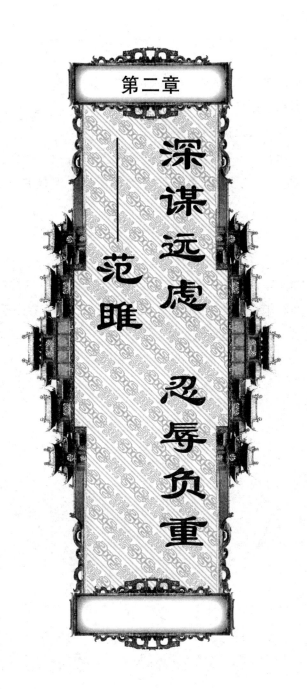

第二章

深谋远虑　忍辱负重

——范雎

宰相档案

☆姓名：范雎

☆出生日期：不详

☆逝世日期：公元前 255 年

☆生平简历：

公元前 271 年，范雎跟着王稽来到了秦国，但是并没有立刻受到重用。

公元前 270 年，范雎得到秦昭王的赏识，封为客卿。

公元前 268 年，范雎提出了"远交近攻"的策略。

公元前 266 年，范雎在内政方面推行"强干弱枝"的方针。

公元前 260 年，范雎使离间计，长平之战中，秦军在长平大败赵括。

公元前 255 年，范雎病逝。

人物简评

范雎是一位具有谋略的战略家，提出了"远交近攻""强干弱枝"的方针，使秦国最终得以强大，一步步完成统一大业。范雎为了实现理想，面对魏齐的羞辱，忍辱负重，最终成为秦国的宰相。但是他还是一位心胸狭窄的人，羞辱须贾，逼死魏齐，妒杀白起。他还是一位懂得感恩的人，飞黄腾达之际并没有忘记昔日帮助过他的王稽和郑安平。

生平故事

范雎遭小人陷害

战国时期想要出人头地先要有一副好口才，当然还要有真才实学。这个时代造就了很多著名的游士和谋略家，他们纵横捭阖，畅谈天下。各个国家求贤若渴，给了很多身处底层的有才之人一个机会，凭借游说，他们一步步得以升迁，辅佐君主谋求大业。年轻的魏国人范雎胸怀理想，想要周行天下，游说诸侯，展示学识，但是他家境贫寒，既没有出游的资本，也没有钱让别人引荐。不过范雎没有灰心丧气，而是给魏国中大夫须贾当门客效力，等待出头的机会。

公元前283年，齐国差点被燕国大将乐毅率领的燕、楚、魏、赵、韩五国兵马所灭。齐国的都城临淄被攻破，七十多座城池也陷落在五国手中。齐国只剩下两座城池可守——即墨（今山东即墨）和莒（今山东莒县一带）。齐湣王在逃亡的路上被楚将淖齿所杀，他的儿子齐襄王得到莒太守的支持，仓促在莒即位。齐襄王差点做了亡国之君，后来，齐将田单受命于危难之际，挽救了齐国的颓势，智摆火牛阵，将联军打败，并收复失落的七十座城。齐国才免遭亡国之祸。

齐国经过此劫之后，国力逐渐恢复并有蒸蒸日上的趋势。参与五国破齐的魏王寝食不安，深怕齐襄王的报复。于是，魏王决定派遣使者出使齐国修好，这个差事落到了中大夫须贾的头上。齐襄王接见魏国使臣须贾时很是傲慢，责问魏国先是对齐国落井下石，现在又遣使修好。齐襄王愤怒地训斥先王之死和魏国有关，须贾自知理亏，被齐襄王训斥得无话可说。

就在这尴尬时刻，随从舍人范雎从须贾的身后挺身而出，向齐襄王辩驳道："齐湣王骄纵暴戾，贪得无厌，五个国家都与他有仇，难道只是魏国的错吗？大王您光武盖世，应该考虑重新将齐桓公、齐威王时期的盛世振作起来，如果只是斤斤计较齐湣王时的恩仇，只知道责备他人而不知道自责，恐怕又要重蹈齐湣王的覆辙了！"

范雎年轻气盛，看到主人被齐襄王数落得无言以对，才挺身而出，既为主人解围，也维护了魏国尊严。按理说，这番话传到魏国去，应该给他升官才对，但是没有想到就是这番话给范雎带来了巨大的灾难，差点儿送掉性命。

齐襄王听了范雎的辩驳之后，不仅没有生气，而是从心里佩服他的胆识和辩才。齐襄王觉得这个年轻人是不可多得的人才，当天晚上，他就派人找到范雎劝他留在齐国，授予他客卿的官职，这算是外国人在本国做官的最高官职。范雎一直想要施展才学，机会来了，他却义正词严地拒绝了，并说："臣与使者一起出使，而不和他们一起回去，不信无义，叫我以后怎么抬得起头做人呢！"

齐襄王听了之后对他更加敬重，特别赐予了范雎十斤黄金和牛、酒等物。范雎肩负着使者的重命，怎么敢私自接受馈赠的礼物，坚持着不肯接受齐襄王的好意。正使须贾却备受齐襄王的冷落，看着随从范雎备受恩赏，心里很不高兴。范雎将齐襄王给他的恩赐如实地报告给须贾，须贾命令他收下牛、酒，奉还黄金，范雎只好听从。

回到魏国后，须贾回想起在齐国受到的冷落越想越生气，觉得自己丢了面子，而让他丢面子的罪魁祸首就是范雎。他将范雎在齐国得到齐王厚赐的情况向魏相魏齐报告，魏齐听了之后特别愤怒，认为范雎背叛了魏国。于是，魏齐命人把范雎抓来，将他严刑拷打，范雎受尽了虐待，被打得遍体鳞伤，血肉模糊。范雎深怕性命不保，决定装死蒙混过关，

于是他屏住呼吸，直挺挺地躺在血泊里，狱吏打他，他也不动。狱吏以为范雎已经被打死了，便去禀告正在饮酒作乐的魏相。

这时，魏相正喝到酣畅处，命仆人将范雎的尸体用苇席裹起来，丢在茅厕之中，死都死了，魏相还是没有放过范雎，让家中的宾客向苇席里的尸体撒尿，故意羞辱范雎，以作惩戒。范雎只能死忍，等到天色已晚，范雎才从苇席里睁开眼睛偷看外面的动静，这时他身边只有一名卒吏看守，便有气无力地说："我快被打死了，虽然暂时醒了，但是也活不久了。你如果能让我最后死在家中，让家人为我送葬，改日一定会重重地酬谢你。"卒吏看到范雎被打得这么可怜，又贪图小利，于是就谎报魏齐，说范雎早已经死了。

魏齐命仆人把范雎的尸体扔到荒郊野外，范雎这才能够脱身。他趁着夜色，不顾伤痛爬回家中，让家人把苇席置于野外，否则苇席不见了，会引人怀疑；同时让家人通知好友郑安平，帮助他隐藏起来，化名张禄，并嘱咐家人第二天为他发丧。范雎的小心谨慎果然没错，第二天魏齐清醒之后，对范雎的死感到怀疑，见野外只剩下苇席，便派人去他家里搜查，正好看到范雎家为他发丧戴孝，魏齐也就不再怀疑了。

入秦的考验

公元前 271 年，秦国使臣王稽奉秦昭王之命出使魏国。秦国在战国时期经过几代诸侯王的努力，已经发展成为一个不容小觑的大国。秦国的强盛离不开人才，所以一直注重人才的选拔和任用，并施行了以下的政策，"荐贤者与之同赏，举不肖者与之同罪连坐"。所以，秦国的有识之士都随时留心寻找人才。

范雎的好朋友郑安平，听说秦国有使臣来魏国，认为这是一个机会，便去充当王稽的仆人，想让王稽将范雎举荐给秦王。郑安平一心一意地侍奉王稽，深得王稽的欢心。郑安平得到了王稽的信任，决定向他推荐范雎。王稽正好也想问他魏国是不是有贤德的人才没有受到重用，愿意和他一起投奔秦国。两个人想到一起去了，郑安平便推荐了张禄，也就是范雎，他说："我乡里有个张禄先生，一直想要拜访您，和您一起探讨天下兴亡的大事。但是因为有仇家，不敢白天造访。"

王稽并不介意，连忙道："白天不方便，叫他晚上来吧。"

当天夜深人静的时候，范雎装扮成仆人的模样，在郑安平的安排下来到公馆，拜见王稽。两人就座之后，范雎在王稽面前口若悬河，畅谈天下，范雎的话还没说完，王稽已经相信范雎确实是个人才，于是便与他约定，说："我回国那一天，先生可在魏国京郊三亭岗南面等我。"几天后，王稽完成使命后驱车回国。范雎和郑安平在三亭岗南面已经等候多时，王稽用车拉上他们，载往秦国。

王稽的车马驱车走到秦国湖县，远远地看见前方尘土飞扬，一队车骑向王稽的方向奔来，范雎保持着警惕，忙问："来者何人？"王稽认识这队人马，说："这是当朝丞相穰侯魏冉，现在正往东去巡察。"范雎虽然在民间隐姓埋名，但是却一直都关注着时局动态，也听说过秦国政局。这位巡查的穰侯魏冉是宣太后的弟弟，秦昭王的舅舅。他是秦国第一号权臣，每年都带着大队车马，代替秦昭王周游全国，好不威风。秦昭王对这个舅舅很不满，但是心里害怕太后，也不敢说什么。

范雎早就听说过魏冉的权势如日中天，忙说："我听说穰侯专权弄国，嫉妒贤能，厌恶招纳诸侯宾客；如果我与他会面，恐怕会招致麻烦。我先在车厢里藏起来，避免有什么意外发生。"王稽便按照范雎说的，将他藏了起来。

不一会儿，魏冉的车马已经来到了眼前，王稽下车迎拜，魏冉也下车相见，两人寒暄一阵后，魏冉来到王稽车前，问道："关东有什么情况？诸侯有没有发生事变？"

王稽如实地回答："没有。"

穰侯看看车里，又观察了一下随行人员，接着问道："车中是否带来诸侯宾客？这些人对秦国没有什么用，只会给我秦国带来麻烦而已。"

王稽连称："不敢，不敢！"

魏冉也没有看出什么可疑之处，也不方便久久盘查，于是率领众人往东去了。王稽连忙扬鞭策马而去。他正在暗中赞叹范雎的神机妙算，却见范雎从车厢里钻出来对他说："据我所知，穰侯这个人性格多疑但是反应迟钝，刚才他虽然怀疑车厢里藏着人，但是忘了搜查。事后肯定会派人来追，我还是下车暂避一下最好。"于是，范雎下车，从小路步行离开。

没过多久，王稽果然听到背后有车马的声音，原来魏冉派人返回搜查，来人将车厢彻底搜查了一番，确定并没有其他国家的人才只好离去。

王稽对范雎更加佩服，范雎随着他一起来到了秦朝的都城咸阳。

面见昭王，说中了昭王的心事

范雎来到秦国，正逢秦国国势强势之际，虽然他自诩是个人才，但是也不可能轻易就能受到重用，毕竟天下的人才差不多都已经集中到了咸阳，等待秦昭王的重用。此时的秦国占领了楚国的鄢、郢两座重镇，多次打败齐国，魏、韩、赵三国的军队屡次被秦军围困，魏、韩两国的国君已经对秦昭王俯首听命。秦国的朝廷由亲贵掌权，亲贵排斥异己的现象很严重。秦昭王左右都是权臣贵戚，而谋士说客在战国时期并不都是具有治国之才的，这些人就坏了宾客辩士的形象。所以，尽管范雎费尽了心机，还是没有机会向秦昭王陈述他心中的安邦治国大计。

公元前270年，穰侯魏冉率领军队越过韩、魏攻打齐，占领了刚、寿二地，扩大了自己的封邑陶。范雎的机会来了，他在秦国蛰伏了一年，仔细琢磨了昭王的内心世界，于是大胆上书昭王，表达了自己的政见。他借题发挥，认为昏庸的君主才会奖赏他喜欢的和有亲戚关系的人，而英明的君主会赏赐有能力的人；英明的君主善于分割诸侯的权力，才能对国家的统治有利。秦昭王的心事被他说中了，因为皇亲贵族削弱了昭王的权力。

范雎还在上书的结尾说"有些话，在这封信里我是不便深说的"，吊起了昭王的胃口，而且还信誓旦旦地表明自己的计谋如果对治国兴邦大业没有用，愿意接受惩罚。怀着强烈好奇心的秦昭王召见了范雎。

范雎被召入宫，心里已经有了十分把握。他没有小心翼翼地等待，而是故意闯进宫闱禁地，看到秦昭王从对面带着一对仆人走来，也不闪避。一个宦官见范雎无礼，快步上前怒斥他道："大王已到，为何还不回避！"范雎无畏地讽刺道："秦国什么时候有王，独有太后和穰侯！"说完之后，大摇大摆地继续前行。范雎的这个行动，可谓是说出了昭王的心声，当然也冒了很大的风险。

秦昭王听了，并没有生气，而是把左右的人屏退，将范雎引入内宫密室，以上宾的礼节招待他，并和他单独进行了一场谈话。范雎此时并没有全盘托出，秦昭王越是急切地想要听听范雎的高见，范雎则气定神闲、故弄玄虚。秦昭王对他更加尊敬，问道："先生何以教诲寡人？"范雎却一直说些表面上的话，回避核心问题。最后，秦昭王向范雎施以大礼，苦苦祈求道："先生难道还不愿赐教吗？"

秦昭王毕竟是一国只君，对一个臣子都这样了，范雎也不能太不给昭王面子，否则就太不识相了。范雎见昭王一心求教，被他诚恳的态度打动，婉言说道："臣不敢如此。当年，吕尚见周文王，在渭水之滨垂钓，他自知与周王的交情疏浅；直到两人同车而归，周文王将他立为太师之后，才肯说出心里的话。文王在得了吕尚之后，最终统治了天下。如果文王对吕尚疏远，不和他说心里话，那就是周没有天子之德，而文王、武王也很难建立王业。"

范雎将秦昭王比喻成古代的圣贤，不仅抬高了秦昭王，也抬高了自己，让昭王不能拒绝他。如果昭王拒绝，不就说明昭王是一个昏庸的君主吗？昭王自然能够按照他的意思持续说下去。接着，范雎说了一些保全自己的话，因为他知道，如果说了昭王心里的话，被昭王杀掉了怎么办，先给自己争取人身安全才是最重要的，他说："臣与国君您没有深交，但是对您说的都是心里话。有的人，愿意为大王效愚忠，但是并不知道大王心里想的是什么，所以臣也不敢轻易作答。臣不进言不是怕死，即使今天说了，明天就被杀了，也不可惜。不过，大王信臣，用臣之言，能够对秦国有益，臣死不足惜。臣只怕天下人见臣尽忠而不得善终，从此再也不敢向您进言，不再愿意为秦国效力。"这番慷慨悲壮的话震慑了秦昭王，秦昭王也不愿意担当杀死忠臣的罪名，那么范雎就很安全了。

范雎在经过充分的铺垫之后，终于谈到了实质问题，点出了秦国隐藏的弊端："大王上怕太后的严厉，下被奸臣谄媚。在深宫之中受到迷惑，难以判断善恶是非。长此以往，大者宗庙倾覆，小者自身孤危，臣深以为惧。"这段话说到了秦昭王心里，秦昭王早就对皇亲贵戚的权势过大心怀不满，范雎通过抨击政敌，希望能在秦廷占有一席之地。

秦昭王也将心里话说了出来，谦虚地说："秦国偏僻，寡人愚昧。如今听到了先生的指教，真是三生有幸。自此以后，希望先生什么事都要多多提醒寡人，千万不要有什么疑虑。"

两项对秦有利的政策

范雎得到了秦昭王的信任，入朝为官，但是根基未稳，也不敢过多地干涉内政，只是向昭王分析外事，观察秦昭王的态度。不久，范雎再次晋见秦昭王，分析了秦国的优势，说道："秦地的位置险要，其他诸侯国都比不上。我秦国有百万雄兵，战车千乘，兵强马壮，其他诸侯国都没法和我们匹敌。秦兵骁勇，并拥有如此多的车骑，用来统治诸侯，岂不是非常容易，就如良犬搏兔。但是兼并诸侯的计谋没有实现，霸王之业也没有成功，是不是秦国大臣的计策有失误呢？"范雎说的话，既让秦昭王感到欣慰，也让他激动起来，所以范雎还没有说完，秦昭王就非常恭敬地说："寡人愿听您详细地说一说。"

范雎接着说："臣听说穰侯将要越过韩国、魏国而攻打齐国，这不是明智的行为。出兵少则不能够战胜齐国，出兵多则不利于秦国自己，大王不如和远国交好，攻打近国，只要得到了一寸土地也是国君您的土地，得到了一尺土地也是国君您的土地。而要是国君放弃眼前的，去攻打远处的齐国，这不是很荒谬吗？"

总结起来，范雎明确地提出了"远交近攻"的战略思想，还提出了具体的实施步骤：第一，就近打得韩、魏两国对秦国惧怕，再也不敢反抗；第二，向北谋取赵，向南谋取楚，扶弱国，抑强敌，争夺中间地带；第三，韩、魏、赵、楚依附于秦之后，携五国的军队，进而威逼最远而且当时最强的对手齐国；第四，在压倒各国的优势下，逐渐将韩、魏诸国消灭，最终灭齐，天下统一。

秦昭王听了特别高兴，任命范雎为客卿，参与军国大政，主谋兵事。公元前268年，秦昭王用范雎的计谋，派兵伐魏，攻克怀（今河南武陟西南）。两年后，又举兵攻占邢丘（今河南温县东）。在这样的形势下，范雎又及时为秦昭王谋划"收韩"的策略。

秦昭王四十二年（前265），秦军发兵，先后占领韩国少曲（今河南济源东北）、高平（今河南济源南）、陉城（今山西曲沃东北）、南阳、野王（今河南沁阳）等地。至此，韩国被秦军拦腰斩断。韩国不得不屈服于秦国的强势之下。

秦国的实力更加强势，对楚、赵两国的战争规模更大。

秦昭王用了范雎的政策，屡屡得胜，范雎的地位也日益得到巩固。公元前 266 年，在秦昭王的支持下，范雎在内政方面实施变革，推行"强干弱枝"的方针，加强中央集权。他向秦昭王危言耸听了一番，分析了一番国内的形势，指出穰侯仗着太后的权势，拥兵自重，在秦昭王身边安插耳目，甚至说出秦昭王死后，后代的继承人恐怕不是昭王的子孙这样的话，让秦昭王意识到问题的严重性，终于下定决心。

当年，昭王将穰侯魏冉的相位罢免，命他回到封邑，驱逐其他"三贵"，不允许太后干预政事。范雎被封为丞相，号为"应侯"。至此，以秦昭王为首的中央政权就集中在他的手中了。"强干弱枝"的政策从长远来看帮助秦国最终完成了统一大业。

长平之战　秦国的胜利

公元前 260 年，秦国大军北进开到赵国。老将廉颇奉命率赵兵迎敌，秦、赵两军在长平僵持不下。秦兵势头正盛，但是遇到廉颇这样谨慎持重的老将也无可奈何。廉颇并没有急于出兵与秦兵决战，而是筑起营垒，等待时机。就这样，两军相持了近两年的时间，仍然没有分出胜负。秦国君臣将士都知道这样僵持下去对秦兵来说可不是什么好事，但是一时也想不出什么好方法。

于是秦昭王请教范雎，范雎也早就在思考这个问题，很快找到了问题的症结，不愧是出色的谋略家。只有除掉廉颇，才能让秦军速战速决。于是，他向昭王献了一条奇妙的反间计。

范雎秘密地派人到赵国都城邯郸，用千金贿赂赵王左右亲近的小人，散布流言道："秦军最惧怕的是赵将赵奢的儿子赵括，年轻有为且精通兵法，如果封他为将，秦军必定很难取胜。廉颇年事已高而且胆小如鼠，屡战屡败，现在已经不敢出战，又为秦兵所迫，过不了多久肯定会投降的。"赵王听了，对廉颇起了疑心。派人催促廉颇快速作战，但是廉颇并没有听从赵王的命令，而是仍然坚持"坚壁"的谋略。赵王对廉颇已经存有不满，现在廉颇又不依命行事，于是任命赵括为上将，增调 20 万精兵，取代廉颇。

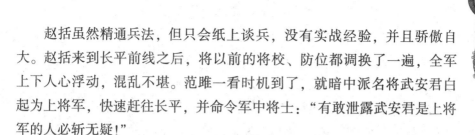

赵括虽然精通兵法，但只会纸上谈兵，没有实战经验，并且骄傲自大。赵括来到长平前线之后，将以前的将校、防位都调换了一遍，全军上下人心浮动，混乱不堪。范雎一看时机到了，就暗中派名将武安君白起为上将军，快速赶往长平，并命令军中将士："有敢泄露武安君是上将军的人必斩无疑！"

白起是战国时期的名将，他能征善战、智勇双全，赵括远远比不上他；论兵力，赵军绝对不能与秦兵抗衡。两军交战，白起假装失败，赵括高兴地率兵穷追不舍，结果被秦军左右包抄，截断了粮草，团团围困在长平。秦昭王派人掠夺了赵兵的粮草，并遏制住了赵国的救兵。赵军被围困长达46天，能吃的都吃完了。赵括只好把全军分为四队，轮番突围，但是都没有突围出去，都被秦军乱箭击退，赵括本人也被乱箭射死。长平一战，秦军大获全胜，坑杀了40万人。赵国从此一蹶不振。

羞辱须贾，杀魏齐、白起

公元前266年，魏王听说秦昭王用范雎的计谋，将要东伐韩魏，急忙把大臣们召来商议对策。魏王的弟弟信陵君无忌认为要主动迎敌。相国魏齐认为魏国不能与秦国抵抗，主张派遣使节求和。于是，魏王派中大夫须贾向秦议和，须贾来到了咸阳，住在馆驿。

范雎听说了魏王派遣须贾来咸阳议和，于是换下相服，装作寒酸落魄的样子来到馆驿，谒见须贾。须贾看到范雎非常惊讶，因为他以为范雎早就被魏相打死了。

范雎回答说："当年被弃尸荒郊，被路过的人救了，逃命到秦国。"这时正是冬天，范雎穿着破旧单薄的衣衫，须贾就为他拿来了绨袍。接着问道："我想拜见秦国的丞相张禄，但是没有人引见，先生在秦时间这么长，能为我通融一下吗？"

范雎撒了一个谎说自己的主人与张丞相的关系很好，自己也经常出入相府，愿意为他引见。两人来到相府，范雎表示进门通报，须贾在门外等着，但是等了很长的时间，范雎也没有出来，须贾走到守门人跟前，悄悄问道："我的故人范叔入府通报，这么长时间了也不见出来，您能为我招呼一下吗？"

守门人说并没有什么"范叔"。当须贾知道范雎就是张禄的时候，简直是晴天霹雳，心跳加速，于是脱袍解带，跪在门外，托守门者报告说："魏国罪人须贾在外领死！"

范雎接见了须贾，他神气地坐着，须贾跪着不起，连称有罪。范雎历数须贾三大罪状后说道："你今天来这里，本来应该断头沥血，以酬前恨。然而考虑到你还念旧情，以绨袍相赠，所以饶了你的性命。"须贾总算留下了一条命。范雎向秦王禀告说魏国遣使求和，秦王准许魏国的求和，让范雎自行发落须贾。范雎让须贾回去将魏齐的人头送来，魏齐知道之后，连夜逃走，最终被范雎逼得走投无路，自杀谢世。

范雎终于报了仇，但是也没有忘记自己的恩人王稽和郑安平。他向秦昭王为王稽和郑安平求了官，任命王稽为河东太守，任命郑安平为将军。

范雎羞辱须贾、杀魏齐，表明了他是一个记仇的人。后来，范雎嫉妒白起，向秦昭王进了谗言，白起被杀。

公元前259年，秦军攻下上党，再取太原，吓到了韩、赵、魏。韩、赵两国害怕了，急忙向大纵横家苏秦的弟子苏代求救。苏氏师父的名气很大，自己也是一位能把黑的说成白的，把死的说成活的的阴谋家、策略家。他受命来到咸阳，拜见丞相范雎，问范雎："武安君白起将赵括擒获了吗？"

范雎不知道他的意思，答道："是。"

苏代又问："武安君白起进围邯郸了吗？"

答道："是。"

苏代说："赵国灭亡，则秦王为帝，武安君为三公。武安君为秦国攻克了七十余座城池，南定鄢、郢、汉中，北破赵括全军。即使是周朝的周公、召公和吕望，加起来的功绩也不如他啊！你甘心在白起之下吗？到那时，你虽然不想在他之下，恐怕也无能为力了。昔日秦攻韩，围邢丘，困上党，但是，上党的百姓却甘心依附赵国。可见，天下人民并不乐于做秦国的子民。现在赵国被灭，赵国北部的国土必然归燕国所有，东部国土必然归齐国，南部国土必然属于韩、魏。这样看来，秦国又得到了多少土地和人民呢？还不如让韩、赵割地以求和，不要让武安君再建功勋。"

苏代说中了范雎的心事，于是他进谏昭王："秦兵劳苦，请允许韩、赵割地以和，让士兵得以休养。"秦昭王听了范雎的奏请，于当年正月罢兵。从此以后，白起与范雎结怨。

几个月之后，秦将王陵被派去攻打赵都邯郸。但是赵国军民顽强抵挡秦兵，王陵屡屡受挫。一年后，秦昭王任用白起取代王陵进兵赵国。但是白起竟然不听从秦昭王的命令，不肯前去。一则白起有病在身，二则白起心里怨恨范雎对他的掣肘，三则长平之战后，秦国伤兵们的身体还没恢复，所以坚持不接受王命，这件事埋下了白起被杀的祸根。其后，秦昭王只好派王龁替代王陵，进攻赵都。但是王龁也不能攻下邯郸，给了其他国家援助赵国的机会。楚国的春申君、魏国的信陵君率领数十万大军救援邯郸，秦军大败。秦昭王听说了秦军失败的消息，心里又气又恼，这个时候，白起却不识趣地说了一句："不听臣的计策，看今天落得如此下场！"

昭王一听，更加气愤，于是再命白起为将，但是白起依然不肯应命。秦昭王的恼怒可想而知，就革去了白起的军职，将他贬为平民，并且逐出了咸阳。白起离开咸阳后，来到杜邮（今陕西咸阳东），范雎对秦昭王道："白起被贬，心里一直不服气，颇有怨言，恐怕留下他是个祸害！"于是，秦昭王连忙命人追赶白起，赐予一柄利剑，命令白起自杀。

功成身退

公元前 257 年，范雎妒杀白起之后，派遣郑安平率兵进攻赵国。魏国信陵君无忌在邯郸城下打败了秦军，郑安平率两万士卒向赵国投降了。依照秦法"任人而所任不善者，各以其罪罪之"。范雎举荐了郑安平，本来应该受到株连的处分，但是秦昭王念在他对秦国的功劳，没有治罪，而是加赐食物，安慰范雎。两年之后，公元前 255 年，范雎的另一亲信王稽与诸侯私通，事情败露。范雎也受到牵连，秦昭王并没有追究这件事，但是范雎决定小心谨慎，不能再有什么闪失了。

范雎在秦昭王面前渐渐失宠，地位都快保不住了。范雎决定称病退避家中，不肯上朝。就在范雎不知该怎么办的时候，燕人蔡泽来到秦国，这个人虽然没有钱，长得也不怎么样，但是非常有才华。当他知道范雎失去了秦昭王的宠爱之后，来到相府，扬言："燕客蔡泽，为天下雄辩之士，如果能一见秦王，必定能够夺取范雎的相位。"

范雎听了，对这位口出狂言的人感到很好奇。于是他马上召见蔡泽，骄傲地问道："先生有什么能耐竟能夺我相位？"蔡泽不慌不忙地答道："大家都知道，君主贤明、臣子忠诚是国家的福气，父慈子孝、夫妻和睦对一个家庭来说也是幸运。然而，比干虽然忠正却不能被殷所容，申生虽然孝敬却不能被晋所容。这是什么原因呢？身与名都保全的人，是最了不起的人；名可以保全而死掉的人，还可以；虽然活着但是名声受辱，是最让人不齿的。商鞅、吴起、文种这些人，全心全意对君主尽忠，立下了很高的功劳，却遭到了诛杀，身名都不能俱全，真是太可悲了。以您来说，声名功绩都不如上述三个人，但是却享受到了高薪厚禄。再看秦王重用您，又比不上秦孝公重用商鞅、楚悼王重用吴起、越王勾践重用文种。到了这个时候，您还不知道进退，恐怕您的下场还不如商鞅等人。您难道不知道吗？天地万物，自有它的顺序，没有功劳的人来，成功的人走，这是非常浅显的道理。太阳在中间的位置会移动，月亮圆满了就会变成弯月，事物到达全盛的时候就会衰竭，这是天地的常数。是进是退，是盈是亏，要根据四时的变化，这是圣人的大道。可惜凡夫俗子，利益熏心，执迷不悟。正如鸿鹄、犀、象，本来居住在远离危险的地方，但是被食物所诱惑，最后死去。书上说：'成功之下，不可久处。'您辅佐秦王，运筹帷幄，决胜千里，天下的诸侯都惧怕秦国。秦国的欲望已经得到了满足，您的功劳最大，这个时候你却不考虑退避，肯定会引来像商鞅、吴起、文种一样的结局。您为什么不让出相位给其他贤能的人。"

蔡泽说得鞭辟入里，范雎深以为然，立即向秦昭王奏请推荐蔡泽接替自己的相位，自己称病。公元前255年，范雎在他的封地应城去世。

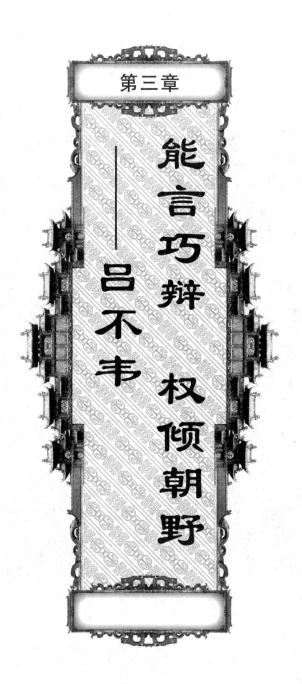

第三章

能言巧辩 权倾朝野

——吕不韦

☆姓名：吕不韦

☆出生日期：约公元前292年

☆逝世日期：公元前235年

☆生平简历：

公元前258年，吕不韦到邯郸经商，见到在赵国的人质——秦国王孙子楚，认为"奇货可居"，于是贡献出自己的财产，西入咸阳，游说秦太子安国君宠姬华阳夫人，立子楚为嫡嗣。

公元前250年，太子子楚继位，即为秦庄襄王。

公元前249，吕不韦担任宰相，封为文信侯。

公元前247年，庄襄王卒，年幼的太子政立为王，吕不韦为相邦，号称"仲父"，专断朝政。

公元前239，《吕氏春秋》编著成书。

公元前237年，嬴政免去了吕不韦的相邦职务。

公元前235年，吕不韦去世。

人物简评

　　在中国的历史上，吕不韦在名气上，虽然比不上那些功名显赫的帝王，比如秦始皇、汉武帝等；也比不过一代贤相诸葛亮。但是在世人的心目中，吕不韦是一个备受争议的人物，他的功与过不是用一两句话可以表述清楚的。如果将吕不韦放到他生活的战国时期进行考察的话，就会惊奇地发现，吕不韦其实是一个对中国历史有很多贡献的人。他的一生，有闪光点，也有阴暗面，有功，也有过。

生平故事

　　吕不韦（约公元前 292 年~前 235 年），卫国濮阳（现今河南濮阳西南）人。战国时期著名的商人，出色的政治家。吕不韦因为辅佐秦始皇登基立下功勋，一度被秦始皇视为仲父，担任秦国相国，一时间权倾朝野，府中食客将近三千。他让门客编著了一本《吕氏春秋》，该书在形式方面极其统一，只是内容多变，开创了杂家体例，成为杂家思想的代表作。他担任丞相的职位足有 12 年，提出并推行了一整套富国强兵的政策和理论，为实现秦吞并六国、一统天下打下了坚实的基础。特别是在用人方面，他提出的政策和理论，不仅为秦吸引了大批优秀的人才，而且对后世产生了深刻的影响。

奇货可居　游说于秦

　　在公元前 265 年，吕不韦来到了向往已久的赵国国都邯郸。邯郸城的繁荣，让吕不韦眼花缭乱。他一边花天酒地，在歌楼舞榭之间流连，一边也没有忘记自己商人的身份，他要努力寻找一个可以给他带来巨大的财富的商品。很快，这种一本万利的货物就被吕不韦找到了。

秦昭王四十年（前267），太子不幸去世了。到了昭王四十二年，将他的第二个儿子安国君立为太子。安国君有一个十分宠爱的妃子，立她为正夫人，即华阳夫人。华阳夫人没有儿子，但是安国君有20几个儿子。其中有一个排行居中的儿子名叫子楚，子楚的生母叫夏姬，极不受宠。所以，她生的儿子子楚便被送往赵国作为人质。秦国几次攻打赵国，赵国对子楚极不恭敬。子楚由于是秦王庶出的子孙，在赵国当人质的这段期间生活很不富足，生活困窘，十分不得意。

吕不韦刚刚来到邯郸，就听到有一位秦国贵族被困于此，经过打探之后，他把子楚的身世、家庭关系、目前处境和其他的各个方面了解的一清二楚。当吕不韦见到这一位落魄王孙的时候，凭借他多年的经商经验，一眼就知道了自己多年辛苦寻找的宝贝就在这里，不由惊喜异常："此奇货可居。"

于是吕不韦前来拜访子楚，对他说道："我可以让你的门庭光大。"子楚笑着说："你还是先光大自己的门庭，之后再来光大我的门庭吧！"吕不韦说："你或许并不知道，我的门庭需要在你的门庭光大之后才可以光大。"子楚深知吕不韦这番话的意思，就拉他坐在一起深谈。吕不韦说："秦王已经年迈，安国君被立为太子。我在私下里打听到这位安国君十分宠爱华阳夫人，可以选立太子的只有华阳夫人一个。华阳夫人又没有自己的儿子，现在你的兄弟有20多人，你排行中间，又不受宠幸，长期留在诸国中当做人质，即使有一天秦王死去，安国君继位为王，你也没有希望和你的长兄及早晚都在秦王身边的其他兄弟争夺太子之位了。"子楚说："确实就是这样，但是我应该怎么办呢？"吕不韦说："你很贫窘，又客居在此，也拿不出什么贵重的东西送给亲长，结交宾客。虽然我吕不韦不富足，但是我愿意拿出千金为你西去秦国进行游说，侍奉安国君和华阳夫人，让他们选立你为太子。"子楚于是叩头拜谢道："如果您的计划真的成功了，到时我愿意将秦国的土地和您进行分享。"

　　吕不韦和子楚商定完之后，立刻依照计划实行。他先拿一部分钱财供子楚结交宾客、朋友，积蓄力量，准备回国夺取皇权。而吕不韦自己携带奇珍异宝，向西奔秦而去。到达秦国之后，他很快就结识了受宠的华阳夫人的胞弟阳泉君，在阳泉君的指引下拜见了华阳夫人的姐姐，将带来的全部珠宝统统献给了华阳夫人，顺便谈及子楚聪明贤能，结交的诸侯宾客遍及天下，经常说"我子楚将华阳夫人当做天，日夜哭泣思念夫人和太子，面容消瘦了很多"。夫人听到这些话十分高兴。吕不韦乘机又让华阳夫人姐姐劝说华阳夫人道："我听说用美色侍奉别人的人，一旦年老色衰，宠爱便会随之减少。如今夫人侍奉太子，十分宠爱，但却没有儿子，倒不如早一点在太子的儿子中结交一个才能突出并且孝顺的人，立他为继承人并且像亲生儿子一样的对待他，那么，丈夫在世的时候受到宠爱，丈夫去世之后，自己立的儿子继位为王，最终也不会失势。倘若不在容貌美丽的时候树立根本，假如等到容貌衰竭，失去宠爱之后，虽然想要和太子说上一句话，似乎也是不可能的了。现在子楚贤能，而且他自知排行居中，按次序是不可能被立为继承人的，而且他的生母又不受宠爱，自己就会主动依附于夫人，夫人如果真的可以在这个时候提拔他为继承人，那么夫人在秦国一生都会受到宠爱。"华阳夫人听了，觉得十分有理，就借着太子方便的时候，委婉地谈到在赵国做人质的子楚才能卓著，接触的人都称赞他，接着就哭着说："我有幸可以填充后宫，但是十分遗憾的是我没有儿子，我希望能立子楚为继承人，也好让自己有所依靠。"安国君答应了，便和夫人刻下玉符，决定立子楚为继承人。安国君和华阳夫人送了十分丰厚的礼物给子楚，请吕不韦当他的老师，因此子楚的名声在诸侯中越来越大。

　　既然自身的地位得到了巩固，子楚当然不想要继续在赵国当人质。吕不韦施展他游说的本领，让赵国同意送子楚回国。正当子楚和吕不韦欢天喜地地收拾行装回秦国的时候，不料秦赵之间发生了长平之战。

献邯郸姬　子楚立为太子

子楚被困在了赵国，吕不韦也没有逃难的机会。他们只好暂时留在赵国。在这段时间里，吕不韦又做成了一笔大买卖。在邯郸，吕不韦选择和一个相貌美丽又善于跳舞的邯郸女子一起同居，不久之后，这个女人怀孕了。有一天，子楚和吕不韦在一起喝酒，看到这位女子之后十分欢喜，就站起身来向吕不韦祝酒，借机说希望将这位女子赐给他。吕不韦听后十分生气，但转念一想，自己已经为子楚破费了大量的家产，为的借以钓取奇货，于是就献给了子楚。这个女子隐瞒了怀孕的事实，12个月（前259年正月）之后，生下儿子，取名为政，称嬴政，即后来的秦始皇。子楚高兴之余册立这位女子为夫人。

子楚在邯郸娶姬生子，乐不思蜀。谁知风云变幻，在这期间战况又发生了变化，给已淡却回国之心的子楚归秦创造了有利的条件。

秦昭王五十年（前257），秦派王龁围攻邯郸。赵国的覆灭之日已经不远了，情况十分紧急，于是，赵国想要杀死子楚威胁秦国，让秦国退兵。子楚于是和吕不韦密谋，拿出600斤金子送给守城的官吏，得以脱身，逃到秦军大营，得以顺利回国。赵国又想杀掉子楚的妻子和孩子，因为子楚的夫人是赵国富豪人家的女儿，才隐藏起来，母子二人才得以活命。秦昭王五十六年（前251），秦昭王去世，太子安国君继承王位，华阳夫人为王后，子楚被立为太子。赵国随即护送子楚的夫人和儿子嬴政回到秦国。

辅佐新君　相国擅权

公元前251年，秦昭王去世，苦等王位的安国君继承王位成为孝秦王。安国君守孝一年之后才加冕三天就去世了，谥号为孝文王。太子子楚继位，即为秦庄襄王。庄襄王尊奉华阳王后为华阳太后，尊生母夏姬

为夏太后。庄襄王元年（前249），让吕不韦担任宰相，封为文信侯，并以河南洛阳十万户作为他的食邑。

诏令一出，满朝文武都惊呆了，因为朝堂之上的百官中无一人集官、爵、食邑最高等级于一身。吕不韦自己十分清楚，这些只不过是十几年前在邯郸投资所收回的利益而已。自此之后，吕不韦才算是正式进入秦国的政治舞台，也由此开始了吕不韦擅权的时代。

吕不韦当政之后的第一件事，就是大赦罪人，奖赏先王功臣，并且对老百姓实行一些小恩小惠。这让吕不韦在秦国臣民中的呼声很高，很多人都自愿前来归附于他，当时，他的门下食客多达3000多人。

回到秦国之后的邯郸姬依然是那样的美艳、妖冶。庄襄王见到思念多年的美姬回到自己的身边，自然是怜爱有加，自此便沉迷在锦被绣帐中，不再过问政事。吕不韦独断秦国朝政更是畅通无阻。工于算计的吕不韦以商贾身份从政，处处显露出他善于把握时机的才能。消灭东周便是他执政之后树立起的第一块丰碑。

公元前249年，苟延残喘的东周竟然在巩地勾结各个诸侯国企图进攻秦国。这给了吕不韦建功立业的机会。吕不韦不费吹灰之力就攻下了东周，将其偌大的领土并入了秦国的领地，彻底消灭了统一中国过程中的最后障碍。吕不韦除掉东周之后，依然保留东周君，不绝其祀，这样，吕不韦又给自己树立起了崇奉礼义、"兴灭""继绝"的善举，赢得了士人的好感，也减少了一些姜、姬姓诸侯国的反动情绪，为大批士人投奔秦国和统一天下打下了良好的基础。

吕不韦掌握政权的第一年，秦国在政治和军事等方面都显得生机勃勃，秦国的国界已经迫近魏国的国都大梁，魏国一片大乱。后来，魏国请回自窃符救赵后就留居在赵国的信陵君，信陵君凭借着自身的威望，组成五国联合军事行动，一同抗击秦国，将秦军打得大败，打了春风得意的吕不韦当头一棒。这也是吕不韦掌权之后在军事上第一次也是最后一次的失败。从此，他在调兵遣将方面更加谨慎。在这次失败中，吕不韦知道，倘若不除掉信陵君，秦国的军事征服就会遇到更多的困难。吕不韦经过细心筹划，精心安排，到处散布谣言，利用挑拨离间的方式让魏安釐王解除信陵君的军权，导致四年之后的信陵君含冤而死。

公元前 247 年五月，即位 3 年的庄襄王不幸去世，年仅 35 岁。对于庄襄王的死，众人议论纷纷，有些人说是病死，有些人说是被吕不韦害死的。不管他的死因是什么，事实上他一死，吕不韦在秦国的地位发生了明显的变化。庄襄王刚刚去世，太子嬴政继立为王，尊奉吕不韦为相国，称他为"仲父"。

秦王登基的时候只是一个 13 岁的尚未成年的孩子。在威严的典礼中，丞相吕不韦始终伴随在其身边，告诉他应该做什么，不应该做什么。吕不韦以仲父之名坐到章台宫大殿秦王御座的右侧，开始处理朝政。从秦王政即位的公元前 247 年，到公元前 238 年嬴政亲政，吕不韦掌管秦国的政局 11 年之久。

广纳贤才　编《吕氏春秋》

吕不韦当政期间，秦国在经济和文化方面都有长足的进步，国内政局十分稳定，并且不断扩充势力，这些都充分展现了吕不韦的政治才能。在这个群雄兼并，武力图强的残酷的竞争中，人才对于国家的重要性逐渐凸显出来。吕不韦从政治家的眼光出发，总结历史经验教训，将得贤人与得天下直接联系起来，从国家兴亡的高度提出尚贤的重要性，认为："得十良马，不若得一伯乐；得十良剑，不若得一欧冶；得地千里，不若得一圣人。舜得皋陶而舜受之，汤得伊尹而有夏亡，文王得吕望而服殷商。夫得圣人，岂有里数哉？"

吕不韦在用人方面不拘一格，其中最有名的是小甘罗，甘罗是楚国下蔡（现今安徽颍上）人，自小聪明过人。其祖父甘茂曾经担任过秦国的左丞相。正所谓"将门出虎子"，在祖父的悉心教导之下，小甘罗聪明机智，巧言善辩，深受家人的喜爱，小小年纪，就投奔到秦国丞相吕不韦的门下，成为了他的门客。

当时，秦国企图联合燕国攻打赵国，计划派遣大臣张唐出使燕国，但是张唐借故推辞了。吕不韦感到十分无奈，就在这时，甘罗自告奋勇，愿意前往劝说张唐赴任。吕不韦开始对这个乳臭未干的小孩并不信任，甘罗却理直气壮地说：“从前项橐 7 岁便成为了孔子的老师，而我现在已经 12 岁了，难道你就不能让我去试一试吗？”吕不韦拗不过只好答应了他。甘罗驱车去见张唐，说：“当年武安君白起就是因为没有服从应侯范雎的命令前往攻打赵国，被应侯撵出咸阳，最后死在杜邮。现在文信侯的权利远远大于应侯，你胆敢违抗他的命令，难道你不怕死吗！”这一番话吓得张唐乖乖答应出使燕国。

甘罗又得到吕不韦的同意，按照秦国扩大河间郡的意图到赵国进行游说，他针对赵王担心秦燕联盟对赵国不利的心理状态，大加攻心，说：“秦燕联盟，不过就是想要占据赵国的河间地，您若将河间五城割让给秦国，我可以回去劝说秦王取消张唐的使命，断绝和燕国的联盟。到那时你们再举兵攻打燕国，秦国一定不会干涉，到那时赵国得到的岂止是五城！”赵王听到之后十分高兴，立刻将河间五城的地图、户籍交给甘罗。甘罗满载而归，秦国没有损失一兵一卒就得到了河间之地，秦王于是册封 12 岁的甘罗为上卿，并且将当年封给甘茂的土地赏赐给他。

吕不韦在进入秦国之前，各国诸侯都在努力招揽人才。那时，魏国有信陵君，楚国有春申君，赵国有平原君，齐国有孟尝君，即战国时著名的养士“四公子”。他们都礼贤下士，结交宾客，并且要在这方面一争高低。吕不韦认为秦国想要强大起来，也应该招揽很多门客，因此他也招来了文人学士，并且给他们丰厚的待遇，门下食客多达三千人，其中十分著名的有司马空与李斯。

那时候，各国诸侯国有很多能言善辩之士，例如荀卿等人著书立说，流行于天下。吕不韦就命令他的食客将各自的所见所闻记载下来，综合在一起编著了八览、六论、十二纪，共 20 多万言。吕不韦认为这半数记载了天地万物古往今来的事理，因此称为《吕氏春秋》。成书之后，吕不韦将其刊布在咸阳的城门，上面悬挂着一千金的赏金，遍请诸侯各国的游士宾客，如果有人删减一个字，便奖励一千金。

《吕氏春秋》在公元前 239 编著成书，当时正好是秦国统一六国的前。所以，该书的编纂很显然是为秦朝一统天下所制定文化氛围的目的。之后秦朝统一六国之后，实行焚书坑儒，从此结束了春秋战国百家争鸣的局面，因而，《吕氏春秋》的出现也标志着诸子百家时代的正式结束。

始皇亲政　吕氏自杀

秦始皇在亲政之前，朝廷的一切政权都掌握在吕不韦的手中。秦王嬴政年幼时，吕不韦每一次处理完朝政，就会去后宫和太后厮守。

随着秦始皇逐渐长大，吕不韦害怕有一天被他发现，想要离开太后，又担心太后怨恨，因此献假宦官嫪毐给太后。嫪毐假施腐刑，只拔掉了胡子就进了宫。秦始皇逐渐长大，于是他们就欺骗秦始皇，说太后寝宫的风水不好，应该搬离这里。秦始皇相信了，于是他们搬到离秦始皇远的地方，结果太后生下了两个私生子。而假宦官嫪毐也以假王父自居，在太后的协助之下册封为长信侯，领有山阳、太原等地，自收党羽。嫪毐在雍城长年经营，建立起了庞大的势力，是继吕不韦之后的又一股强大的政治势力。

嫪毐势力越来越大，难免有些小人得志，在一次酒醉之后对一个大臣斥责道："我是秦王的假父，你竟然敢惹我，你不想活了吗？"这个大臣听到之后十分生气，暗中找了一个机会告诉秦始皇。嫪毐一下子慌了神，竟然想要起兵反叛。

公元前 238 年，秦始皇在雍城蕲年宫举行冠礼，开始亲政。嫪毐动用秦王御玺及太后玺发动叛乱，攻向蕲年宫。在此之前，秦始皇就已经在蕲年宫布置好了 3000 精兵，一举歼灭了叛军。嫪毐见大势已去，转而攻打咸阳宫，发现那里也已经有了秦军布防。嫪毐被打得大败，落荒而

逃，但没过多久就被逮捕了。秦始皇将嫪毐五马分尸，曝尸示众；杀死嫪毐和母亲的两个私生子；又把母亲赵太后关进了雍城的萯阳宫。

在平定嫪毐叛乱的行动中，吕不韦立下了大功。如果没有他通风报信，秦王政就不会知道在自己的身边还有一个虎视眈眈的嫪毐。若是没有吕不韦的帮助，秦王政也不可能顺利亲政，并且调集大军平定嫪毐。吕不韦虽然在关键时刻帮了秦王政的一个大忙，但是秦王政并没有铭记他的恩情。就在秦王政看到嫪毐庞大的造反组织时，他也对吕不韦产生了戒心。吕不韦执掌秦国朝政11年，政府、军队、经济等各个方面都与吕不韦有着盘根错节的关联，这可是一股比嫪毐更恐怖的势力。

而且，在查办嫪毐案件的时候，也牵扯出了吕不韦与太后的不正当关系，单单凭借这一点，秦王政就下定决心要铲除吕不韦。公元前237年，秦王政颁下诏书，说吕不韦牵连嫪毐谋反一案，论罪当斩。因为考虑到吕不韦的年纪大了，对于秦国有功，因此法外开恩，免去死罪，仅仅是免去官职到封邑洛阳养老。从此，吕不韦离开了秦国的最高权力机构，在死亡之旅上不断辗转。

吕不韦被革职之后发配洛阳，但是宰相府并未因此而变得门可罗雀，反倒宾客盈门、热闹非凡。各级官员都争相拜访吕不韦，赠送临别的礼物，并且表示将来一有机会就会协助吕不韦重新掌握政权。

老百姓对于罢免吕不韦的真正原因并不了解，他们在茶余饭后谈论的都是吕不韦如何政法清明，替吕不韦失势痛心疾首。吕不韦离开咸阳城的时候，前来送行的队伍堵住了咸阳的街道。

吕不韦来到洛阳之后，似乎将国家的重心带到了这里。各国的使节纷纷前往拜会，有拉拢的、有邀请的，很多诸侯国的大臣来请教吕不韦治国之道，之后再回去和秦王政商议。而秦国的大臣，也一直坚守对吕不韦的承诺，隔三差五的就会上书建议吕不韦重新返朝。甚至有些还千里迢迢来到洛阳，向吕不韦当面汇报朝政大事。

吕不韦虽然将政权交了出来，但是他一手经营的大财团却始终控制着秦国的经济命脉。吕不韦独创的政商结合体制，让秦始皇的财政开支不得不继续依赖于吕不韦。这让秦始皇时常产生一种错觉，吕不韦已经真的倒台了吗？为什么身边发生的一切事情，都和千里之外的吕不韦有千丝万缕的联系呢？

　　一年之后，秦王政害怕吕不韦发动叛乱，就给吕不韦写了一封信："你对于秦国有什么功劳吗？秦国封你在河南，食邑十万户。你跟秦王有任何血缘关系吗？而称作仲父。你与家属都一律迁移到蜀地居住！"吕不韦想到自己已经逐渐被逼迫，恐怕日后也会被杀害，于是便喝下鸩酒自杀了。

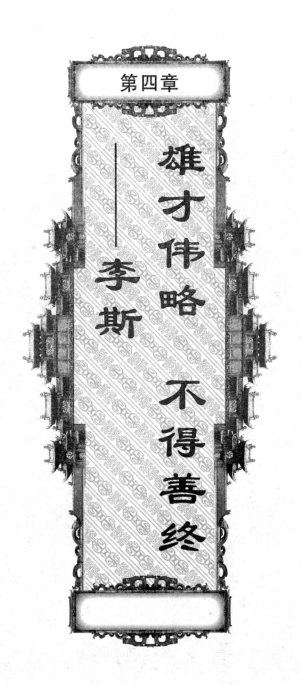

第四章

雄才伟略　不得善终

——李斯

宰相档案

☆姓名：李斯

☆出生日期：约公元前280年

☆逝世日期：公元前208年

☆生平简历：

前247年，李斯在吕不韦门下当门客。

前237年，李斯上《谏逐客书》，并被秦王嬴政采纳。

前221，李斯辅佐秦王嬴政统一天下。

前208年，李斯被腰斩于咸阳闹市，并夷三族。

人物简评

　　李斯是一个非凡的人物，他是秦朝著名政治家、文学家。师从荀子，学习了帝王之术。他的眼界开阔，胸怀壮志，一心想让自己的仕途平步青云。事实也是如此。后来，协助秦始皇统一中国，并得到秦王赏识，官职升至丞相，为秦始皇制定郡县制度，同时，还以小篆作为秦朝的标准统一文字。李斯是秦代著名的文学家，《谏逐客书》是其散文代表作。像秦始皇巡游各地，凡是涉及刻石颂德等文，均出自李斯之手。此外，他写的碑志文也对后世有深远影响。在秦始皇死后，李斯因听从赵高的阴谋，矫诏杀害太子扶苏，立少子胡亥继位，是为秦二世。之后，赵高专权，他污蔑李斯谋反，无奈，李斯被腰斩于咸阳，还灭了他的三族。李斯的人生是传奇的一生，既有荣耀也有耻辱。至于是好是坏，皆有世人定夺。

生平故事

不甘寂寞　决心从政

　　李斯是楚国上蔡（今河南省上蔡县）人。在他年轻的时候，曾在郡县里当一名小吏。有关他担任小吏的事情，司马迁在《史记·李斯列传》中也有记载。内容如下：有一次，李斯在厕所看到一只老鼠的嘴里吃着脏东西，这只老鼠在遇到人或狗走来时，就受到惊吓，随后逃跑。后来，李斯有一次走进粮仓，看到粮仓里的老鼠，嘴里吃的是囤积的粟米，居住在大屋子里。而且，不用担心人和狗的惊扰。两只老鼠的不同经历，让李斯深为感慨。他叹息道："人之贤与不肖，譬如鼠矣，在所处耳！"

这句话的大意是说：一个人是否有出息，就如同老鼠一般，不是自己决定的，而是由他所处的环境决定的。

从上述的感慨中可以看出，在战国时期，人人都争名逐利的情况下，李斯无法忍受寂寞，想干出一番大事来。为了让自己达到飞黄腾达的目的，李斯辞去小吏职位，前往齐国求学，并拜荀卿为师。在当时，荀卿是著名的儒学大师，他找着孔子的名号传授着儒学经典，但是，他并不像孟子那般墨守成规，而有自己的立场和观点，以当时的政治形势为出发点，对孔子的儒学进行了改造，并发挥出了儒学的重要作用，因此，他讲授的儒学很受新兴地主阶级的欢迎。荀子的思想主张很多方面都接近于法家，大多是研究如何治理国家的学问，即人们常说的的"帝王之术"。

时光飞逝，很快，李斯的学业已经完成。学完以后，李斯反复思考应该去哪个地方才能显露自己才干，得到更多的荣华富贵？于是，他冷静地对各国的情况进行了分析和比较。最后，他认为，楚王无所作为不值得考虑，而其他各国也在走下坡路，便将自己的前途寄托到了秦国。

拜别老师后，李斯准备起程，临行前荀卿便问李斯为何选择去秦国，他回答说："我听说一个人要遇到了机会，就不可松懈错过。现如今，各个诸侯国都在为自己的霸业争取时机，游说之士的手中掌握着实权。在楚国，楚王较昏庸，不值得为他卖命，而六国的国势也明显衰弱，为他们建功立业已是不可能的事了。现在的秦国却很强大，秦王嬴政有较高的政治抱负，他想吞并天下，这也正是平民出身的政治活动家与游说之士四处奔走、施展抱负的最佳时机啊！一个人的地位本来就很卑贱，但他还不想去求取功名富贵，这样的人就如同禽兽！而眼光短浅，只等看见现成的肥肉才准备去吃，就如同行尸走肉。一个人最大的耻辱应当数卑贱，而最大的悲哀应当数贫穷。一个人长期处于卑贱的地位与贫困的环境中，不从自己的身上找原因，而去非难社会、或者厌恶功名利禄，说一些自己与世无争的话，这些也不是读书人内心的真实想法啊。为此，我要去西方游说秦王了。"言毕，李斯去了秦国，他打算去实现自己的政治抱负。

拜在吕门　书谏逐客

到达秦国后，李斯正赶上秦国的庄襄王离世，当时，年仅 12 岁的嬴政即位，吕不韦在朝中独揽大权。李斯经过考虑后，便请求在吕不韦的门下当门客。对于李斯的到来，吕不韦自然是高兴。毕竟，李斯是一代大师荀子的学生。于是，吕不韦任命他为郎官，这样的安排李斯自然满意。他想，自己总算有了向秦王嬴政游说的机会。机会终于来了，一次，秦王与吕不韦等众大臣商议称霸天下之事。当然，李斯也在场。李斯便对秦王说："平庸的人在霸业面前失去机会，那些成大业的人就在于他们能利用好机会，并且做出果断决策。从前，秦穆公虽然称霸于天下，但并未将霸业发展到极致，没能最终吞并山东六国，原因何在呢？其实，这个原因很简单，之所以没能吞并六国在于诸侯的人数还多，周王朝的德望还没有彻底衰落，因此五霸图强交替兴起，相继维持着周王朝的统治。但是，自秦孝公以来，这样情况就发生了改观，周朝日渐卑弱衰微，诸侯之间互相吞并的事时有发生，函谷关以东的地区也化为六国，秦国乘胜的奴役诸侯已经历六代。时至今日，那些诸侯服从秦国就如同下面的郡县服从朝廷一样。以秦国的势力、秦国的强大，以及大王的贤明，只要有心，扫平诸侯们的势力就如同扫除灶上的灰尘一般，成就帝业，让天下一统，这是绝世难逢的好机会啊。若现在不抓紧筹划，等到诸侯们强盛起来后再考虑，那时的他们很有可能制订合纵盟约，到那时，即便有黄帝的智慧，也不可能吞并他们了。"李斯的谏言，句句在理。秦王嬴政听后，感慨万千。于是，嬴政便听从了李斯的建议，还任命他为长史，并私下派遣谋士带着金玉珠宝去各诸侯国进行游说。对各诸侯国的重要人物能收买的，就用礼物加以收买；不能收买的，就用利剑进行刺杀，或是用离间的方式挑拨诸侯国君与臣的关系，然后再派出良将进行攻打。在李斯的大力谋划下，秦国版图日益扩大。最后，秦王拜李斯为客卿，以方便他辅佐自己的大业。

秦国的此举，无意被韩国知晓。韩国自知，以自己目前的实力，不能与秦国硬拼，但又怕被秦国灭掉，便派水工郑国前往秦国修建水渠，其目的是想借此削弱秦国的人力和物力，以阻挡秦国的东进。后来，郑国修渠的目的不小心暴露了。就在此时，东方各诸侯国也纷纷派间谍前往秦国做宾客，秦国的群臣对外来的客卿有很大的议论，便对秦王说："各诸侯国来秦国的人，心中都有各自的如意算盘，大多是为了他们各自国家的利益前往秦国做破坏工作的。因此，希望大王下令驱逐一切来客。"秦王认为很有道理，便下了逐客令，在这次逐客名单中，李斯也没能幸免。

李斯认为，秦王的此举不利于统一天下。于是，他给秦王写了一封信，大意是劝秦王不要逐客，而这封信的名称就是有名的《谏逐客书》。信中的内容如下：臣听说朝中官员建议驱逐客卿，我私下以为，这种做法是错误的。从前，雄心壮志的秦穆公为扩展大业，在天下招揽贤才，在西戎找到贤才由余，在东边楚国宛地得到了贤臣百里奚，在宋国迎来了治国人才蹇叔，在晋国招来了公孙支、丕豹。上述说的这个五个人，他们都并非生于秦国，而秦穆公却能重用他们，吞并了众多国家，也成就了西戎霸业。秦孝公为了使国家变得强大、富足，他采用了商鞅的新法，通过移风易俗的方式，使得人民安居乐业，国家的实力增强。与此同时，百姓自愿为国家效力，其他的国家见秦国富强也诚心归顺。此外，为了扫除秦国的敌对势力，还击败了楚国和魏国的军队，取得了千里江山，直到现在，国家的政治都很安定，并且国势强盛。

紧接着，李斯又列举了合纵家张仪、宰相范雎等著名谋士，并重点指出，这些人都并非秦国人，但却为秦国独霸天下贡献了自己的力量。李斯强调说："却客而不纳，疏士却不能用，是使国无富利之实进而令秦国无强大之名也。"

李斯是个聪明人，他知道秦王嬴政不会轻易相信他的话。为了让自己的谏书变得有力量，他进一步举例说："现在，大王您所罗织昆冈的美玉，得到随侯们所赠的珠宝、明月珠、和氏璧、纤离骏马、太阿宝剑、灵鼍大鼓和翠凤羽旗等，以上的种种宝物，并没有哪一样是秦国出产的。倘若郑国、卫国的美女，优美的音乐，精美的器皿，都从秦国消失的话，

这样的国家您认为还有什么意思呢？现在，您并没有将这些宝物退去不用，却把那些想为秦国尽忠心的客卿赶走，这样做不是重物而轻人吗？'泰山不让土壤，故能成其大；河海不择细流，故能就其身；王者不却众庶，故能明其德。'倘若您抛弃宾客、远离宾客，那么他们就会另选出路。最大的可能是为其他的诸侯们效命。自此以后，天下那些有名的士子将不敢再进入秦国。这样的话，就正好印证了人们常说的一句话，即'借武器给敌人，送粮食给盗贼'啊！

秦王看过李斯的谏书，认为他说得很对。于是，明辨是非的秦王果断地采纳了李斯的建议，并且立即取消了逐客令。李斯继续为秦国效力，仍然得到秦王的重用，还被封为了廷尉。

在这特殊时刻，即将被杀的郑国也向秦王及时进言，他说，韩国之所以让秦国大兴水利来建设工程，最初的目的是为了消耗秦国实力，然而水渠修成以后，对秦国也是非常有利的。虽然在兴修水利的过程中，能减轻秦国对东方各诸侯国的压力，让韩国的基业多存在几年，但修好水渠却为秦国建下了万代之功。经郑国如此一说，秦王觉得很有道理，便决定不杀郑国，而是命他继续去修水渠工程。这条水渠就是后来闻名于史的郑国渠，在历史上，它发挥了很大的作用。最直接的效益就是为秦国的经济起到了无形的积极作用。

经过这次逐客论争，秦国为了统一天下，仍旧坚持沿用招揽和重用外来客卿传统。事实上，这些外来的客卿在秦国的大统一过程中也着实发挥了不可替代的重要作用。

在秦王嬴政取消逐客令不久，秦国又添了一员贤才。据说，当时魏国的大梁人尉缭来到秦国。朝堂之上，他对秦王说：当前，以秦国的强大力量消灭东方各诸侯国是没有任何问题的。只是，倘若各个诸侯国联合起来，一致合纵抗秦，就很难说了。因此，大王不可吝惜财物，应向各国掌权的显赫大臣行贿，以此来破坏他们的联合，这个数额只须用30万金，就可以解决这个问题。这样一来，兼并各个诸侯国的目的就达到了。秦王听从了尉缭的建议，接下来，在与各诸侯国进行斗争时，也时常采用贿赂的手腕来离间各国的内部关系。

事实上，秦国坚持接纳客卿的政策，是非常明智的。秦国的此番作为，也使得许多外来的客卿为该国的政治、军事、经济和文化的迅速发展，做出了杰出贡献。

药灭韩非　谋划统一

秦国在识破水工郑国间谍案以后，也使秦王得到了一件宝贝。这件宝贝就是被郑国保存的一本书。秦王被书中的治国策略所吸引。书中谈到的政治策略，有许多措施已在秦国实行十几年。其中，有很多措施都很切合实际，具有较好的操作性。读完这本书后，秦王感慨道："若是能见到书中所写的这个人并同他交往，就算是死也不觉得遗憾了。"李斯接过书一看，先是大吃一惊，随后定了定神，说道："写这本书的人不是别人，正是我的同学韩非。"

韩非和李斯都是荀子的弟子，他们曾经在一起学习"帝王之术"，他们都继承了荀子的学说，并在这个基础上，将慎子所道的"势"、商鞅所道的"法"、申不害所道的"术"完美地结合起来，并加以丰富和发展，形成了一套完整的君主专制理论。由于韩非说话常出现口吃情况，不能很好的口述辩说，但却善于著述。为此，他写下了这样的书。此时的他，在韩国并不是很得意。本来，学成后的韩非，满怀着信心、想以满腔报国的热情回国——用自己毕生的学说来劝说韩王，以大展平生抱负，让韩国达到富国强兵的目的。可是，昏庸的韩王却没有给韩非机会，并不看他的主张。于是，韩非在不得志的情况下，怀着满腔的忠愤，埋首写典籍，分别是《说难》、《孤愤》等文章，其文字有20余万言。

没过多久，秦国攻打韩国，国家蒙难，韩王想起了韩非，于是便派他出使秦国。韩非没有推却，他抓住出使秦国的机会，上书给秦王嬴政说："如今，秦国已经拥有数千平方里广大的领土，贵国的武装部队号称有100万，纪律良好，对内对外赏罚公平，并且号令分明，对于这一点，天下无人不知，无人不晓。为此，我冒死请求大王给予接见的机会，以便贡献破坏合纵同盟的详细方案。到那时，定不会让大王失望。若用了

我提供的方案却不能一举成功，就请大王将我诛杀，以此来对大王表示不够忠心的警戒。"嬴政看后，便怦然心动，只是还没有决定是否用他辅佐自己。

李斯对他的同窗十分了解，深知他的学问功底。因而，担忧也浮上了心头，他害怕秦王重用韩非，这样对自己的前途不利。于是，就在秦王的面前说韩非的坏话。他说："我的同窗韩非，是韩国的一个贵公子。现在，大王您想一统天下，若去重用韩非，那么他最终会选择保全韩国而置秦国利益而不顾，这一点是人之常情啊！若您不启用他，而让他长久的呆在秦国，如此做又等于把他放回韩国。在秦国的这一段时间，将秦国的情况打探得一清二楚，这样不是给自己留下不必要的祸患吗？不如这样，您给他找一个过错，借助法律的名义将他诛杀了！"间谍郑国案的余音还萦绕在秦王嬴政的脑海里，经李斯这样一说，他认为很有道理，于是便听从了建议，并下令治罪韩非，将韩非打入狱中。

在秦国的法令规定中，下狱的囚犯没有权利上书申辩。这其中有一段小插曲，韩非来到秦国后，不慎得罪了姚贾。姚贾在秦国是一位举足轻重的人物，他为秦国立过功劳，为此得到秦王的信任和重用，位居上卿。韩非不知其中缘由，却向秦王说，大臣姚贾的出身并不高贵，先前当过大盗，在赵国做权臣时因不得力被赵王赶跑了。韩非认为，秦王用这样的人是不合情理的，他的这些话令秦王十分扫兴。事后，秦王为了进一步证实，便向姚贾打探起韩非，姚贾本身与韩非就有过节，自然不会说他的好话。这边，李斯怕秦王改变自己的想法，生出了早一点处置他同窗的想法。经过思索后，他派人拿着毒药送到牢中，让韩非服毒自杀。韩非见毒药并不甘心，他试图请求面见秦王嬴政，好借此为自己辩解，然而李斯却不给机会，韩非面见秦王的机会就此落空。无奈，他拿起毒药，了结了自己的性命。不久之后，秦王嬴政为下狱韩非的事后悔了，便急忙派人去赦免韩非。只是令他没有想到的是，韩非已经提前服毒了。

自此之后，李斯再也没有遇到过对手。他凭借自身的才能，为秦王统一各个诸侯国出谋划策。在秦王嬴政二十六年（前221），秦国最终结束了长期的分裂割据，统一了各个诸侯国，建立起一个东到大海，南到岭南，西到甘青高原，北到今内蒙古、辽东的空前繁荣的大一统的封建国家。这个时期的秦王，已经是秦始皇了。站在客观的角度来看这个问题，李斯也确实为秦国的统一做出了杰出贡献。

统一文字　加强集权

秦国统一各诸侯国后，实施了一系列变革。其中，丞相王绾提出了针对性方案，他说，统一全国以后，秦国的疆域太大，管理上有一定难度，建议像周代那样，分封诸子为王。关于这一方案，秦始皇十分重视，他召开群臣进行讨论，群臣认为王绾说得很有道理，便赞同他的意见。唯有李斯提出了不同的意见。他说：从前，周文王、周武王为管理好国家分封了很多诸侯。随着时间的推移，他们的关系慢慢疏远了，还互相视为仇敌，不时地发生战争，对于这一点，周天子无法对其禁止。现在，大局已定，天下一统，应当实施郡县制，如此，天下才能走向安宁。秦始皇支持了他的说法，将全国设为36郡，郡以下称为县。李斯的这一举措，很有道理。郡县制远比分封制要好，这种做法是一个进步，方便国家的统一。经过历史印证，这一制度从秦以后持续沿用了近两千年。

秦王见李斯是一个难得的人才，便任命李斯为秦国丞相。

秦国统一全国以后，还有一些问题尚未解决。其中，未统一前的各诸侯国由于长期分裂割据，致使语言和文字方面存在很大差异。这样，并不利于国家的统一，也不利于政治、经济和文化的发展。对此，李斯已经考虑到了，他向秦始皇提出了自己的建议。他说，在全国范围统一文字，有助于管理国家，还亲自执行这项任务。在执行的过程中，以秦国的文字为基础，废除没必要继续存在异体字，并简化字形，整理文字部首。这样一来，便形成了笔画简单、形体看起来规范，方便书写的小篆（又称秦篆），并将这些规范过的字作为标准文字。为了让标准文字更好地推行，他用小篆亲自书写了一部《仓颉篇》，以此范本在全国进行推行。李斯推行的小篆是汉字发展史上的重要进步。此外，李斯还统一了货币、度量衡、法律和车轨，以上种种都为秦国的发展做出了重大贡献。

在秦始皇三十四年（前213），朝中众大臣汇聚在咸阳宫称颂秦始皇的功绩时。当时，博士淳于越不是很知趣，他对秦始皇说："周王朝之所以存于千年，究其原因，是因为它把天下分封给功臣和子弟。如今，国家的疆土辽阔，而宗室子弟却没了封地，与百姓一样，若是发生了田常，或是六卿之变，又该怎么办呢？那些不以古为师而令天下得以长久，臣是没有听说过。"淳于越的说法，自然有他自己的立场，他以儒家的方式来看待秦朝的政治。这种做法，与秦始皇嬴政的思想和行动有很大差异，这令秦始皇不以为然。为此，秦始皇把淳于越交于丞相李斯处理。对于淳于越的观点，李斯自然不赞同。李斯向秦始皇阐述了他自己的观点。他认为：随着时间的推移，时代发生了变化，五帝三代的治国办法在当时可能行，但到现在不一定行的通。况且，那个时期的诸侯局面是相互并列，互相争夺。而今天下已经统一，情况有了变化，无须再去效法古代。可能有些儒生会说古代是怎样的怎样的好，这些说法都是以古非今，搅乱百姓们的心。对于那些造谣惑众，或是不利于统一天下的言辞应当给予禁止，否则势必会影响政局的稳定，损害皇上的权威。于是，李斯提议秦始皇下令焚书。对于所焚之书，他作了一个界定。凡是秦国以外的那些史书，并非是博士（掌管古今文史典籍的官）收藏的诗、书和百家语统统烧掉，只允许留存医药、卜筮和种树之书。自此之后，若再有谈论诗书者，将其"弃市"；"以古非今者族"；官吏们知道这种情况却不检举者，与他们同罪；下令后30日内仍然没有烧者，就用刀在他的脸上刻字，以此作为警示。

在焚书后的第二年，秦始皇为了加强统治，要排除不同的见解和政治思想。为此，在秦国的首都咸阳——坑杀了460余名术士。这次事件，历史上称之为"坑儒"。

为何会出现"坑儒"事件呢？原来，这件事的源头是由两个术士的畏罪潜逃引起的。秦始皇十分迷信方术和方士。他认为，术士能为他找到神仙真人，如此，便能求得长生不老的仙药。在当时，有一些方士，诸如侯生、卢生等人，便投其所好，在秦始皇面前自称能与神相通，可帮助其得到奇药妙方。可是时间一长，这些人的许诺和各种奇谈并未得到验证，他们害怕自己的骗局被人戳穿，也害怕受到秦王朝严酷的刑法处置。于是，他们便密谋逃亡，在逃亡以前，他们还议论了秦国的法律是如何的酷毒以及秦始皇是如何的刚愎自用等。秦始皇知道这件后，勃然大怒，下令追捕术士，一共抓获460多名。其中，错抓了十多名儒生。之后，为解心中怒愤下令将这些被抓之人全部坑杀，这便是前面提到过的"坑儒"。

秦始皇除了在咸阳坑杀460余人以外，还降职流放了一批官吏到北方边地。事后，秦始皇的长子扶苏谏言道："天下初定，远方的黔首尚未统一一起，诸生们皆诵法孔子，今上用重法绳之，臣恐忧虑天下不安，望上察之。"秦始皇并没有听进谏言，还在大怒之下让扶苏离开咸阳，令其北监蒙恬于上郡。

秦始皇嬴政的焚书坑儒做法，其核心是在维护秦朝统一的中央集权政治，他反古非今，严厉打击方士的怪谈之说。对于他的做法，在短时间内可能加强了思想方面的控制，可是并不利于秦朝的长久发展。他的做法，引来了民众的不满情绪，最终加速了秦朝的灭亡。凡此种种，恐怕也是秦始皇和李斯未能料到的。

沆瀣一气　扶苏遭害

李斯得到秦始皇的赏识后，不仅自己的官运亨通，而且子女们也跟着沾了光。秦始皇任命李斯的长子李由担任三川郡守，掌管军政大权，而他的其他子女也都与帝室有联姻。

一次，长子李由回到咸阳，李斯为他接风洗尘，便摆设了家宴，百官前来祝酒。在这样的场合上，李斯突然想起老师荀子告诫过他的一句话——物忌太盛。于是，他感慨地说："我本是个平民百姓，如今却做到了丞相，可以说，富贵已经达到了极点。然而，物盛则衰，还不知道自己的将来会有怎样的结局？"从李斯的感慨中可以看出，他并没有完全陶醉于自己目前的高官厚禄，对于现实的认识，他的头脑还是清醒的。

秦朝统一全国以后，因秦始皇的残暴统治，各地民众纷纷起来反抗。秦始皇为了加强对秦朝的控制，于统一后的十余年之间，到各地先后进行了5次巡行，巡行的地点相对较远。

秦王政三十七年（前210），秦王嬴政进行了第五次巡行。由丞相李斯与秦始皇最宠爱的小儿子胡亥等人随同。路线从首都咸阳出发，自武关出，沿途经过丹水、汉水流域一直到云梦，再沿着长江东下一直到会稽。为了让巡行变得有意义，秦始皇与随行者一同登上会稽山，祭大禹，还刻石作了留念。只是在北归时，秦始皇不幸得了重病，其病情也是一天不如一天。秦始皇觉得自己的大限已到，便令赵高代自己起草玺书传位于公子扶苏，还让他前往咸阳主持父皇的葬礼。玺书写好后，加封。而后由跟随秦始皇巡行的宦官赵高保管，尚未交于使者传送。

就在这年7月的某天，秦始皇走完了他的一生，在沙丘平台（今河北广宗西北大平台）驾崩。李斯认为，皇上死于巡行，怕皇子们闹事，造成天下大乱。为此，他便严密封锁了消息——秘不发丧。接着，他派人将秦始皇的棺木载于辒凉车，并由秦始皇生前宠幸的宦官陪乘，其他人士不得靠前，还让他们像平时那样给秦始皇及时送吃送喝。至于百官们奏事，宦官则从辒凉车中允准其奏事。就这样，他们一行马不停蹄地赶回了咸阳。秦始皇驾崩一事，除了胡亥、赵高以及受宠的宦官五六个人以外，再无其他人员知道这事。

再说说赵高这个人，此人是个私生子。他的父亲因罪被朝廷处以宫刑，而母亲沦为官奴，与人私通生下赵高。在当时，像赵高这样出生的人，都必须当宦官。只是，秦始皇听说此人长得膀大腰圆，有很好的臂力，又了解法律，便任命赵高为中书令，还让他教胡亥学习法律。这两人的关系自然很好。赵高先前触犯过刑律，蒙恬的弟弟蒙毅对他进行了处理。按照当时的法律应当处以极刑，但秦始皇不愿意这样做，破例赦免了他的罪，还让他恢复了原职。为此，赵高从心里对蒙氏兄弟产生了仇恨，准备伺机加以报复。

如今，秦始皇一死，赵高认为这是一个大好机会，便与胡亥密谋想假借秦始皇的命令，杀害扶苏，以立胡亥为太子。赵高认为，要办成这件事，还必须取得丞相李斯的支持。于是赵高便去找李斯，他对李斯说："皇上已死，赐予长子扶苏的书信和符玺，都放在胡亥的手里。皇上已经无法再活过来了，决定谁为太子，你我两人就可以做决定。以你的意见，这件事如何办才好？"李斯说："你现在说的是亡国的言论，不是一个人臣应该做的。"赵高见李斯如此说，他心生一计，转而说道："丞相的才能出众，在考虑问题方面较为周到，为朝廷办了很多事，却没有任何怨言。"接下来又挑拨说："不过，我看你没有哪方面都与蒙恬相比。你不妨仔细想想，长子扶苏现在是信任你，还是信任蒙恬将军，这个道理不言而明？"李斯说："我自认为，我比不上蒙恬。"赵高见时机成熟，便进一步劝导他说："长子扶苏即位后，我敢肯定，他一定会启用蒙恬为丞相，至于丞相您不过怀揣着徒有虚名的通侯之印隐居山野罢了。皇子胡亥您也了解，他为人仁慈、宽厚，轻财重士，嘴上虽然没有说什么，但他的心里却是有数的，依我看，在秦始皇的诸子中没有谁可以与他相比。丞相您要好好考虑，望早日将此事定夺下来。"

在赵高的几番劝告下，李斯最终被说服了。于是，二人一同伪造了继位遗诏，扶持少子胡亥为太子，并改写了秦始皇给长子扶苏的信。在信中斥责扶苏没能为国家出谋划策，也没能建功立业，还屡次上书诽谤皇上；还责备蒙恬未尽到他的职责，没有及时规劝扶苏走上正道，将二人一并处死。

扶苏读过诏书后，心中十分悲痛，泣不成声，正欲自杀。这时，蒙恬的头脑还十分清醒，他认为，此事蹊跷，便劝止扶苏说："圣上在外巡行，我等并未听说立过太子。只听过派臣蒙恬率领30万人守卫边防；如今，公子您是监军，掌管着天下重任。仅来过一位使者，您就想放弃自己的生命，实在太不应该了。况且，你怎么知道这其中就是真的？请让微臣再一次向皇上请示，若是真的，再执行也不晚啊。"这时，身边的使者已经等得不耐烦了，他催促着说要按圣旨办事。扶苏性格善良，为人厚道，也不愿去多想，因此对蒙恬说："君叫臣死，臣不得不死；父叫子亡，子不得不亡，这还需要什么请示呢！"言毕，便拔剑自刎了。聪明的蒙恬不甘心这样死去，没有自杀。于是，使者将他囚禁在阳周的牢里，最终服毒而亡。

了结了扶苏，使者便回去交差，胡亥、李斯和赵高三人听后，心中暗自欢喜，他们认为大功告成。随后，便公开为秦始皇帝主持丧礼。在这期间，少子胡亥也如愿以偿地坐上了皇位，他便是秦二世。赵高的官职也得到相应地升迁——由管理宫中车马的中车府令提升为郎中令，职责是全权掌管宫中警卫。至于李斯，因扶持胡亥即位也保住了他的丞相官职。

算尽一切　没能善终

秦二世胡亥即位后，由于受到李斯和赵高的怂恿，他变得更加奢侈腐化，胡作非为。秦二世为了镇压农民起义军，不断地从关中征发人民去打仗，给百姓们造成了极大负担。此外，为了修建阿房宫，他不断地征发徭役，把百姓推向了苦难的深渊。也在无形中将全国人民的反秦起义推向了顶峰。在这种情况下，李斯同右丞相去疾、将军冯劫劝说秦二世胡亥停止修建阿房宫，减少部分徭役。赵高得知后，自然不同意。于是，他便设计铲除李斯。赵高对李斯抱怨说："如今四海干戈，四处的盗贼蜂拥而起，这样下去，先皇创下的江山如何久保？你作为丞相，应当担负匡扶王政之职，然而却不向皇上进言，对其进行规劝呢？"李斯也抱怨说："皇上久居深宫，每天不上朝廷，哪里有机会向他进言呢？无论什么事都要通过总管你来传话，你为何不去进言呢？"赵高却说："我并非重臣，人微言轻，只能照顾皇上内官事务。我有一个办法，以后只要皇上有空，我就立刻通知您，如何？"李斯听后，甚为满意，对赵高也心存感激。

某天，秦二世正观看歌舞表演，赵高抓住机会告诉了李斯，李斯慌忙进宫觐见，说有重要的国事要与皇上相商。二世并没有兴致，便让李斯回去，说此事改日再谈。为此，李斯吃了一个闭门羹。

还有一次，秦二世胡亥正在深宫饮酒，赵高又给李斯传信，李斯再次进宫求见，秦二世胡亥大为扫兴，依然没有召见他，心中对李斯已是大为不满。

对于这样的事情，李斯持续了很长时间，而每一次都是秦二世胡亥玩得正尽兴的时候。胡亥终于忍无可忍，大怒道："丞相李斯究竟是什么意思？老是和朕过不去，有空的时候他不来，没空的时候他却总有事找我，真是岂有此理！"

赵高见时机成熟，便趁机煽风点火，说："李斯这样做只能说明一点，他不把皇上放在眼里啊，他看不惯皇上吃喝玩乐，为此总想搅局捣乱，他的作为罪不可赦啊！"颇有心计的赵高趁机拟定了一份李斯谋反罪状，处于气头上的胡亥立刻就批了，并下令将丞相李斯逮捕入狱。在狱中，李斯也曾多次上书，但每次都被赵高扣留。此外，赵高还借机说李斯与其儿子李由谋反，并对李斯进行严刑拷打，刑讯逼供。刑法下的李斯被迫承认，于是，在秦二世二年（前208）七月，李斯被腰斩于市，还并灭了三族。

李斯的一生有功有过，而他绝大部分的时间都实践着法家思想。最初，李斯受到秦王嬴政的重用，以非凡的政治才能和远见，兼并各国诸侯，为秦王完成了统一六国大业，他的做法也顺应了历史发展潮流。在秦朝建立以后，李斯因卓越的功绩荣升为丞相。而后，继续辅佐秦始皇，建议废除周朝时期的分封制，实行郡县制；还提出统一法律、统一文字、货币、度量衡和车轨等，他提出的这些措施都有效地巩固了秦朝政权。可以说，李斯为维护国家统一做出了杰出贡献。然而，李斯也是一个善于抓机会、识时务的人。在扶持胡亥即位的问题上，他虽然不同意赵高的做法，但为了保住自己的官位，选择了违背自己良心的做法。李斯迫于赵高和胡亥的淫威，最后只得与他们沆瀣一气。只是，到最后并未得到善终，机关算尽的他竟落得了个腰斩于市家族夷灭的下场。

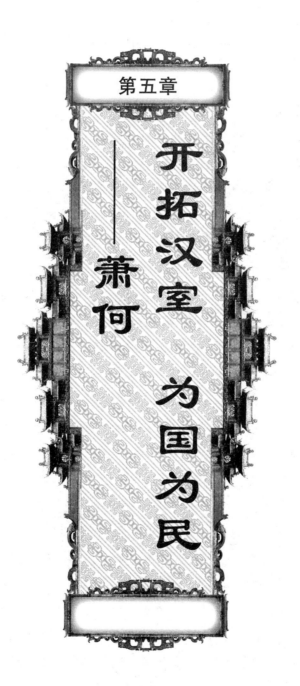

第五章

开拓汉室 为国为民

——萧何

宰相档案

☆姓名：萧何

☆出生日期：约公元前 257 年

☆逝世日期：公元前 193 年

☆生平简历：

公元前 209 年，拥立刘邦起义，开始反秦道路。

公元前 206 年，坐镇关中，为刘邦留守后方。

公元前 196 年，协助刘邦灭掉韩信等人。

公元前 193 年，去世。

人物简评

　　萧何是西汉时期著名的政治家，大汉王朝的开国之臣，在中国历史中，具有举足轻重的地位，他选贤任能、关爱百姓、清廉为公，是世人心中不可多得的贤相。纵观其一生，可谓功大于过，所谓"成也萧何，败也萧何"，没错，萧何成就了韩信，但是也毁灭了韩信，一代将星就此陨落，萧何又岂能心安呢？

生平故事

　　萧何（约公元前257年~前193年），西汉初期杰出的政治家，汉初三杰之一，是汉朝著名的丞相。沛县丰邑（现今属江苏丰县）人。年轻时担任秦朝沛县狱吏，秦朝末年辅佐刘邦起义，对刘邦战胜项羽建立汉王朝起了重要作用。他不管是在战争时期，还是在汉朝初期的恢复时期，都表现出了中国古代杰出政治家的风度和治国才干，几千年来被人们称颂。为了避免遭到汉高祖的诛杀，他以"自毁其名"的方法，保住自己的身家性命。汉高祖死后，他辅佐惠帝。惠帝二年（前193）去世，谥号"文终侯"。

追随刘邦　沛县起兵

　　萧何和刘邦都是沛县人。萧何在沛县县衙当主吏，刘邦担任泗水亭长，两个人相处地十分融洽，往来慎密。萧何勤奋好学，思维敏捷，对于历代律法知识很有研究；性格随和，结交了很多人，与泗水亭长刘邦、捕役樊哙、书吏曹参、刽子手夏侯婴、吹鼓手周勃等更是莫逆之交。特别是对刘邦，更是不一般。刘邦虽然仅是一个小小的亭长，但是为人十分豪爽，广交四方好友，在江湖上有些小小的名气。当时是秦二世统治时期，国家陷入混乱，萧、曹两个人见刘邦是一个人才，便有意和他结识，不管大小事务都十分关照他。有一次，刘邦奉命押送一批囚犯到骊山修筑秦始皇陵，才刚刚出发不久，就有很多人逃走了。刘邦不仅没有办法追赶，还镇压不住。来到丰乡大泽的时候，刘邦索性将所有的囚犯都解开了，让他们各自逃命，自己就和十几个死心塌地愿意和他生死相随的囚犯逃到芒、砀二山之间蛰居避难。沛县县令知道这件事情之后，立即下令缉拿刘邦妻子吕雉入狱，幸好有萧何、曹参二人才得以保释出狱。

秦二世元年（前209）七月，陈胜、吴广在大泽乡高举反秦的大旗，各地的英雄豪杰纷纷响应，天下一片混乱。这时的萧何依然在沛县担任功曹一职，他和曹参、樊哙、夏侯婴、周勃等人经常聚会聊天，密切关注着局势的发展，并且暗地里和在芒砀山中的刘邦保持联络。

萧何所在的沛县和蕲州很近，陈胜、吴广眼看就要打到这里了，沛县县令一时乱了分寸。于是将萧何、曹参等人叫来，密切商议起兵之事。萧何建议说："你本是秦朝的官吏，沛县的老百姓恐怕不会听你的话，想要干一番大事，一定要将逃亡的英雄豪杰请回来。这样一来，沛县便可安如泰山了。"县令听完之后，觉得十分有道理。萧何便趁机推荐刘邦，请县令赦罪录用。县令最开始的时候认为有些为难，但是后来转念一想，天下大乱，刘邦虽然是有罪之身，可只要他一心帮助我，倒是个不错的人选。于是，县令便派樊哙去芒砀山把刘邦找回来，共同起义。刘邦欣然答应了，立刻率领众人奔往沛县。没想到，县令见刘邦人多势众，开始担心自己无法操纵这支队伍，有些反悔了，竟然将刘邦拒之城外，并将萧何等人抓起来，押入监内。刘邦兵临城下，见到城门紧闭，知道城中出现变故。于是，下令将城池团团围住，准备攻城。就在这时，萧何、曹参逃出城外来见刘邦，刘邦高兴极了。三人经过一番商议之后，刘邦在帛上写了一封告沛县父老书，用弓箭射入城内。书中是这样说的："天下的老百姓忍受秦苛政之苦已经这样久了，现在父老乡亲们却在为县令

守城。天下诸侯并起，眼看就要攻破沛县城池了。如果沛城的老百姓现在起来杀死了县令，响应诸侯，如此家室就可以保全了。否则，父子都会白白惨遭杀戮。"沛县老百姓见到刘邦的信，就聚集起来攻入县衙，诛杀了县令，打开城门迎接刘邦。

刘邦攻破沛县之后，召集沛城乡亲父老一同商议大计。大家统统推选刘邦为县令，背秦自立。刘邦却推辞道："如今天下混乱不堪，诸侯四起，沛令当然一定推举全县最有威望的。我并非自爱，实在是因为德薄能鲜，误己事小，如果误了全城的老百姓，那岂不是死罪吗，还是快快另选贤能，以图大事吧。"大家见刘邦如此谦逊，更加心悦诚服。于是众人坚持请刘邦担任沛令。刘邦依然再三推脱，萧何苦苦劝说也是无济于事。众人在无奈之下，便选出 9 位全县最有声望的人，和刘邦一起一共 10 个人，把 10 个人的姓名写在纸上，谨告天地，拈出的人是谁，那么谁就是沛县县令，不可推辞不就。萧何见这种情况，忽然计上心头，立刻对大家说："这个办法十分好，取决于天最公道。这点微劳，须由不才来尽。"众人听后十分赞同，纷纷说道："萧功曹在沛县办事已经很多年，做事一向细心，这件事理所当然由萧先生处理。"一切准备就绪之后，萧何便转过身来对大家说："刘邦最为乡亲信仰，拈阄之事，我看就让他来办吧，以示郑重。"众人一同拍手叫好。刘邦只好在对天行礼之后，拈出一阄，当众打开之后，上面正好写着自己的名字。他回过头来看了一眼萧何，又要推辞。萧何见到这种情况之后，立刻走上前去，一把将盘中剩余的纸阄抓起，放到口中嚼碎了，之后高声说道："天意所归，你还有什么好说的呢。"众人听了之后，欢声雷动。刘邦在无奈之下，只好答应。于是，他们就在县衙大堂举行了隆重的仪式，誓师起事，并且按照楚国旧制，尊称刘邦为"沛公"。这件事情之后，刘邦才知道原来萧何所写的 10 个纸阄全部都是刘邦的名字，深深知道萧何是真心拥戴自己的，心中十分感激。从此之后，萧何紧随刘邦南征北战，五年之后，刘邦终于登上了帝位，成为了汉朝的开国皇帝，萧何也变成了开国元勋。

深谋远虑　收藏典籍

公元前208年九月，项梁叔侄杀死了会稽郡守殷通，高举义旗。不久之后，就召集了20多万兵马，拥立楚王第十二皇孙、13岁的熊心为王，并且和刘邦会于薛城。众位将领约定：项羽北上营救赵国，解除巨鹿之围之后，从北路转而向西攻打秦国，刘邦从南路向关中进发。两路人马在击溃秦军之后，谁先进入秦都咸阳，谁便是关中王。

刘邦率领的军队勇往直前，凭借着张良等人的悉心谋划，避实就虚，剿抚并用，一路过关斩将，抵达关中。萧何身为丞督，坐镇地方，督办军队的后勤供应。公元前206年十月，刘邦率领大军兵临咸阳。秦王子婴设计杀死了奸相赵高，献出玉玺，投降刘邦。于是，起义军浩浩荡荡进入咸阳城。将士们见到秦朝宫殿巍峨，街市繁华，一时间忘乎所以，纷纷乘乱抢掠金银财物，就连刘邦也忍不住，趁着空闲，跑到秦宫东张西望。他见到华丽的宫殿，稀奇古怪的摆设，成堆的金银珠宝，珍奇玩物，还有一群美女，一下子眼花缭乱，竟有些飘飘然了，甚至贪恋秦宫的富丽堂皇而不忍离开。他神魂颠倒地拥着美女走进胡亥的寝宫，往龙榻上一倒，便进入了温柔乡。突然间，大将樊哙破门而入，说道："沛公想要夺取天下，还是只想要当一个富家翁？这些奢华的东西，就是秦国灭亡的祸根。不要迷恋于此啊！"与此同时，张良等人也来陈述利害，刘邦顿时觉悟，当下命兵士查封皇宫府库，之后率领军队返回灞上。只有萧何，在进入咸阳之后，一不贪恋金银财物，二不迷恋美女，却急如星火地赶往秦丞相御史府，并且派兵立刻包围了丞相御史府，不准任何人进入。之后让忠诚的人将秦朝有关国家户籍、地形、法令等图书档案查得一清二楚，并分门别类，登记造册，全都收藏起来，便于以后查阅。

果然，萧何收藏的这些秦朝的律令图书档案，让刘邦在日后的关塞险要、户口多寡、强弱形势、风俗民情等都了解得一清二楚，为制定正确的方针政策和律令制度找到了可靠的根据，对于日后西汉政权的建立和巩固起到了重要的作用，功不可没。这也足以看出萧何的深谋远虑。

慧眼识才　力荐韩信

　　沛公刘邦在攻入咸阳之后不久，项羽也率领军队入关了。项羽进入咸阳之后，杀了秦王子婴和秦国贵族 800 多人，还下令烧毁了秦宫室，大火一直燃烧了 3 个月，富丽堂皇的秦宫室被烧成了一堆瓦砾。

　　项羽在这一年二月自封为西楚霸王，占有东楚九郡之地，建都彭城（现今江苏徐州）；并且背弃了原来的约定，改立刘邦为汉王，管理荒凉偏僻的巴、蜀、汉中地，建都南郑。为了阻止刘邦东进，项羽又把关中地一分为三，分封给了三个秦朝降将——雍王章邯、翟王董翳、塞王司马欣。刘邦早已经看出了项羽的用心，心中十分憋气，有心与项羽决一死战，但无奈自己势单力薄，只好采取萧何、张良等人提出的建议，隐忍入蜀，休兵养士，广招人才，等待时机和项羽一较高低。

　　一转眼两个月过去了。汉军将士们不愿意在汉中久待，思乡之情甚深，开小差的人越来越多。有一天，韩信见自己已经待在汉营这么久了，一气之下就离开了汉营。萧何知道这件事之后，立刻放下手中还没有处理完的紧急公务，亲自骑马追赶韩信，没有来得及和刘邦说一声。刘邦正为军中开小差的人越来越多烦心不已，忽然有兵士前来报告说："萧丞相也逃跑了。"刘邦大惊失色，说："这是怎么回事，我正要与他商议国事呢，怎么连他也逃走了！"立刻派人去找萧何。一连两天也没有见到萧何的影子，刘邦急得坐立难安。

　　再说萧何为了追赶韩信，不辞辛苦，一路问，一路追，天已经黑了，还是没有追到韩信。正要下马休息一下，忽然看到不远处有一个人牵着马在河边溜达。萧何顿时精神了许多，立刻快马加鞭，大声喊着："韩将军！韩将军！"他策马来到河边，气喘吁吁地下了马，气呼呼地说："韩将军，咱们也算的上是一见如故，应该算是朋友了吧。你怎么可以话也不说，就这么走了？"韩信依然不说话。萧何又说了很多希望他回去的话。这时，滕公夏侯婴也策马赶到。两人苦苦相劝韩信回去。他们说："如果大王再不听我们的劝告，那我们三个人就一起走？"韩信没有办法只好跟着他们回去了。到了第三天，三人才回到南郑。

汉王见到萧何之后，又气愤又高兴，责问萧何说："你怎么也逃走了呢？"萧何说："我怎么会逃走呢，我是去追赶逃走的人了。"汉王接着问他："追人？追谁啊？"萧何说："韩信。"

萧何口中的韩信，本来是淮阴人。项梁起兵之后，路过淮阴，韩信前去投奔他，在楚营中做了一个小兵。项梁死后跟随项羽，项羽见到他比其他的兵强，就让他做了一个小军官。韩信有好几次向项羽献策，项羽都不予采用。韩信感到失望极了。汉王刘邦到南郑去时，韩信就离开了项羽投奔了汉王。但是韩信到了南郑，汉王也只是给他一个小官做。

后来，丞相萧何见到了韩信，与他进行交谈，认为韩信是一个可用之才，对他十分器重，还几次三番劝汉王重用他，但是汉王总是不听。韩信知道汉王不肯重用他，趁着将士纷纷开小差时，也寻找了一个机会逃走了。萧何得知韩信逃走的消息之后，急得跺脚，立即亲自骑上快马追赶上去，接连追赶了两天，才把韩信找了回来。

汉王听说萧何追赶的是韩信，生气地骂萧何说："逃走的将军已经有十几个，也没有听说过你追过谁，怎么单去追赶韩信，这究竟是什么道理？"萧何说："一般的将军有的是，像韩信这样的人才，绝对天下无双。大王若是准备在汉中待一辈子，那就用不到韩信；若是准备将天下夺过来，就非用他不可。大王究竟准备怎样呢？"汉王说："我当然要回到东边，怎么能总是待在这里呢？"萧何说："大王如果想要夺取天下，就赶快重用韩信吧；如果他得不到重用，迟早还是要走的。"汉王说："好吧，我就依照你的意思，让他做个将军。"萧何说："让他做将军，还是不能留住他。"汉王说："那就拜他为大将吧！"萧何十分高兴地说："大王英明。"汉王让萧何把韩信找来，想要立刻拜他为大将。萧何直爽地说："平日里，大王不注重礼貌。拜大将可是一件重大的事情，绝对不可以像小孩子闹着玩一样把他叫来。大王决心拜他为大将，一定要选一个好日子，还要举行一个隆重的仪式才可以。"汉王说："好，我听你的。"汉营中传出消息，汉王要选择日子拜大将了。几个跟随汉王多年的将军个个兴奋得睡不着觉，认为这一次自己一定可以当上大将军。等到拜大将的那天，大家才知道大将原来是平日里被他们瞧不上眼的韩信，一个个全都愣住了。

汉王举行完拜将仪式之后，再一次接见韩信说："丞相曾经多次推荐过你，将军一定才干过人，请将军赐教。"韩信谢过汉王，向汉王详细地分析了楚（项羽）汉双方的条件，认为汉王发兵东征，一定可以战胜项羽。汉王听到之后十分高兴，只是后悔自己发现这个人才太晚了。从那时起，韩信就指挥将士操练兵马，东征项羽的条件逐渐成熟了。

后来，韩信果然没有让刘邦失望，更没有辜负萧何的良苦用心。在楚汉战争中，韩信率汉军渡陈仓，战荥阳，破魏平赵，收燕伐齐，连战连胜，在垓下设十面埋伏，一举歼灭了项羽的大军，为刘邦打下了天下。十分明显，在楚汉战争中，韩信在军事才能方面的充分运用和发挥，乃至汉王刘邦可以最终夺取天下，在一定程度上说，与萧何的慧眼识才，倾力荐贤是密不可分的。

坐镇关中　保障军饷

公元前206年八月，刘邦采纳了张良、韩信所献的"明修栈道，暗渡陈仓"之计，挥师东进，留下萧何征收巴蜀的税务，供给粮饷。汉军将士进入关中之后，因为思念家乡，东归之心甚切。一旦东归，一个个犹如猛虎下山，奋勇争先，杀得雍王章邯丢盔卸甲，落荒而逃。汉军一路所向披靡，仅用了三个月的时间就占领了三秦之地。刘邦命令萧何镇守关中，安抚百姓，同时负责兵员和粮饷的筹措与补给，自己亲自率领大军浩浩荡荡向彭城进发。

因为几经战事，此时的关中已经是疮痍满目，残破不堪，秦都咸阳被项羽放火烧了3个月，早已经变成一片瓦砾。萧何留守关中之后，立刻对百姓进行安抚，着力恢复生产，竭尽全力恢复关中的残破局面。他一边重新建立已经散乱的统治秩序，一边对百姓施以恩惠，从而安定民心。他不但颁布实施全新的律法，重新建立汉的统治秩序和统治机构，修建宫廷、县城等，而且开放原来秦朝的皇家苑囿园地，让百姓耕种，赐给百姓爵位，减免租税等。他还让百姓自主推荐年龄在 50 岁以上的、有德行、可表率的人，任命他们为"三老"，每乡一人；再选各乡里的三老为县三老，辅佐县令，教化民众，还免去他们的赋役，每年赏赐给酒肉。这样，由于萧何办事精明，施政有方，颁布历法，农业很快得到了恢复，建立起了稳固的后方，保证了前线的需要。

公元前 205 年，刘邦趁着项羽大军东征的空隙趁虚而入，攻占了项羽的老巢彭城（现今江苏徐州）。汉军在进驻彭城之后，被眼前的胜利冲昏了头脑，麻痹大意，放松了警惕，没多久就被项羽率领的 3 万精兵绕道杀回，将刘邦困在了彭城灵璧（现今安徽宿州市东南）。亏得陈平想到"金蝉脱壳"之计，才得以带领残余的数十骑兵返回荥阳。此时，关中的壮丁已经被征发得差不多了，萧何便调拨老弱及不到服役年龄的少年到荥阳增援，韩信也收兵和刘邦会师，刘邦才得以旗鼓重整，和项羽大军相持于荥阳、成皋一带。此时，萧何坐镇关中，征发兵卒，运送粮草，供应汉军；侍奉太子，制定法令规章，建立宗庙秩序。每项事务报告刘邦的时候，刘邦总是欣然同意，允许照办。即便来不及汇报，萧何也可以根据当前形势先行执行，等到汉王回来之后再行报告。刘邦几次战役，都落得仓皇逃走，但是萧何却一直忠心耿耿，勉励而为，每一次都征发关中壮丁，补足汉军缺额，让刘邦得以重整旗鼓，曾多次转危为安。

公元前 203 年，项羽因为连年征战，一度陷入了兵尽粮绝的境地。但是刘邦的队伍，却因为萧何坐镇关中，不断向前方输送粮草和兵力，形成了兵强粮多的好形势，为刘邦日后击败项羽奠定了坚实了基础。

开国功勋 位列三杰

经过长达 5 年的楚汉相争，公元前 202 年，项羽兵败之后在乌江自

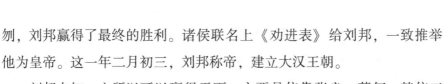

列，刘邦赢得了最终的胜利。诸侯联名上《劝进表》给刘邦，一致推举他为皇帝。这一年二月初三，刘邦称帝，建立大汉王朝。

刘邦自知，之所以可以赢得天下，主要是依靠张良、萧何、韩信三人。此三人也被称为"汉初三杰。"之后，刘邦论功行赏。萧何被定为首功，分得的食邑最多。很多将士因此愤愤不平，说自己都身经百战，萧何仅仅是动动嘴皮，发发议论，做做文字工作而已，毫无战功，为什么他可以得到更多的食邑？

刘邦于是问大臣们："你们听说过猎狗这种动物吗？在打猎的时候，追杀野兽的是猎狗，用来指示行踪，放狗追兽的是人。现在诸侯们只是可以猎获野兽，相当于猎狗的功劳。至于萧何，他可以放出猎狗，指示追逐的目标，那相当于猎人的功劳。更何况你们只是一个人追随于我，多的也不过带两三个家里人，但是萧何确是带领全族几十人，这个功劳又该怎样抹杀掉呢？"大家无言以对。诸侯分封完毕，接着是排位次。群臣都说："平阳侯曹参身受七十余处战伤，攻城掠地，功劳最多，应排第一。"刘邦已经压了大家一次，重封了萧何，对于排位之事也就不好再多说什么，不过在他的心里依然想要萧何排在第一位。此时，关内侯鄂君说："在楚汉相争的 5 年时间里，陛下有几次都因此兵败，只身逃脱，全都依靠萧何派兵前来充实。有时，即便是没有陛下的命令，萧何一次也可以派遣几万人，正好补充了陛下的急需。不仅是士兵，就是军粮也是萧何在关中进行供应，才让前线的士兵在作战时衣食无忧。陛下有好几次败退，把山东都丢了，还是因为有萧何坐守关中，陛下才得以重新振作。这些都是创立汉家天下流传后世的大功劳，又怎么能将曹参这种立一时之功的人排在立万世之功的人前面呢！我觉得，萧何应该是第一，曹参是第二。"

经过这番讨论之后，正中刘邦之意，于是就将萧何排为第一，并且准许他穿鞋带剑上殿，还册封了萧何的父子兄弟十几个人。这样，萧何位列众卿之首，被称为"开国第一侯"。刘邦即位之后，便下诏罢兵归农，让士兵们回家种田、开荒，减免百姓赋税。此时，定都的事情迫在眉睫。刘邦暂居栎阳，命令萧何营建长安（现今陕西西安西北）为都城。

公元前199年，刘邦来到长安。萧何正在筹建未央宫，建好了东阙、北阙（高大的宫门），又建前殿、武库、太仓等。刘邦认为宫殿过于奢华，用责备的口气对萧何说："连年征战，天下才刚刚得以稳定，战争的结果还不知道是什么样子，你为什么要修建这样豪华的宫殿呢？"萧何回答说："就是因为天下才刚刚安定，才好借机会多征发些人和物来营建宫室。更何况天子四海为家，宫室壮丽才可以显示出威严，也免得子孙们重建了。"刘邦这才露出笑容。

西汉建都长安，历时200余年，萧何成为了该城最早的设计者和规划者。

成也萧何　败也萧何

公元前202年二月，刘邦为了巩固政权，寻找各种机会铲除异姓王。韩信任齐王的时候，谋士蒯通就三番五次鼓动韩信造反，背汉自立，韩信不听。刘邦在平定天下之后，见到韩信功高盖主，并且手握兵权，对韩信更加不放心了。有人告韩信谋反，刘邦就施计逮捕了韩信。后来虽然赦免，但是却从楚王降为淮阴侯。韩信也因此开始对刘邦产生怨恨，经常称病不上朝议政。公元前197年，阳夏侯陈豨谋反，自立为王，刘邦亲自率领大军前往攻打。当时韩信推脱说自己有病，不便前往。这时，韩信的一个门客求见吕后，告发韩信原本是陈豨的至交，这一次陈豨举兵谋反，韩信一定是内应，准备在一天夜里假传圣旨，把奴隶和犯人释放出来袭击吕后和太子刘盈。

吕后听说之后，认为这件事事关重大，于是就秘密召见丞相萧何。二人经过一番商议之后，决定由萧何参与执行。第二天，萧何就派人去请韩信到相府赴宴。韩信声称自己有病，婉言谢绝了。萧何便亲自到韩信的府上，以探病为由，直接进入了韩信的室内。韩信无法推辞，只好与萧何随意寒暄了几句。萧何说："我和你是好朋友，我邀请你去赴宴，

是有话想要对你说。"韩信立刻问道有什么话。萧何说："这几天皇上从赵地发来捷报，说征讨军队已经大获全胜；陈豨已经逃去匈奴那里。现在朝中的王侯，都亲自去宫中向吕后道喜。你自称有病不上朝，已经引起了很多人的怀疑。所以我来劝说你和我一起进宫，向吕后道贺，这样也可以消除大家的疑虑。"

萧何所说的话，韩信不得不相信，所以韩信就随萧何来到长乐殿向吕后道贺。哪里知道宫内早就埋伏好了武士，吕后一见韩信中计，喝令刀斧手将韩信压倒在地。韩信见此事不妙，急忙呼叫："萧丞相赶快来救我！"哪里知道萧何早已经走了。吕后不容韩信申辩，命令武士把他拖到殿旁边的钟室中杀死。之后，又将韩信的父、母、妻三族全部捕杀。萧何辅助吕后杀死了韩信，十分符合刘邦巩固政权的需要，正好为刘邦除去了一块心病。

萧何是汉高祖刘邦的重要谋臣。他曾经向刘邦举荐了韩信做大将，让韩信为汉朝的建立立下了汗马功劳，然而，韩信的败亡，同样是萧何的主意。就像民间所说的那样，韩信是"成也萧何，败也萧何"。

自污名节　以释君疑

萧何施计谋杀韩信之后，刘邦对他更加恩宠，除对萧何加封外，还派了一名都尉率 500 名兵士作相国的护卫。宾客们纷纷前来道贺，喜气盈庭。萧何也十分高兴。这一天，萧何在府中设宴，全府上下一片喜气，突然有一个名叫召平的门客，却身着素衣白履，昂然进来吊丧。萧何见到这种情况，大声呵斥道："难道你喝醉了吗？"

这一位名叫召平的人，原本是秦朝的东陵侯。秦朝灭亡之后就隐居在郭外家中种瓜，味极甘美，时人号称东陵瓜。萧何入关的时候，听说其贤能，于是将他招至幕下，每有行事，就将他找来一同商议。今天，他见到萧何还没有领会他的意思，就说道："公勿喜乐，从此后患无穷矣！"萧何十分不解，问道："我进位丞相，宠眷逾分，而且我遇事一向小心谨慎，不敢有所疏忽，君为什么要这样说呢？"召平说道："主上南征北伐，亲冒矢石。而公安居都中，不与战阵，反得加封食邑，我揣度主上之意，恐怕对公已有疑心。公难道没有看到淮阴侯韩信的下场吗？"萧何一听顿时大悟，猛然惊出了一身冷汗。第二天早晨，萧何就急匆匆地进宫面圣，力辞封邑，并且拿出家中的很多宝物充实国库，以移作军需。刘邦果然十分高兴，对萧何赞许有加。

同年秋天，英布谋反，刘邦亲自率兵前往平定。他身在前方，每一次萧何派人往前线运送粮草时，刘邦总是要问："萧相国最近在长安做什么？"使者回答，萧相国爱民如子，除办军需以外，无非就是安抚、体恤百姓。刘邦听到这些话，总是默不作声。来使回报萧何，萧何也没有明白刘邦是什么意思。一日，萧何偶尔问及门客，一门客说："公过不了多久就要被满门抄斩了。"萧何听后大惊失色，急忙问其原因。那门客接着说："公现在已经位居百官之首，还有什么职位是可以再封您的？况且您一入关就得到人们的爱戴，从那时算起，已经十几年了，您还在想尽方法为民办事，以此安抚百姓。现在皇上之所以多次问询您的动向，是害怕您借助民众的威望叛乱啊！试想，一旦您乘虚号召，闭关自守，岂非将皇上置于进不能战，退无可归的境地？如今您何不贱价强买百姓的土地，故意让百姓骂您、怨恨您，制造一些坏名声，这样皇上一听您不得民心了，自然就会对您放心了。"萧何长叹一声，说："我怎么可以剥削百姓，做一名贪官污吏呢！"门客说："你还真是对别人明白，对自己糊涂啊！"

萧何怎么不明白，对于一般的小官吏，高帝并不担心他会造反，一旦发现有贪赃枉法的行为，必遭严惩。但是对于他这样位高权重的大臣，高帝最主要的是担心他们会造反，至于贪污那些小事，反而不重要了。为了解除高帝的疑心，保全自己，萧何不得不做出掠夺百姓财物的事情来诋毁自己的名节。不久，萧何的所作所为被秘密报告给了高帝。果不出所料，刘邦听后，就像什么事情都没有发生一样，也不闻不问。当刘邦从前线凯旋的时候，百姓拦路上书，状告萧相国强夺、贱买民间田宅，

价值数千万。刘邦回到长安之后，萧何去拜见他，刘邦微笑着将百姓的状书交给萧何，并且意味深长地说："你身为一位相国，竟然和百姓争利！想不到你是这样的'利民'啊？好了，你自己去向百姓谢罪吧！"刘邦表面上让萧何向百姓道歉，补偿田价，但是心里却暗自高兴，对于萧何的疑虑也逐渐消失。

镇国家、抚百姓的萧何，昧着良心做了很多残害百姓的事情，心中十分不安，总想着找一个机会补偿百姓。不久，萧何见到长安一带耕地狭小，百姓缺衣少食，但是天子的上林苑中却闲置着很多荒地来放养牲畜，萧何认为这实在有些浪费，于是就上奏请皇上将这些荒地分给百姓让他们耕种，收了庄稼留下禾秆照样可以供养禽兽。高帝刘邦当时正在病中，见到这份奏章，知道萧何又在取悦于民，一怒之下，下令将萧何逮捕入狱。几天候，高帝的气渐渐消了，再加上文武百官的极力申辩，萧何才得以释放。

萧何已经是60多岁的老人了，见刘邦可以开恩释放他，更是谨慎恭敬，诚惶诚恐。

虽然全身戴上枷锁，害得他手足麻木，走路都不稳了，而且蓬头赤足，污秽不堪，但是又不敢回家沐浴更衣之后再来朝见天子，只好这样上朝面圣。刘邦见萧何这样狼狈不堪，也觉得十分过意不去，于是就安慰萧何道："相国不必多礼了。这一次的事情，原本就是相国为民请愿，我不应允。我不过是夏桀、商纣那般的无道天子而已，而你却是圣贤的丞相。我之所以关押相国，就是要让百姓知道你的贤能和我的残暴！"刘邦的这一番话虽然言不由衷，但是对于萧何的廉政，最终还是默认了。自此之后，萧何对于刘邦就更加诚惶诚恐，毕恭毕敬了。刘邦照例以礼相待，但是萧何从此之后对于国事就更加沉默寡言了。公元前195年，刘邦病死，萧何辅佐太子刘盈登上帝位，即为汉惠帝。萧何继任丞相。萧何担任丞相期间，为汉朝的制定了《汉律九章》，在原本约法三章的基础上，参照秦法，摘取其中合乎当时情况的内容，制定了律法共九章。这是汉朝制作律令的开端。萧何制定的《汉律九章》，删除了秦法的苛烦、严酷，使法令明简。

公元前 193 年，年迈的相国萧何，因为长期为汉室操劳，终于卧床不起。在病危之际，汉惠帝亲自前去探望，萧何诚心希望汉惠帝可以在自己死之后让曹参担任丞相，虽然之前与曹参有些恩怨，但是这样的决定，足以看出萧何的贤能，他一心为国家为百姓着想，不记宿怨的大度胸怀。

萧何去世之后，曹参回到京城接受相位。

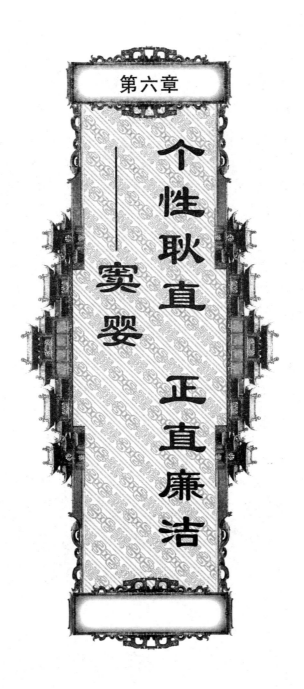

第六章

个性耿直　正直廉洁

——窦婴

宰相档案

☆姓名：窦婴

☆出生日期：不详

☆逝世日期：公元前 131 年

☆生平简历：

公元前 154 年，窦婴被任命为大将军，平定七国之乱有功，封为魏其侯。

公元前 153 年，窦婴担任太子太傅。

公元前 140 年，窦婴担任宰相。

公元前 139 年，窦婴被窦太后罢免，此后一直闲居在家。

公元前 131 年，窦婴被汉武帝处死。

人物简评

窦婴的性格耿直，得罪了窦太后，不为太后所喜。在平定七国之乱，朝廷急需人才的时候，他称病拒绝，表现了他在政治上的不成熟，不懂权术，只按照个人的喜欢办事。虽然被封为魏其侯，但是也没有得到景帝的重用。汉武帝登基之后，他当上宰相，推崇儒术，被窦太后罢免。他正直廉洁，但是个性太强，不懂变通，最后落了一个凄惨的下场。

生平故事

窦婴被封魏其侯

窦婴是窦太后的侄子，窦太后是汉文帝的皇后，汉景帝的生母。汉景帝对母亲非常孝顺，窦太后在文、景、武帝三朝都对朝政加以干预，窦氏外戚显赫一时。窦太后对窦氏家族一直加以约束，虽然窦婴为窦太后的侄子，但是与窦太后之间有摩擦，并不为窦太后喜欢。

汉景帝的弟弟梁孝王深得母亲窦太后的疼爱。有一次宫廷举办一个规格较高的宴会，参加的人有窦太后、汉景帝、梁孝王，还有窦婴。汉景帝当时还没有立太子，以哥哥的身份陪着弟弟一起喝酒。宴会上的气氛很好，汉景帝喝畅快了，随意说道：“我死之后把帝位传给梁王。”窦太后本来就有这个意思，听了汉景帝的话非常高兴。其实，汉景帝传给谁，都是刘家的天下。这时候，窦婴端起一杯酒献给皇上，说：“天下是高祖打下的天下，帝位应当父子相传，这是汉朝立下的制度规定，皇上凭什么擅自传给梁王！”窦太后因此对窦婴不满。窦婴不受太后待见，也嫌詹事的官职太小，就借口生病辞去了官职。窦太后于是开除了窦婴进出宫门的名籍，按理说窦太后是窦婴的亲姑姑，即使是寻常百姓家里，节日也要有所往来，但是，窦太后连节日也不准许窦婴进宫朝见。窦婴也没有重新去讨窦太后的欢心，而是意气用事。

汉景帝三年（前154），吴、楚等七国反叛，皇上对皇族成员和窦姓诸人进行了一番考察，认为没有人能够比得上窦婴的贤能，于是就召见窦婴，想让他带兵平叛。窦婴入宫拜见，坚决推辞带兵平叛的差事，只是说身体有病，不能胜任。窦太后首先对他表示歉意。景帝也再三说服他道："天下正有急难，你怎么可以推辞呢？"

于是，汉景帝就任命窦婴为大将军，并给他黄金千斤的赏赐。窦婴也不再意气用事，皇上和太后都给了自己面子，决定接受大将军的职务，平定七国的叛乱。窦婴推荐了退职赋闲在家的袁盎、栾布等诸名将贤士，景帝起用了窦婴推荐的人才。赏赐给窦婴的黄金，窦婴并没有拿回家里，而是将黄金摆列在走廊穿堂里，属下的小军官经过时，就让他们根据自己的情况拿去用。窦婴奉命驻守荥阳，监督齐国和赵国的兵马，窦婴被封为魏其侯后，游士宾客都争先恐后地归附窦婴。

汉景帝四年（前153），立长子刘荣为太子，派窦婴担任太子的太傅。汉景帝七年（前150），太子被废，窦婴多次为太子向景帝争辩，景帝并没有听他的话。窦婴心灰意冷，便向景帝推说有病，一连几个月隐居在蓝田县南山下。窦婴的宾客、辩士都来劝说他这样不对，不能因为皇上没有采纳自己的话，就和皇上生气辞职。但是窦婴还是不愿回到京城。梁地人高遂也来劝解窦婴说："您的富贵是靠皇上给的，您是太后的侄子，所以称为朝廷的亲信。您担任太子的师傅，太子被废黜您向皇上力争，但力争不成功，即使不能成功也不能去殉职。您自己托病引退，拥抱歌姬美女，退隐闲居而不参加朝会，您的这种做法会让人觉得您是故意要张扬皇帝的过失。如果皇上和太后都要加害于您，那您的妻子和儿女也不免受到加害。"窦婴认为这一番话有道理，于是就出山回朝，像过去一样朝见皇上。

不久，桃侯刘舍被免去丞相一职务，窦太后多次向景帝推荐窦婴当丞相。汉景帝没有答应，而是说："太后难道认为我不想让窦婴担任宰相吗？窦婴骄傲自大，把自己看得太重，做事不踏实，难以担任丞相的重任。"最终并没有任用他，而是任用了建陵侯卫绾作丞相。

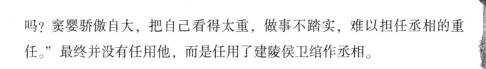

窦婴和田蚡的斗争

田蚡是汉武帝母后的同母异父弟弟，汉武帝的舅舅。窦婴当上大将军地位显赫的时候，田蚡的职位不高，还是个郎官，来往于窦婴家中，和其他宾客一样陪着喝酒。到汉景帝晚年，田蚡受到宠幸，做了太中大夫。田蚡的口才好，能言善辩，学习过《盘盂》之类的书籍，王太后认为他有才能。汉景帝去世，太子刘彻继位，也就是鼎鼎有名的汉武帝，王太后摄政。王太后制定的许多措施，大都采用田蚡门下宾客的策略。田蚡和他的弟弟田胜，也因为是王太后的弟弟这一层外戚关系，在汉景帝去世的同一年（前141），被分别封为武安侯和周阳侯。

田蚡刚掌权时因为想当丞相，所以对他的宾客非常谦卑，推荐闲居在家的名士出来做官，让他们显贵，想以此来压倒窦婴等将相的势力。建元元年（前140），丞相卫绾因病免职，汉武帝在考虑安排丞相和太尉。田蚡的门客籍福劝说田蚡道："魏其侯显贵已经很久了，天下有才能的人一向归附他。现在您的富贵刚刚开始，不能和魏其侯相比，就算皇上任命您当丞相，也一定要让给魏其侯。魏其侯当丞相，您一定会当太尉。太尉和丞相的尊贵地位是相等的，您还会赢得让相位给贤者的好名声。"

田蚡采纳了籍福的劝告，于是就委婉地告诉太后自己的心意，太后暗示皇上，于是皇上便任命窦婴当丞相，田蚡当太尉。窦婴当上丞相之后，籍福向窦婴道贺，顺便提醒他说："您的天性是正直的，喜欢好人憎恨坏人，当今好人称赞您，所以您当了丞相。但是您也憎恨坏人，而坏人相当多，他们会逮住机会毁谤您的。如果您能兼容好人和坏人，那么您丞相的职位才能保持长久；如果不这样做的话，马上就会受到毁谤而离职。"但窦婴并没有听进去他的话而反省自己。

窦婴和田蚡有共同点，都爱好儒家学说，所以两人在开始的时候并没有太大的分歧。两人推荐赵绾当了御史大夫，王臧担任郎中令。又把鲁国人申培迎到京师来，准备设立明堂，命令列侯们带着家眷回到自己的封地上，废除关禁，按照礼法来规定吉凶的服饰和制度，以此来表明天下太平的气象。同时检举谴责窦氏家族和皇族成员中品德不好的人，开除他们的族籍。这时诸外戚中的列侯，大多娶公主为妻，都不想回到各自的封地中去，因为这个缘故，毁谤窦婴等人的言语每天都有人说给窦太后听。

窦太后对黄老学说情有独钟，而窦婴、田蚡、赵绾、王臧等人则努力推崇儒家学说，贬低道家的学说，所以窦太后更加不喜欢窦婴等人。到了建元二年（前139），御史大夫赵绾请皇上不要把政事禀奏给太后。窦太后非常生气，于是罢免并驱逐了赵绾、王臧等支持儒家学说的人，还把窦婴和田蚡的职务解除，任命柏至侯许昌当了丞相，武强侯庄青翟当了御史大夫。魏其侯、武安侯从此以列侯的身份闲居家中。

虽然田蚡没有担任官职，但因为他是汉武帝的舅舅，所以一直得到皇上的宠信，他给皇上提出的建议皇上大多都会施行，有很多趋炎附势的官吏和士人看着窦婴失势，都弃窦婴而归附于田蚡。田蚡的权势越来越大，变得更加骄横。建元六年（前135），窦太后逝世，丞相许昌和御史大夫庄青翟因为丧事办得不周到，都被汉武帝免官。汉武帝并没有让窦婴继续担任宰相，而是武安侯田蚡和大司农韩安国分别担任丞相和任御史大夫。田蚡的权势达到了最高峰，天下的士人、郡守和诸侯王等对田蚡的依附更甚。

窦婴和灌夫惺惺相惜

自从窦太后罢免了窦婴的官职后，窦婴也就失去了靠山，窦太后死后，他就更加无依无靠。汉武帝也疏远了他，毕竟他是废太子刘荣的太傅。窦婴失去了往日的权势，门下的宾客也都离开他了，没有离开他的人态度也变得傲慢，只有灌将军一人还像从前那样对待他，并没有丝毫的懈怠。窦婴赋闲在家，得罪了不少人，每天的心情都很郁闷，他对灌将军另眼相看，格外厚待。

灌夫的父亲是汉代名将灌婴的家臣，被灌婴赐灌姓。七国之乱的时候，灌夫和他的父亲同时从军平叛，父亲战死。按照汉代的规定，灌夫可以护送父亲的灵枢回家，但灌夫却回绝了。他决定留在战场为父亲报仇，他率领着十多个家奴，向敌人的阵地冲锋，历尽艰辛，终于打赢了战争。他因此而一战成名，受到重用。但是灌夫只是一介武夫，胸中没有什么墨水，也不讲涵养风度，多次喝酒，触犯了法律，遭到贬谪。在窦婴被贬，他的门客一哄而散的时候，只有灌夫来到窦婴的身边，给了他一点儿温暖。两人的遭遇相似，都是不得志之人，惺惺相惜，相见恨晚，好得像父子一样。

灌夫是一个有个性的人，他性格直爽，没有小心眼，别人也能很快看透他的心事，喝醉酒会发酒疯，不喜欢奉承别人。看到皇亲国戚和有势力的人，只要是地位在自己之上的，他不仅不对他们表示尊敬，反而还想尽办法凌辱他们；而对地位在自己之下的许多士人，他都能平等而恭敬地对待他们。在很多人面前，灌夫经常夸奖并推荐那些地位比自己低的人，得到了士人们的尊重。

灌夫的家里积累了几千万的资产，但没有了权势，与他来往的达官贵人减少，依附他的宾客也去依附了别人。窦婴失去权势后，也想依靠灌夫去报复那些平日仰慕自己、失势后又将自己抛弃了的人。灌夫也想依靠窦婴去结交列侯和皇族抬高自己的名声。两人互相吸引，彼此都能为其所用，交往密切。

灌夫在服丧期内去拜访丞相田蚡，田蚡随口跟他说道："我想和你一起去拜访窦婴，但是却遇上你现在服丧不方便前去。"灌夫说："您既然愿意屈驾去拜访魏其侯，我灌夫怎么会因为服丧而推辞呢！请允许我告诉魏其侯设置帷帐，备办酒席，请您明天早点光临。"田蚡答应了。灌夫就详细地告诉了窦婴，就像他对田蚡所说的那样。窦婴和他的夫人特地去买了肉和酒，将房子连夜打扫了一遍，布置帷帐，准备酒宴，一直忙到天亮。

天刚亮，窦婴就让府里的人等在大门前伺候田蚡的到来。窦婴一家人耐心地等待，但是直到中午，田蚡也没有到来。窦婴对灌夫说："丞相难道忘记了这件事?"灌夫很不高兴,说:"我灌夫不嫌丧服在身而应他的约,他应该来。"于是灌夫就驾车准备到田蚡的府上去接他。其实田蚡只是和灌夫开玩笑,而并没有打算去看望窦婴。灌夫来到门前时,田蚡还在睡觉。于是灌夫进门去见他,说:"将军昨天幸蒙答应拜访魏其侯,魏其侯夫妇备办了酒食,从早晨到现在,没敢吃一点东西。"田蚡装作惊讶的样子,道歉说:"我昨天喝醉了,忘记了跟您说的话。"田蚡只好起身驾车前往,但是一副不情愿的样子,走得很慢,灌夫对田蚡更加生气。到了窦婴家,大家在一起喝酒,灌夫喝醉了,起身跳舞,跳完之后邀请田蚡,田蚡不给他面子,也不起身。灌夫借着酒劲,说些讽刺田蚡的话,窦婴便把喝醉的灌夫扶到其他的地方,向丞相表示歉意。丞相一直喝到天黑,高兴了才离去。

田蚡看上了窦婴在城南的田地,派手下的门客籍福去索要。窦婴听了非常生气,怨恨地说:"我虽然被皇上废弃不用,将军虽然显贵,但是怎么能够硬夺我的田地呢!"灌夫听说后也很生气,便将怒气发到籍福的头上,对他大骂了一通。籍福不愿窦婴和田蚡两人因为这件事而生气,于是就编造了很多的好话向田蚡道歉说:"魏其侯年龄大了,快要死了,您就再忍耐他一下,姑且等着吧。"不久,田蚡听说窦婴和灌夫实际上是因为愤怒而不肯让给他田地,也非常生气地说:"魏其侯的儿子曾经杀人,我救了他的命。窦婴为什么舍不得这几顷田地呢?再说灌夫怎么也跟着瞎掺和呢?他是窦婴的什么人呢?我不敢再要这块田地了!"

田蚡对灌夫和窦婴两个人心里充满了不满,元光四年(前131)的春天,田蚡向武帝报告说灌夫家住颍川,宗族和宾客横行霸道,垄断了利益,百姓都深受其害,请求皇上查办。武帝说:"这是丞相的职责,何必请示朕。"这件事也就交给了田蚡全权处理,灌夫也抓住了丞相田蚡的把柄,即用非法手段谋取利益,接受淮南王的金钱并说了些不该说的话。窦婴和灌夫一派,田蚡为一派,两方起了纷争,相互攻击对方。宾客们从中调解,彼此才和解。

灌夫被抓，窦婴挺身相救

　　这年夏天，田蚡娶燕王的女儿做夫人，太后下了诏令，让列侯和皇族都去祝贺。窦婴拉着灌夫，想和他一起去。灌夫推辞说："我多次因为酒醉失礼而得罪了丞相，丞相和我之间有矛盾。"窦婴说："事情已经和解了。"窦婴把不情不愿地灌夫拉去给田蚡祝贺。酒喝到差不多时，田蚡起身向宾客敬酒祝寿，所有的宾客表示尊重，都离开席位，伏在地上，表示不敢当。

　　过了一会儿，窦婴也起身为大家敬酒祝寿，只有那些窦婴的老朋友离开了席位，其余半数的人依旧坐在那里，只是稍微欠了欠上身。窦婴心里不是滋味，但是也没有明说，灌夫却非常不高兴。灌夫起身依次敬酒，敬到田蚡时，田蚡稍微欠了一下上身说："我不能喝满杯。"灌夫感到很恼怒，仍然苦笑着劝说："您是个贵人，这杯就托付给你了！"田蚡仍然不给灌夫面子，不肯喝完。灌夫忍着火气并不发泄，继续敬酒，敬到临汝侯的时候，临汝侯正在程不识的耳边说着悄悄话，也没有离开席位。灌夫终于忍不住心中的怒火，便骂临汝侯说："平时你诋毁程不识不值一钱，今天长辈给你敬酒祝寿，你却像女孩子一样在那儿同程不识咬耳说话！"

　　田蚡对灌夫说："程将军和李将军都是东西两官的卫尉，现在当众侮辱程将军，你难道不给你所尊敬的李将军留有余地吗？"灌夫说："今天杀我的头，我都不在乎，还管什么程将军、李将军！"在座的客人都起身上厕所，渐渐离去。窦婴也要离开，并且挥手示意让灌夫出去。田蚡也非常气愤，发火道："这是我宠惯灌夫的过错。"于是便命令手下的人扣留了灌夫。灌夫本来想出去，但是现在出不去了。籍福起身打圆场，替灌夫道歉，并按着灌夫的脖子让他道歉。灌夫更加生气，不肯道歉。田蚡便指挥手下的人将灌夫捆绑起来，放在客房中，叫来长史说："今天请宗室宾客来参加宴会，是有太后诏令的。"

　　田蚡向太后弹劾灌夫，说他在宴席上辱骂宾客，侮辱诏令，犯了

"不敬"罪，将他囚禁在特别监狱里。于是太后开始追查灌夫以前的事，派遣差吏分头追捕其他灌氏的分支亲属，他们受到牵连，被判为杀头示众的罪名。窦婴心里十分愧疚，是他硬拉着灌夫参加宴会的，没想到灌夫却被关进了监狱。窦婴拿出钱财让宾客向田蚡求情。但田蚡并没有听进去任何人的话，灌夫仍然被关押。毕竟，灌夫手握着田蚡的把柄，早晚有一天都会泄露出去，田蚡借此机会除去灌夫。因为灌氏的人都会处死，所以灌氏的人都逃跑、躲起来，也没法告发田蚡的秘事。

身为灌夫的好友，窦婴决定挺身而出，营救灌夫。他的夫人并不赞成，劝他说："灌将军得罪了田蚡，和太后家的人作对，你怎么能营救得了呢？"窦婴说："侯爵是我挣来的，现在由我把它丢掉，没有什么可遗憾的。再说我总不能让灌夫一人去死，而我独自活着。"于是，窦婴不顾家人的反对，瞒着家人，私自上书给武帝。汉武帝看了之后将他召进宫去，窦婴便把灌夫因为喝醉了而失言的情况详细地说了一遍，认为酒醉失言不足以判处死刑。皇上赞同他的看法，赏赐窦婴一起进餐，说："我们到东宫去公开辩论这件事。"

窦婴来到东宫，极力夸赞灌夫的长处，说他只是因酗酒而获罪，但是丞相田蚡却拿别的罪证来诬陷灌夫，又竭力诋毁灌夫横行霸道，犯了不敬的罪。窦婴仔细想了想并没有别的办法能够对付田蚡，便攻击丞相的短处。田蚡也反驳道："幸亏天下太平无事，我才成为皇上的心腹，喜欢音乐、狗、马和田宅。我所喜欢的不过是歌伎艺人，不像窦婴和灌夫那样，在家里招集天下的豪杰壮士，不分白天黑夜地商量讨论国家大事，对朝廷不满，不知道背地里怎么诽谤朝廷呢！他们不是抬头观天象，就是低头在地上埋下小箱子，窥测东、西两宫之间，希望天下发生变故，好让他们立功成事。我倒不明白窦婴他们到底要做些什么？"

田蚡完全转移了话题，加以污蔑窦婴和灌夫。汉武帝也不知真假，向在朝的大臣问道："他们两人的话谁的对呢？"御史大夫韩安国说："魏其侯说灌夫的父亲为国而死，灌夫手持戈戟冲到强大的吴军中，奋勇杀敌，身上受了几十处伤，在全军中的名声很大，这是受天下人尊重的勇士。如果没有什么特别大的罪恶，只是因为喝了酒而引起口舌之争，是

不值得找出其他的罪状来判处死刑的。魏其侯的话是对的。丞相又说灌夫同奸人来往，欺压平民百姓，积累了万万的家产，在颍川横行，凌辱侵犯皇族，这是所谓'树枝比树干大，小腿比大腿粗'，其后果不是折断，就是分裂。丞相的话也不错。希望英明的主上自己裁决这件事吧。"

御史大夫韩安国采取了中立的态度，主爵都尉汲黯和内史郑认为窦婴对，但是都不敢坚持自己的意见去回答皇上，剩余的大臣也都不敢回答，毕竟田蚡依仗着太后，没有人敢得罪他。皇上怒斥内史道："你平日多次说到魏其侯、武安侯的长处和短处，今天当廷辩论，畏首畏尾什么都不敢说，我将一并杀掉你们这些人。"

说完之后，汉武帝马上起身罢朝，进入宫内和太后一起进餐。太后早就派人打探朝廷上发生的事，太后知道廷辩上的情况时很生气，不吃饭，说："现在我还活着，那些人竟然敢作践我的弟弟，如果我死了，他们就会像宰割鱼肉那样宰割他了。再说皇帝怎么能没有主张呢？幸亏皇帝还在，这班大臣也不敢反驳皇上，如果皇帝死了，这些人还有可以信赖的吗？"武帝向太后道歉说："他们都是皇室的外家，所以在朝廷上辩论他们的事。不然的话，只要将此事交给一个狱吏处理就行了。"

窦婴被处死

于是，武帝决定自己亲自调查这件事。他派御史按照文簿记载的灌夫的罪行进行追查，但是出现了很多与窦婴所说的不相符的地方，窦婴为了维护灌夫编造了一些假话，犯了欺骗皇上的罪行。窦婴遭到弹劾，被拘禁在都司空的特别监狱里。汉景帝在临终的时候，窦婴曾经接收过景帝的诏书，上面写道："假如遇到对你有什么不方便的事情，你可以随机应变，把你的意见呈报给皇帝。"

但是现在窦婴遭到拘禁，灌夫定罪要灭族，情况变得非常紧急，不能再拖下去了。大臣们并不敢向武帝禀明这件事。窦婴于是让侄子上书向武帝报告接受遗诏的事，希望得到皇上的召见。奏书呈送给了皇上，但是查对尚书保管的档案，并没有景帝临终的这份遗诏。这道诏书只封藏在窦婴家中，是由窦婴的家臣盖印加封的。于是，狱吏又弹劾窦婴伪造先帝的诏书，这个罪名足以让窦婴被判斩首。

元光五年（前130）十月，窦婴不仅没有把灌夫救出来，自己也岌岌可危。灌夫和他的家属被全部处死。窦婴身边的人没有将这个消息及时告诉他，过了许久窦婴才知道最好的朋友死了，内心非常愤慨生气，患了中风病，不想吃饭。窦婴本来决定饿死算了，但是有人听说皇上并没有杀窦婴的意思，窦婴知道后，悬挂的心总算安下来了，又开始吃饭了，并开始治病。随后不久，有流言蜚语说，窦婴背地里说了很多诽谤皇上的话，武帝听到后，决定杀了窦婴，窦婴被斩首示众。

第七章

雄才大略　一代奸雄

——曹操

宰相档案

☆姓名：曹操

☆出生日期：155 年

☆逝世日期：220 年

☆生平简历：

200 年 10 月，在官渡将最大的敌人袁绍打败。

207 年 12 月，远征乌桓，将袁氏的势力彻底除去，将北方基本平定。

208 年，自封为汉朝的丞相，灭掉刘表，在赤壁被孙刘联军打败。

211 年 7 月，将马超打败，建立起魏国的版图。

215 年，将汉中的张鲁打败。

216 年，被汉献帝册封成魏王。

220 年，在洛阳去世，葬在高陵。

人物简评

　　曹操是东汉末年非常著名的人物，他从乱世之中迅速崛起，很快便成为当时的风云人物。刚开始的时候，他镇压黄巾军的叛乱，后来因为感到汉朝的天下已经不足以维持下去了，于是便挟天子以令诸侯。接着打败袁绍和袁术，杀死吕布，将整个北方统一起来，最后与孙权、刘备三分天下。无论从政治、军事还是文学方面来看，曹操都是一个非常了不起的人，但是因为有些事情做得过了分，所以为后世之人所诟病。再加上文学作品的渲染，曹操便一直背负着"奸雄"的千古骂名，直到现在，他的功过是非还没有一个清楚的定论。

生平故事

玩弄权术

　　曹操字孟德，是汉朝时候的相国曹参的后人。曹参曾经在刘邦的手下当官，是一个十分有名气的人，立下过非常卓著的军功，后来被封成平阳侯，而且可以世袭这个爵位。曹操有一个名义上的祖父就是曹腾，曹腾在宫里面当差，后来被封成费亭侯。因为曹腾是一个太监，不能生育，因此他就从外面收养一个男孩当自己的儿子，这个儿子就是曹操的父亲曹嵩。由于曹操的身世不是那么好，所以当时的那些贵族根本就瞧不起他，因此曹操从小就在一种被人瞧不起的目光之中成长，造成了他孤傲的个性。

　　曹操打小就非常贪玩，从来不肯做人们认为的正经事，整天就知道和一群狐朋狗友在一起胡混。曹操本来出身就那么不好，行为又这么不检点，于是人们都非常讨厌他。曹操有一个喜欢多管闲事的叔父，看见曹操这个样子非常担心，觉得他将来很难有出息了，于是就向曹嵩数落曹操的各种行为。

虽然曹操当时的年纪还不大，却已经将他奸雄的一面显露出来了，他已经懂得怎样使用计谋达到目的，把权术手腕玩得相当不错。由于这个叔父经常在父亲面前说自己的坏话，曹操就非常讨厌他，而且总是让他这么说坏话也不是个办法，非常烦人。于是曹操就想了一个鬼点子，有一次他看到自己的叔父从远处朝这边走了过来，就马上倒在地上，并且还口吐白沫，把中风的迹象学得惟妙惟肖。他的叔父走过来发现他躺在地上，还不停地抽搐，赶紧把这件事告诉了曹嵩，说曹操突然中风了，正在那边地上躺着。曹嵩听说后非常着急，赶紧就朝他说的事发地点跑了过去。没想到曹操正好好地在那里待着，一点也没有生病的样子，感到非常奇怪，就问曹操说："你刚才不是中风了吗，怎么这么快就没事了？"曹操奇怪地说："我什么时候中风了，我一直都在这里好好的，根本没那回事。"曹嵩说："这是刚才你叔父告诉我的，难道他还能说谎。"曹操趁机说："他就是在说谎，因为他不喜欢我，所以经常在你面前编造一些坏话来诋毁我，其实事情并不是他说的那样！"经过这件事以后，曹嵩就再也不相信曹操叔父的那些话了。曹操见自己的计谋效果竟然这么好，就更加天不怕地不怕了，和那伙朋友玩得更加尽兴了，对于权术之类的事情也更喜欢了。

虽然当时的人们大都比较厌恶曹操的为人，不过却有一个人对他的才能非常赏识，这个人就是乔玄。乔玄的地位比曹操要好得多，属于当时的社会名流，官当到了汉太尉，他有一点非常厉害的地方，就是特别擅长看人，知道一个人有没有本事。乔玄见到曹操以后，马上就觉得他是一个前途远大的人，非常诚恳地告诉曹操："我活这么些年，天下那些有名气的人也见过不少，但是和你比起来，他们都差得太远了，所以你要好好干啊，将来一定可以成就一番大事业。我现在也老了，没有太多

东西给你，也帮不上多么大的忙，我有一个女儿，希望可以把她托付给你。"曹操经常被人骂成是不务正业的小混混，现在突然受到别人的赏识，而且还是一个名流，顿时觉得自己的人生得到了升华，赶紧拜谢。就这样，出身并不好的曹操，轻轻松松就娶到了一个名门之后做老婆，真是世事难料。

但是尽管乔玄认定了曹操是一个了不起的人，那个时候曹操的名气还是很小的，几乎都没有人知道他是谁，这么默默无闻的一个人，若想成就一番大事业，简直比登天还难。于是乔玄就想方设法，要给曹操提高一下名望和地位。由于那个时期的人们都比较相信名人的点评，往往一个年轻人经过著名点评家的点评以后，一下子就变得身价百倍。因此乔玄就告诉曹操说："以你现在的名气和影响力，根本什么事都做不了。如果你想要有名气的话，最简单的一个办法就是去找许劭。许劭是汝南一个非常有名气的人，只要他对你进行一番评论的话，天下的人就都知道你了。"曹操觉得岳父的这番话说到了点子上，因此就赶紧依照他的指示到汝南去找到了许劭，希望他能对自己点评一下。曹操直截了当地问："请问您觉得我这个人怎么样呢，将来可不可以成就一番大事业？"但是许劭一直盯着看了他很久，却一句话也不说。曹操非常着急，但是许劭就是不肯开金口。曹操就开始表现出他奸雄的一面，得不到点评就坚决不罢休。最后许劭被他逼得没有办法了，就说了一句流传千古的话："你这个人是治世之能臣，乱世之奸雄。"曹操听完哈哈大笑，总算让这个装哑巴的人开口了，于是就心满意足地回去了。果然，经过许劭的点评以后，那些士大夫和官员们就都对曹操留上了心，并且对他这个评价也感到非常好奇。

在汉灵帝熹平三年（174年）的时候，曹操已经20岁了，由于名气比较大，那些地方的官员就根据当时的规矩举了他的"孝廉"，让他当上了一个叫做"郎"的官，过了一段时间之后，又提升成"洛阳北部尉"，负责管理洛阳的治安。这并不是一个多好的差事，一般的人都干不了，因为京城里面权贵实在太多了，想要将治安抓好，需要权衡各方面的势力，是一个吃力不讨好的工作。

但是曹操毕竟是奸雄，从小就练习着耍手段玩权术，在他聪明才智的指导之下，再加上父亲的权势作为背景，竟然将整个洛阳治理得非常好，治安明显比以前好多了。这样一来，人们更加发现曹操这个人不简单，才能不是普通人能比得上的。一开始的时候洛阳的治安相当不好，曹操一上任，就决心要改变这样的局面，对那些为所欲为无视国法的贵族豪强们严惩不贷。他想到一个非常好的办法，让人制造了十多根颜色非常显眼的大木棍，叫做五色大棒，挂在门的两边，只是看一看就让人感到害怕。如果有谁触犯了法令，不管是谁，拉出去一顿乱棍。这样一来，那些人谁也不敢轻易犯法了。不过那些有权有势的人可不吃这一套，那时候皇帝有一个非常宠信的太监叫做蹇硕，他的叔父仗着他在皇宫中的巨大权力，公然违反禁令。曹操正愁找不到典型来惩戒一下呢，这下终于等到了，立即把他抓了起来，然后根据法令，将他用五色大棒直接打死。这件事情很快就震惊了京城里的那些权贵，对曹操更是刮目相看，人人都严格约束自己，再也不敢随便触犯法律了。

本来曹操做的这件事足以给他招来杀身之祸了，但是由于他父亲帮助他打通上下，他并没有因此受到太多的影响，不过名声却更大了。

陷入迷茫

在汉灵帝中平元年（184 年）的时候，东汉王朝出现了规模空前的黄巾军起义事件。于是天下各路豪杰纷纷起来镇压叛乱，曹操也因为在讨伐黄巾军的战斗中表现突出，被皇帝封成济南的太守。曹操到了任上以后，还是想要做出一番业绩来，于是就开始惩处那里比较腐败的办差人员，将官府中的蛀虫坚决除掉，还抑制那些豪强们的势力，对于县级的官吏也毫不手软，一连罢免了 8 个贪官污吏。在曹操的精心管理之下，济南那里的官场风气出现了非常大的改观。

尽管曹操一心一意要给百姓们做点实事，然而那个时代并不允许这样的事情发生，他的这种行为不仅受到那些世族豪强们非常坚决的抵制，而且还不被朝廷的那些高官认同，对他进行残酷的打压。这种情况让曹操本来雄心勃勃的心情变得非常低落，于是在中平四年（187年）的时候，曹操借口自己生病了，辞了官退回至谯县，在那里专心致志地学习知识及武艺，和所有的外界之人断绝了联系。

尽管曹操已经不当官了，不过那些被曹操惩治过的世族豪强们却并不想这样就放过他，他们对曹操恨得咬牙切齿，想方设法要置他于死地。于是这些人花钱将官府里的人买通了，然后给曹操安上了一个很重的罪。这个时候，曹操的一个叫夏侯渊的族弟看不下去了，不忍心让曹操蒙受这样的不白之冤，于是就勇敢地站出来，替曹操蹲进了监狱。经历过这件事以后，曹操的心思发生了巨大的变化，也许正是因为这次的事件，他才成了以后人们褒贬不一的奸雄。曹操觉得只有把国家治理好的想法和才能是远远不够的，现实总是那么残酷，必须要拥有足够强大的力量，才可能有挽救国家的能力，因此一定要拥有自己的军队，才可以打出一片全新的天地。

中平五年（188年），曹操又被那些高官们想起来了，他奉命回到朝廷，当上了典军校尉。但是这个时候的曹操，心境已经发生了巨大的变化，再也不是刚出来当官之时的那个毛头小子了。时间不长，汉灵帝就得了一场大病，去世了，于是14岁的小皇帝刘辩登基。由于小皇帝根本没有什么威慑力，在朝廷内部产生了一场太监们和外戚的争斗，这次争斗惊天动地，甚至还把凉州刺史董卓给引了过来。

董卓打着保护皇帝的旗号，领着大军进入京城，但是一进城就开始了疯狂地烧杀抢掠，还将整个京城的兵权控制在自己的手中，把京城搞得乌烟瘴气，老百姓们苦不堪言。过了没多久，董卓就把小皇帝给废掉了，然后将陈留王刘协册立为皇帝，也就是汉献帝，董卓还把自己封成丞相。

　　由于在讨伐黄巾军叛乱的时候，曹操就已经显现出他那出色的军事才能，因此董卓认为他是一个不可多得的人才，对他非常器重，让他当了骁骑校尉。尽管董卓对曹操非常赏识，不过因为曹操一直都有着远大的理想，见董卓在京城整天为非作歹，感觉特别讨厌，于是借着董卓对他的信任，想要杀了董卓，为民除害。但是曹操的计划并没有得逞，被董卓发现以后，赶紧逃跑了。曹操一路上狼狈逃窜，抄小路跑到了陈留，在那里待了一段时间，然后用家里的钱招募了一些人，再加上陈留那里一个叫卫兹的人的帮助，建立了一个规模不算很大的部队，踏上了诛灭董卓的征程。

　　那时候天下的人将袁绍推选成盟主，聚集在一起进行讨伐董卓的大计。曹操也加入到盟军当中，但是来参与讨伐董卓这件大事的那些人，一个个都只顾着吃喝玩乐，根本没有真正剿灭叛贼的意愿，都不肯让自己的军队和董卓交兵，生怕折了老本。故而尽管当时的讨伐大军差不多拥有 50 万之众，却迟迟没有和董卓开展真正的战斗。

　　过了没多久曹操就忍不下去了，他作为一个乱世的奸雄，不想这么毫无意义地在这里消磨光阴。既然人数上有那么大的优势，直接把董卓灭了就行了，还在这里瞻前顾后犹豫个什么劲？但是无论曹操怎么劝说，那些人还是谁也不动。曹操终于明白了，这些人根本不值得和他们商议大事，于是决定带着自己的那点子弟兵，把董卓给灭了。

　　但是曹操的军队人数并不算很多，他自己领着人朝董卓发动进攻，其他的那些盟友谁也不帮忙，而是在一旁看热闹。董卓的军队没有那么容易收拾，于是曹操很快就被董卓打得大败。曹操碰了一鼻子灰，感觉怒火中烧，这些盟军还真是坐得住，自己都打成那样了，他们却一个也不肯出手相帮。曹操觉得再待下去也没什么意思了，继续这么打，自己那点儿人迟早要打光。奸雄的本色又显露了出来，别人不打自己又何必这么热心，于是果断地收兵，回到了原来的大本营，在那里养精蓄锐，准备着有机会的时候再出来干一番大事业。曹操一走，盟军更是没有和董卓打仗的人了，很快就宣布解散。

纵横天下

后来曹操的势力得到了很好的发展，但是若和当时的袁氏家族比起来，还差得远了。不过因为袁绍和袁术这两个兄弟并不和睦，各怀鬼胎，都想着当皇帝，所以曹操就有机可乘了。

由于当时天下军事实力最强的就是袁绍，因此袁术就把袁绍当成了他最主要的敌人。袁术积极准备将袁绍这个心腹大患除去，便朝公孙瓒求助，公孙瓒响应袁术的请求，让刘备到高唐那里驻军，单经在平原那里驻守，陶谦在徐州驻守，这样就可以对袁绍形成一种逼迫的形式。

袁绍感到局势非常不妙，因此就和曹操联合起来。曹操趁着这个绝好的机会，和袁绍一起打败了这些人。这个时候曹操正在鄄城那里驻军，一连和袁术打了好多仗。袁术被曹操打得狼狈逃窜，最后一直逃到了九江那里，曹操才不再追赶。由于已经到了冬天，曹操就领着军队回到了定陶。

在公元193年的秋天，曹操的父亲在赶来与曹操会合的路上死了，曹操听到这个消息以后非常悲痛，同时也异常愤怒。原来在这年夏天的时候，他的父亲曹嵩待在一个叫琅玡的地方避难，于是曹操就让泰山郡守把父亲接到兖州和他团聚。但是当曹嵩带着他的一堆财物走到平阳县的时候，那里的一些士兵因为想得到曹嵩的那些金银珠宝，在路上将曹嵩以及他的一个儿子曹德杀害了。曹操发誓一定要让这些人血债血偿，因为平阳县是由徐州牧陶谦的一个手下管理的，因此曹操就把怨气全都发泄在了陶谦的身上。

曹操一路上领着军队横冲直撞，向徐州压了过去。陶谦根本不是曹操的对手，于是退到郯县那里拼死抵抗。由于这次事发突然，曹操的准备并不充分，军粮很快就吃得差不多了，曹操只好把军队撤了回去。

但是到了第二年的夏天，曹操已经准备的相当充分，一定要把杀父之仇报了，于是第二次向徐州进攻。曹操的心中已经被仇恨填满，完全失去了理智，而且作为一个奸雄，他的顾虑根本没有那么多，想做什么就做什么。因此在一路之上大杀特杀，所过之处寸草不留，几乎将人都杀光了。

这是曹操犯的一次非常严重的错误，他这种丧失了人性的行为，引起了人们强烈的不满，也造成了后来有些人一直讨厌曹操。曹操这种惨绝人寰的行径，让他的部将陈宫以及陈留的太守张邈两个人感到非常失望，因此全都背叛了曹操，并且把吕布迎接过来，当了兖州牧。这样一来，曹操领着军队在前面打仗，后面却没有了大本营，是相当危险的事。

这个时候还在曹操手里的地方已经很少了，分别是鄄城与东郡的范及东阿这两个县，处境十分不妙。曹操得知这个消息以后，大吃一惊，赶紧率领部队从前线赶了回来。这时候吕布正在濮阳那里驻扎，于是曹操就命令部队对濮阳进行围攻。吕布是当时的一个名将，非常有勇力，一时之间两支军队谁也奈何不了谁，这样僵持了一百多天之后，突然发生了很严重的蝗灾。于是，曹操就决定先撤军，等时机成熟之后再和吕布交战，便退回到了鄄城。

这时曹操将大本营都丢了，没有了退路，而且粮食也已经吃得差不多了，没有什么能力再继续坚持下去了。袁绍就想要让曹操投靠他，派出使者来和曹操商量这件事，还把曹操的家人全都接到了邺县那里，当作人质养了起来。曹操这时候也觉得自己混得不好，已经没有什么前途了，想要接受袁绍的这个要求。但是这个时候他的一个叫程昱的谋士劝说他不要那样做，虽然现在正处在困难的时期，但是只要坚持下去，还是会有很光明的前途的，而且那个袁绍虽然现在兵多将广，但却不是一个成就大事业的人，早晚要失败。曹操觉得他说得非常有道理，于是就将这个念头打消了，没有向袁绍投降。

事实证明这个决策是非常明智的，在公元195年，曹操集结军队与吕布再次交战，一连打败了吕布三次，把兖州等地收复。吕布没有了栖身之地，于是跑到徐州投降了刘备。

挟天子以令诸侯

由于董卓对待百姓太过残忍，倒行逆施，终于被吕布等人合谋杀死。在董卓去世以后，外戚董承带着年幼的汉献帝伙同一批大臣们从长安逃走，来到了以前的都城洛阳。不过因为董卓在迁都长安的时候，把洛阳的那些东西全都一把火烧了个精光，于是那些官员们甚至连住的地方也没有，这还不算是最要命的，更重要的是，他们居然连吃的也没有。没有房子还能勉强露宿街头，但是没有吃的就得饿死了。所以汉献帝就派出很多人，向那些地方上的势力们索要粮食用品。但是在这时候，那些拥兵自重的官员们一个个都在为抢夺地盘的事奔忙，谁也没有时间去理会这个小皇帝，汉献帝在那里吆喝了半天，也没有人给他送过粮食来，只有干着急。

这时袁绍手下的一个叫沮授的谋士向他提出一个建议，希望他能把汉献帝迎接到他们的地盘上来，那样就可以操纵皇帝，天下的各路诸侯们就必须要听从他们的指挥了，至少从表面上不敢明目张胆地反抗。不过袁绍一心想着自己当皇帝，对这个建议不予采纳，没有去迎接皇帝。

这时候曹操正领着自己的兵马驻扎于许城，他的那些谋士们也想到了要把汉献帝迎接过去，觉得这样做的好处妙不可言。曹操比袁绍要精明得多，很快就采纳了这个建议，命令手下大将曹洪率领着一队士兵赶到洛阳去，把汉献帝迎接到许城来。但是一开始的时候汉献帝对曹操感到非常害怕，不知道他这样做究竟有什么企图，因此不肯跟着曹洪来许城。曹操没有办法，于是亲自到洛阳来了一趟，对汉献帝说了一番好话，汉献帝和那些大臣们终于愿意跟着曹操去他的大本营了，并且将都城迁到了许城。这样一来，汉献帝就完全变成了曹操手中的木偶，任凭他的摆布，这也是曹操后来一直被人们骂成窃国贼的原因。

没过多久，在曹操的主持之下，汉献帝封他为司空，也就相当于宰相的地位，而且还兼任车骑将军。由于曹操采取的这个策略非常正确，将汉献帝迎接到自己的地盘上来，在名义上成为了当时的正统力量，让他在政治上的影响力得到了非常大的提高。然后曹操又非常重视人才，在天下广泛地征集有才能的人士，可以算得上是求贤若渴。曹操曾经一连三次向天下发出《求贤令》，对那些有才能的人，根本不在意出身好不好，可以算得上是不拘一格降人才，因此一大批的人才都投奔到他这里来。

过了没多久，曹操手下要谋士有谋士，要武将有武将，可以称得上是兵多将广，对于争霸天下，已经做足了准备。

统一北方

公元 197 年的春天，曹操在淯水那里和张绣的军队打了一仗，张绣因为觉得完全不是曹操的对手，于是就向曹操投降了，但是刚投降接着就又背叛了曹操。由于这个事情发生得太突然了，曹操一点也没有准备，他挚爱的大儿子曹昂以及侄子曹安民还有爱将典韦都在这次事件中牺牲了。后来曹操曾经两次向张绣发动进攻，但是都不能彻底地将张绣的势力消灭掉。这年的秋天，曹操开始向东面攻打袁术，袁术在曹操猛烈的攻势之下感到非常害怕，于是舍下军队逃到了淮河一代。

公元 198 年的秋天，曹操再次向徐州进攻，要铲除一直和他作对吕布。这一次曹操的军队已经比以前强大多了，因此在大军压境的情况下，吕布的军队士气非常低落，而且上下并不和睦。到了十二月的时候，吕布的一些部将押着陈宫向曹操投降了。吕布知道这件事以后，觉得自己大势已去，于是就打开城门，向曹操投了降。曹操本来觉得吕布是一员猛将，想要将他收为己用，但是由于吕布这个人的人品太差，总是反复背叛他的主人，因此就把他杀了。但是曹操这时收下了一员大将，就是吕布的部将张辽。经过这次战斗，曹操初步对徐州有了控制权。公元 199 年，曹操又命令曹仁和史涣把张杨的旧部眭固打败，占领了河内郡，将统治地区一直扩展到了黄河北部地区。

至公元 200 年，曹操将一直驻守在徐州的刘备赶走了，这样一来整个黄河南边和长江北边的地方就全都落到了曹操的手中，他就想要进一步和袁绍一较高下。这个时候袁绍占领着黄河北面的地区，势力非常强大，尽管曹操已经发展得相当不错，但是与袁绍相比还是差得远了。袁绍的家族四世三公，在朝廷上下有着非常高的声望，因此一开始的时候人们纷纷依附袁绍，这时候袁绍的军队已经达到十万之众。但是反观曹操的军队，由于常年南征北战，此时才不到两万人，而且在物资方面也比较匮乏，实力的差距非常明显。

一开始的时候，袁绍依靠他那强大的兵力，直接向前推进，和曹操在一个叫官渡的地方形成相持的局面，并且袁绍还指挥大军不停地向曹操发动强有力的攻势。曹操的军队由于兵力太少，只能死守着防线，在战斗中完全处于被动的局面，只有招架之力。这场战斗打得非常艰苦，到了后来连曹操都忍不住想要退兵了。但是曹操手下的那些谋士们却要求继续打下去，因为虽然现在不容易取胜，但是坚持下去很有可能会出现转机。后来曹操的军粮明显不足，快要支持不下去了，这时袁绍的一个叫许攸的谋士投奔了他。曹操高兴得不得了，一听到这个消息以后，连鞋都顾不得穿，直接就跑出去迎接许攸了。许攸告诉曹操，最近袁绍在乌巢那里放了很多粮草，大概得有一万多车，希望曹操可以抓住这个机会，派军队对乌巢进行偷袭。只要把那些粮草辎重毁掉，袁绍就没有能力再打下去了。

曹操顿时看到了胜利的希望，便亲自领着 5000 士兵一路上将袁绍军队的旗号打出来，向着乌巢赶了过去。到了乌巢以后，曹操把袁绍囤积在那里的大批粮食辎重尽数烧毁，还将袁绍的大将淳于琼杀死，大破袁军。袁绍知道了这个情况以后，想要从正面将曹操的军队击垮，于是指挥大军向曹军的大营猛攻。曹操的军营由曹洪驻守，他领着大军奋力抵挡着袁绍的进攻。接着曹操从乌巢胜利归来，与曹洪一起夹击袁绍的军队。袁绍没有了粮草，又腹背受敌，军心大乱，部将高览和张郃领着军队向曹操投了降。袁绍的军队顿时溃败，四散逃命。这场以少胜多的战斗打得非常漂亮，斩首袁绍的军队七万多。袁绍非常狼狈地逃到黄河以北，接着就没落了下去，再也没有实力与曹操对抗了，后来病死在邺城。

曹操将袁绍的军队打败以后，缴获了袁绍平时携带的很多书籍和珍宝，而且还发现了很多自己的部下与袁绍暗地勾结的信件，但是他却没有追究那些人的责任，而是将信件一把火烧了。曹操的理由是，当时袁绍比他的实力强那么多，他自己尚且不能自保，何况那些手下的人呢？可见曹操确实有一套笼络人心的手段。

经过这次与袁绍的战斗，曹操的军事实力更加强大了，很快就将整个北方纳入自己的囊中，开始向更大的目标——统一天下迈进。

兵败赤壁

公元208年，曹操为了能够将天下统一，开始为南下做准备，他弄了一个玄武池，用来对水军进行训练。这年六月，曹操将三公废除，重新使用丞相的制度，而且把自己封成汉朝的丞相。虽然名义上他是丞相，但实际所有的事情都是由他决定的，因此有人说他名为汉相，实为汉贼。这个时候北方已经基本稳定下来，曹操要准备向南进军了。

七月，曹操开始向一直占据荆州的刘表发动进攻。刘表很快就病死了，他的儿子刘琮继承了他的位置，做了荆州牧。后来曹操率领大军来到了新野，刘琮觉得和曹操打下去必败无疑，于是就率领整个荆州的人，向曹操投降了。

在曹操和袁绍的官渡之战以后，刘备就跑到刘表这里来避难，并在樊城那里驻军。刘备见刘琮以整个荆州的军队向曹操投降了，知道自己不是曹操的对手，于是便领着军队朝江陵方向退走。

江陵是荆州的一个非常重要的城镇，那里存放着非常多的军用物资，有很大的价值。曹操知道刘备向那个方向跑了，担心刘备会把江陵拿下

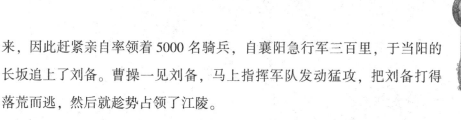

来，因此赶紧亲自率领着5000名骑兵，自襄阳急行军三百里，于当阳的长坂追上了刘备。曹操一见刘备，马上指挥军队发动猛攻，把刘备打得落荒而逃，然后就趁势占领了江陵。

本来盘踞在南方的人主要有三个，就是刘表、刘备和孙权，现在刘表已经死了，剩下刘备和孙权，他们必须联合起来才有可能抵挡住曹操的大军。孙权的势力不容小视，他占据着江东六郡，而且在战火之外休养生息已经很久了，还拥有一大批文臣武将。刘备现在除了有几员大将之外，还得到了诸葛亮的辅佐，虽然没有多少兵马，却也有一定的实力。

曹操在将刘琮投降的那些士兵编制起来以后，军事力量更加雄厚了，兵力已经达到了23万之众。但是曹操还不满足，对外面号称自己有80万大军，并且给孙权写了一封信，说自己要率领80万大军，水陆并进，在吴地把孙权的势力消灭掉。曹操想要用这种恐吓的方式把孙权吓破胆，但是孙权根本毫不在意，他手下的人除了一些文官害怕以外，武将也是完全不为所动。

刘备知道这一战非常重要，于是让诸葛亮作为联络人员，去和孙权商量怎样联合起来一同对抗曹操。最后孙权派出3万兵马，与刘备率领的那两万士兵形成抗击曹操的联军，准备与曹操决一死战，于是有了著名的赤壁之战。

曹操的军队因为都是北方的人，到了南方以后水土不服，很多都生了病。不仅如此，曹操的水军还没有训练好，大部分士兵在船上就会晕得厉害。

孙刘联军抓住了曹军的这个弱点，认为有取胜的可能，于是周瑜采用了黄盖的诈降计策，让黄盖带着几个人和10艘战船假装向曹操投降，船里面装满易燃的柴草，然后再用油脂浇上一遍。黄盖假装投降，曹操还派人迎接，结果在快接近曹操军队的时候，黄盖把船全都点着了。由于船上装得全是易燃的东西，整个船身就变成了大火球，借着风势，向曹操的军队撞了过去。

　　这样一来，曹操的那些战船全都着了火，由于当时的风很大，甚至连岸上的营寨也不能幸免，全都烧了起来。接着孙刘联军趁机进攻，曹军大败死伤无数。

　　可以说这次的战斗是曹操一生中最大的一次失败。经过这一战，曹操再也无力南下，三足鼎立的格局渐渐形成。

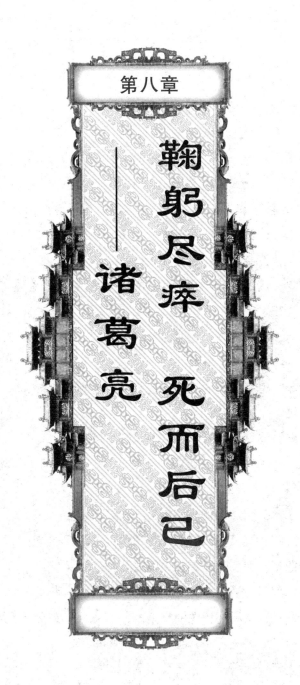

第八章

鞠躬尽瘁 死而后已

——诸葛亮

宰相档案

☆姓名：诸葛亮

☆出生日期：公元 181 年

☆逝世日期：公元 234 年

☆生平简历：

光和四年，公元 181 年农历七月二十三（也有说法是农历四月十四），诸葛亮诞生于琅琊阳都（今山东省临沂市沂南县）。

中平六年，诸葛亮生母章氏去世。

初平三年，诸葛亮父亲诸葛珪去世。

兴平元年，诸葛亮与弟诸葛均及妹妹由叔父诸葛玄收养，其兄诸葛瑾同继母赴江东。

兴平二年，诸葛亮叔父诸葛玄任豫章太守，他及弟妹随叔父赴豫章（现南昌）。

建安二年，诸葛玄病故。诸葛亮和弟妹投奔荆州刘表，开始了躬耕于南阳的生活。

建安四年，诸葛亮与友人徐庶等从师水镜先生司马徽。

建安十二年，刘备前往南阳郡邓县隆中三顾茅庐（今襄阳市襄城区古隆中），随即出山辅助刘备。

建安十二年，诸葛亮首战告捷。

建安十三年，诸葛亮出使东吴，说服吴王孙权抗曹。

建安十四年，诸葛亮任军师中郎将。

建安十六年，诸葛亮与关羽、张飞、赵云镇守荆州。

建安十九年，诸葛亮留关羽守荆州，和张飞、赵云分兵与刘备会师。刘备攻占成都，诸葛亮任军师将军，署左将军府事。

建安二十年，诸葛亮整顿巴蜀内政。

建安二十三年，诸葛亮留守巴蜀，供应在汉中作战的刘备。

蜀章武元年，刘备称帝，国号"汉"，史称蜀汉。诸葛亮任汉国丞相，领益州牧。

蜀建兴元年，刘备兵败白帝城，永安托孤于诸葛亮；刘备死，刘禅即位，封诸葛亮为武乡侯，领益州牧（刘禅叫诸葛亮为宰父或相父）。

蜀建兴二年，诸葛亮调整巴蜀内政。

蜀建兴三年，诸葛亮率军南征，平定南蛮。

蜀建兴五年，诸葛亮上《出师表》给刘禅，屯兵汉中，当日北伐。

蜀建兴六年，北伐失街亭，诸葛亮斩马谡，自贬为右将军，行丞相事。

蜀建兴七年，诸葛亮再次北伐，夺取武都、阴平，恢复丞相职位。

蜀建兴八年，诸葛亮再次北伐。

蜀建兴九年，诸葛亮北伐攻祁山，大败魏军，在木门道伏杀魏名将张郃。

蜀建兴十一年，诸葛亮在斜谷修造邸阁，屯集粮食。

蜀建兴十二年，诸葛亮再次北伐，因积劳成疾，当年八月病故于五丈原。

人物简评 ✿

纵观诸葛亮的一生，不难看出，其事必躬亲的做法十分不利于人才的培养、选拔与任用。也说明了他对于人才不够信赖，不敢放手提拔任用，承担不起大小战役失败的责任，不知道失败是成功之母的道理，人才的辈出多出自于无数次失败的磨砺。诸葛亮的一生经典战役无数，大多是出自于诸葛亮的事必躬亲，一手炮制而成，在某种程度上压制了人才的培养，更有甚者，便是诸葛亮不善纳谏，只知骑马，不善相马的弊端显露无疑，导致不得不事必躬亲，独立撑起局面，最终独木难撑，积劳成疾，54 岁正值人生盛年就溘然长辞，汉王室也随即崩塌，让后人发出了"出师未捷身先死，常使英雄泪满襟"的无限感慨。

生平故事 ✿

诸葛亮（公元 181 年～234 年），字孔明，徐州琅琊阳都（现今山东省沂南县）人，三国时期担任蜀汉丞相，中国历史上杰出的政治家、军事家、发明家、散文家，还是中国传统文化中，忠臣和智者的代表。诸葛亮在世的时候，担任蜀汉丞相，封武乡侯，去世之后追谥为忠武侯，因此后世也尊称其为武侯、诸葛武侯。

躬耕陇亩　迎娶丑妻

诸葛亮的家庭环境还是不错的。他的祖上诸葛丰曾经担任汉朝司隶校尉，他的父亲诸葛珪是东汉末年的泰山郡丞。可是十分不幸的是，诸葛亮的母亲在他 9 岁时去世了。12 岁的时候，他的父亲诸葛珪也一病不起，追随母亲而去。

兴平元年（194），14岁的诸葛亮和胞弟诸葛均与妹妹由叔父诸葛玄收养，诸葛亮的哥哥诸葛瑾和继母一起去了江东。一年之后，诸葛亮叔父诸葛玄任豫章（现今江西南昌）太守，他和弟妹便追随叔父去了豫章。诸葛亮还真是命运多舛，不幸的事情再一次降临，建安二年（197），诸葛玄卧床不起，17岁的诸葛亮和弟弟与之前衣食无忧的生活告别，留在隆中（现今湖北襄樊）干农活为生。但是一代天才并没有因此淹没。两年之后，诸葛亮与友人徐庶等拜水镜先生司马徽为师，开始了学习生涯。

根据史料记载，诸葛亮身长八尺（大约184厘米），相貌堂堂，和当时的人有明显的区别。平时，诸葛亮十分喜欢念《梁父吟》，并且时常以管仲、乐毅自比，当时的人们都认为他十分自恋，对他不屑一顾，仅有好朋友徐庶、崔州平、孟建、石韬相信他的才干，人称"卧龙"。当然，他和当时的荆州名士庞德公、黄承彦等人也时常往来。尤其是黄承彦对诸葛亮的才干更是欣赏有加，并时常对他说："听说你要选妻了，我的家里有一丑女，虽然头发黄、皮肤黑，但是才华绝对不会输给你的。"换做是别人，又怎么会接受这样的丑女呢，但是诸葛亮不同。他很快就答应了这门亲事，立刻迎娶了黄承彦的女儿黄月英。当时的人都拿这件事当做笑话来取乐，乡亲们为此专门作出了这样的谚语："莫作孔明择妇，正得阿承丑女。"

隆中之对　惊世骇俗

刘备已经47岁，依然没有立足之地，只好先依附于刘表，驻兵新野。后来有一次前来拜访司马徽的时候听说："那些儒生都是一些见识浅陋的人，怎么会了解当时的情势呢？能够了解当时情势的人才是英杰，要说这样的人，恐怕非卧龙（诸葛亮）、凤雏（庞统）莫属啊。"当然，向他推举诸葛亮的并不是一个人，后来徐庶也极力推荐他。刘备十分好奇，想要让徐庶带他来引荐，但是徐庶却说："这个人可以去见，但是决不可以让他屈就到此。将军最好可以屈尊去拜访他。"为了寻得人才，刘备于是亲自前往拜访，去了三次才见到诸葛亮。刘备命其他人离开，问诸葛亮："现在汉室衰败，奸臣借助皇上的名义做事，皇上被迫多次迁都，蒙受风尘。我没有衡量自身能力和德行的能力，想要救百姓于水火之中，但是谋略和智慧尚且不足，因此经常失败，一直到今天。但是我的志向还没有平抑，您有什么计谋可以帮助我吗？"

诸葛亮早已经胸有成竹，不假思索地答道："自从董卓以来，英豪辈出，跨州连郡者数不胜数。曹操与袁绍相比，则名微而众寡。然操遂能克绍，以弱为强者，非惟天时，抑亦人谋也。今操已拥百万之众，挟天子而令诸侯，此诚不可与争锋。孙权据有江东，已历三世，国险而民附，贤能为之用，此可以为援而不可图也。荆州北据汉、沔，利尽南海，东连吴会，西通巴蜀，此用武之国，而其主不能守，此殆天所以资将军，将军岂有意乎？益州险塞，沃野千里。天府之土，高祖因之以成帝业。刘璋暗弱，张鲁在北，民殷国富而不知存恤，智能之士思得明君。将军既帝室之胄，信义著于四海，总揽英雄，思贤若渴，若跨有荆、益，保其岩阻，西和诸戎，南抚夷越，外结好孙权，内修政理。天下有变，则命一上将将荆州之军以向宛、洛，将军身率益州之众以出秦川，百姓孰敢不箪食壶浆，以迎将军乎？诚如是，则霸业可成，汉室可兴矣。"

简单而言，诸葛亮《隆中对》的主要内容包括以下四个方面：

1. 当今的形势为"今操已拥百万之众，挟天子而令诸侯，此诚不可与争锋。孙权据有江东，已历三世，国险而民附，贤能为之用，此可以为援而不可图也"。然而，益州与荆州是用武之地，应该利用荆州刘表、益州刘璋不可以守成的机会，取代割据荆、益的刘表、刘璋，建立起属于自己的可靠的政权，和曹操、孙权形成三足鼎立之势。

2. 在夺取荆州和益州的时候，利用自身的威望，招揽人才，逐渐增强自身的政治、经济和军事实力。

3. 在益州要妥善处理好与西南少数民族的关系，解除以后北伐时的后顾之忧。

4. 在荆州要处理好与孙权的关系，和孙权联手抗击曹操。等到天下有变之时，再分兵两路，"命一上将将荆州之军以向宛、洛，将军身率益州之众出于秦川"，如果是这样的话，那么刘备振兴汉室就指日可待了。

刘备听到之后大加赞许，于是就请他出山相助。这一年诸葛亮年仅27岁。刘备时常和诸葛亮讨论，关系也亲密了很多。这让关羽、张飞这

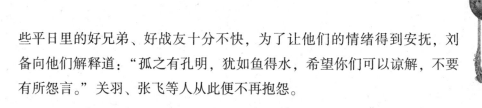

些平日里的好兄弟、好战友十分不快，为了让他们的情绪得到安抚，刘备向他们解释道："孤之有孔明，犹如鱼得水，希望你们可以谅解，不要有所怨言。"关羽、张飞等人从此便不再抱怨。

赤壁献策　孙刘联合

当时，刘表的妻子刘琦后母蔡氏屡进谗言，刘表对刘琦感到十分不悦。刘琦多次向诸葛亮请教自安之法，但是每一次诸葛亮都推辞不说，刘琦就在一次宴饮的时候用上屋抽梯之计让诸葛亮说出解决的办法，诸葛亮于是反问刘琦说："难道你没有见到春秋时期申生在内而危险重重，但是晋文公重耳在外却安然无恙吗？"当时黄祖被东吴杀害，刘琦便上书为江夏太守外求自保。

公元208年八月，荆州牧刘表病逝，刘琮继位，刘琮才能平庸，一听到曹操南下的消息，吓得半死，立刻派遣使臣去投降。刘备在樊城听到了这个消息之后，知道形式已经迫在眉睫，于是率领军队和百姓南逃，不幸的是，曹军还是在当阳长坂附近追赶上了他们，一场恶战在所难免。在如此危机的情况之下，诸葛亮毛遂自荐到柴桑作说客，说服孙权可以施以援手。抵达柴桑之后，诸葛亮见到孙权，先利用二分法给了孙权两个选择：一个选择是如果可以以吴、越兵力和中原之国进行对抗，倒不如早些和曹操断绝往来；另一个选择便是激将法——如果没有能力抵挡，那么为什么不早些停止用兵，直接向曹操称臣呢！

孙权听到这些话之后，立刻反问诸葛亮，刘备为什么不投降呢。诸葛亮一听，立刻抬高刘备的身价，说刘备是一个有气节的人，是绝对不会投降的，如此向孙权显示刘备的决心。孙权听后大怒，发誓一定不会向曹操投降，但是担心刘备已经没有多少兵力可以战斗了。

诸葛亮最后分析两军的情况，首先说出刘备军散兵已经归还外加关羽的万人水军，当然，还有刘琦江夏士兵也有上万人，然后说出曹军千里而来，军队早已疲惫不堪，追捕刘备的时候，又用轻骑一日一夜行了三百多里，此时攻打正是最佳时机；更何况北方人不善于水上作战，荆州百姓又是被迫服从于曹操，并非心服；最后十分肯定地说这一次曹操一定会战败而回。孙权听到之后十分高兴，之后又受到鲁肃、周瑜的劝说，终于决定联刘抗曹，派周瑜、程普、鲁肃等率三万水军，与曹操开战。

刘备的军师诸葛亮和孙权的大将周瑜，共同商讨破敌良策，两个人不谋而合，都主张采用火攻，因为只有这样，才可以打败曹操。但是等到这一切准备就绪之后，周瑜却发现曹操的船只都停在了江岸的西北，但是自己的船只停靠在南岸。此时正是冬季，只有西北风，如果采用火攻的形式，不仅烧不到曹军，反倒会烧到自己。周瑜见火攻不可以，气得口吐鲜血，病倒在床上，名医、民药都不可以医治他的命。此时诸葛亮前去探望周瑜，询问他得了什么病。周瑜不愿意说出实情，便说："人有旦夕祸福，怎么可以保证自己不得病呢？"

诸葛亮早已经猜出了他的心思，笑着说道："天有不测风云，人怎么可以预料呢？"周瑜听出了诸葛亮话中有话，十分惊讶，就问有没有治病的良药。诸葛亮说："我有一个药方，一定可以治好你的病。"说完，便写了16个字，递给周瑜。这16个字是："欲破曹公，宜用火攻；万事俱备，只欠东风。"

周瑜看到，大吃一惊，心想："诸葛亮还真是神人啊！"他的心思早已经被诸葛亮猜透，于是就请教破敌之策。诸葛亮有十分丰富的天文气象方面的知识，他已经预测到近期一定会刮上几天东南风，便对周瑜说："我有呼风唤雨的法术，就借给你三天三夜的东南大风，你觉得怎么样啊？"周瑜高兴地说："不要说三天三夜，只需要一夜东南风，就可以大功告成了！"

周瑜命令部下做好了一切火攻的准备，等待诸葛亮借来东风，便马上进兵。诸葛亮让周瑜在南屏山修筑七星坛，之后登坛烧香，口中还念念有词，装出一副呼风唤雨的样子。半夜三更，忽然听到风响旗动，周瑜急急忙忙走出营帐察看，果然刮起了东南大风，他连忙下令发起火攻。

周瑜的部下黄盖，率领火船向曹操水寨急驶，当火船靠近曹军水寨的时候，一声令下，士兵们顺风放火。风助火势，火借风威，将曹营的战船烧得一干二净，岸上的营寨也被烧着了，兵马死伤不计其数。在烟火弥漫中，曹操仓皇而逃，从小道逃回许昌。

辅助幼主　平定南蛮

公元220年，曹丕篡汉自立。公元221年，群臣听到汉献帝被害的消息之后，极力劝说已经成为汉中王的刘备登基称帝，刘备坚决不肯答应，诸葛亮用耿纯游说刘秀登基的故事劝刘备。刘备才勉强答应，任诸葛亮为丞相录尚书事。这一年张飞被害，诸葛亮任司隶校尉一职。

章武二年（222）八月，刘备在东征夺回荆州的途中被打败，率领残兵来到永安，诸葛亮大叹："可惜法正故去，否则一定可以阻止刘备东征。"

至章武三年（223）二月，刘备病重，让诸葛亮来到永安，和李严一起托付后事，刘备对诸葛亮说："你的才能是曹丕的十倍，一定可以使国家安定，成就大事。如果刘禅可以辅助，就辅佐他；如果他没有才干，你大可取代他的位置。"

诸葛亮早已经痛哭流涕，泣不成声地说道："臣一定会竭尽全力，报效忠贞的节气，一直到死！"刘备又要刘禅将诸葛亮视为生父。

四月，刘备逝世，刘禅继位，封诸葛亮为武乡侯，开设官府办公。不久，诸葛亮再一次出任益州牧。刘禅尊称诸葛亮为相父，政事上的大小事务，他都依赖于诸葛亮，全凭诸葛亮一人决定。

公元223年夏，益州郡统帅雍闿听到刘备去世的消息，叛乱之心顿起。不久，雍闿杀死建宁太守正昂，缚走张裔来到东吴，正式和蜀汉决裂。酋长高定响应，杀死了郡中将领焦璜，自立为王，率领军队北上攻打新道县，但是被李严率援军打败，不得已只好退回南方。

而当时东吴还没有和蜀汉和好，便任雍闿为永昌太守，并且派遣刘阐到交州边境，准备接管益州郡。雍闿率领军队闯入永昌城，功曹吕凯、府丞王伉率领吏士死守永昌，敌军虽然不断在军中散播谣言，但是吕凯依然坚持决不投降，城中士民也十分相信吕凯，让雍闿不得进城。而牂柯太守朱褒知道这个消息之后，也显得十分放纵、暴横。

蜀汉丞相诸葛亮认为国家刚刚逝去君主，决定先安抚国内民众、吏士。储存粮食，派遣邓芝、陈震与东吴修好，及遣越巂太守龚禄到南中边界安上县戒备；从事蜀郡常顾行则直接南行，查清事件。

另一方面，又派遣李严写六封书信给雍闿解释其中利害关系，雍闿却说："曾经听过天无二日，土无二王，现如今天下呈现三足鼎立的局面，自称正朔的都有三个人，所以雍闿感到十分疑惑，不知道应该归属于哪一个呢。"书信中显得十分傲慢无礼。

顾行抵达牂柯之后，立刻收押郡中主簿，准备将这件事情查清楚。朱褒便借此机会杀死顾行发难，加入到叛军的队伍中，龚禄也被高定害死了。当时，有夷人不服从于雍闿，雍闿便派遣当地人所信服的孟获游说各夷部酋长："官府想要黑狗三百头，而且胸前都是黑色的，还要螨脑三斗、三丈长的断木三千根，你们是不是可以拿出来呢?"黑狗、螨脑原本就十分难找，而其断木因为十分委曲、坚硬，不可能长到三丈长，夷人就相信孟获，对蜀汉大感气愤，加入叛军。

公元 225 年三月，诸葛亮亲自率领蜀军，由成都开始了南征之旅，虽然刘禅几番劝阻，但是诸葛亮考虑到其他将领才能不足，依然决定亲自率领。参军马谡为诸葛亮送行数十里路，并且提出了"攻心为上，攻城为下，心战为上，兵战为下"的方针，诸葛亮采用了，他于是率领军队从水路由安上到越嵩进入南中，又派马忠进攻牂柯郡，李恢由平夷攻向建宁郡。

李恢的大军行至昆明，便被敌军重重包围。当时李恢的兵力连敌军的一半都不到，又没有得到诸葛亮大军的消息，便对南人说："官军粮草将尽，想谋划退还，不过我们曾经责骂过守地乡里，即便是现在可以回军，也不可能回到北方。所以想要回来和你们这些人一起谋反，所以用诚心相告。"南人相信了他的话，围困开始松懈下来。就在这个时候，蜀军突然出击，大破敌军。李恢率领军队南至盘江，东接牂柯郡，而马忠军也在且兰顺利击败朱褒，与李恢军队会和。另一方面，诸葛亮的大军在南行的途中，雍闿已被高定部曲所杀，大军抵达之后数战皆胜，斩杀高定。与其他两军的气势相连，准备迎战收纳雍闿部众的孟获。

诸葛亮听说孟获在当地的声望很高，于是想要生擒他。五月，大军渡过泸水，和孟获军进行交战，成功俘获孟获，诸葛亮带他到营阵观赏，问他认为蜀军怎么样，孟获回答他："我之前并不知道你军的虚实，才会

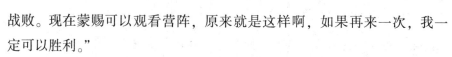

战败。现在蒙赐可以观看营阵，原来就是这样啊，如果再来一次，我一定可以胜利。"

诸葛亮的心意在北方，又知道南人叛乱严重，便使用马稷提出的"攻心为上，攻城为下，心战为上，兵战为下"的方针，要孟获输得心服口服。向孟获微微一笑，将他放走再战。经过七次擒纵后，孟获和其他人开始反思，不愿再离去，孟获说："诸葛亮就是天上的神威，南人今后不再反抗了。"蜀军成功平定南中，至十二月回到成都。

南中已经顺利平定，东吴刘阐也从交州赶回吴国，打消了接管的念头。而诸葛亮则分南中四郡益州、永昌、群柯、越巂为六郡益州、永昌、群柯、越巂、云南、兴古，以当地人或将领统领，有人曾经劝说诸葛亮留兵镇守，但是诸葛亮并没有同意，原因有三：

第一，如果留下外人，就要留兵驻守，留下士兵就需要粮食，这是第一个原因。

第二，再加上夷人刚刚攻破，伤亡甚多，有的父死兄丧，如果留下外人但是不留下士兵，今后必定会成为祸患，这是第二个原因。

第三，夷人担心有废杀的罪名，害怕过失过重，如果留下外人，最终也不会得到信任，这是第三个原因。

最后，诸葛亮平衡各个条件，决定采取"不留兵，不运粮"的政策，任命李恢为建宁太守、吕凯为云南太守，又收降爨习、孟琰等，与孟获一起授予官职，笼络南人。只有马忠是外地人而任为群柯太守，但是依然可以得到夷人的尊重。

虽然南人的小规模叛乱从来没有停止过，但是相较于东汉时期，南中却相对十分平稳，而多次叛乱也被马忠、李恢、吕凯等快速平定了。

出师北伐 鞠躬尽瘁

丞相诸葛亮辅助刘禅，蜀汉的国力渐渐得到恢复，同时派出陈震、邓芝与东吴重新修好。公元225年，诸葛亮南征，平定蜀汉南方叛乱。公元226年，曹魏文帝曹丕病死，曹睿即位，诸葛亮认为这是讨伐曹魏的最佳时期。公元227年春天，诸葛亮率领大军进驻汉中，开始筹划北伐曹魏。诸葛亮写了一封《出师表》交予刘禅，其中详细说明了出征的原因和统一中原的希望，从此，便拉开了第五次北伐的序幕。

公元 228 年春天，蜀军已经准备好北伐，将领魏延提出子午谷之计，希望诸葛亮给他一万兵出子午谷袭取潼关，与由斜谷出兵的诸葛亮大军会师，这样就可以一举平定长安以西，但是诸葛亮没有答应。派由赵云、邓芝率一支军马作为疑兵，由箕谷摆出要由斜谷道北攻郿城的形势，吸引魏军的注意力。诸葛亮则亲自率领军队向祁山进发。

陇右的天水、南安、安定等郡县相继叛乱归属蜀汉，同时魏将姜维投降诸葛亮军，关中震惊，在洛阳的曹睿紧急率领大军进行支援，还亲自到长安坐镇，派大将军曹真督军至郿县防御赵云，派张郃领兵抵挡诸葛亮。诸葛亮也派遣马谡为前锋，到街亭设防。

张郃在街亭和马稷相遇，但是马谡没有听从诸葛亮的部署，依阻南山，布兵据守，而张郃派人截断其水源，大举进攻，蜀军大败，街亭失守。同时，赵云在箕谷也出兵不利，诸葛亮取西县千余家，后引兵退回汉中。

诸葛亮返回汉中之后，天水、南安、安定三郡又被曹真、张郃平定。而诸葛亮将违反军令、导致战争失败的马谡逮捕入狱。同时，蒋琬来到汉中，希望诸葛亮可以开恩赦免马稷，诸葛亮为了遵守军规，挥泪斩马谡，另外还对有功的王平给予丰厚的赏赐。诸葛亮上书自贬三等，并且做出了自我批评。

公元 228 年冬天，曹魏将领曹休在石亭被东吴将领陆逊打败，诸葛亮听说曹魏大军大举东进，于是写信给哥哥诸葛瑾，信中说道："有绥阳小谷，虽然有悬崖峭壁，行军危险，确是军队往来要道。今使前军斫治此道，以向陈仓，足以攀连贼势，使不得分兵东行者也。"诸葛瑾得知这个消息之后，立刻出兵散关，将陈仓围得水泄不通。果不其然，张郃部队立刻被魏明帝召回。但由于之前曹真已派将领郝昭、王生与一千多人屯兵陈仓，加上陈仓地势险要，易守难攻，双方激战二十几天也没能分出胜负。蜀军在运送粮食的过程中出现问题，又听说魏援军快到了，只好先退回汉中。在回师的途中，成功杀死了前来追杀的魏将王双。

第二年春天，诸葛亮遣陈戒攻打武都、阴平，曹魏的大将郭淮率领大军前来救援，但是听说诸葛亮出行建威，于是便慌忙撤退了，蜀军顺利占领二郡。诸葛亮对氐人与羌人进行安抚，之后留兵据守，自己率领军队返回汉中。而因为成功夺取二郡，刘禅再一次封诸葛亮为丞相。

公元230年六月，曹魏想要反客为主，曹真上表伐蜀议案，并且派大军进攻汉中。诸葛亮除了加强防守之外，又要求李严率领二万人前往汉中阻击敌人。不过因为属地十分艰险，又遇到了天降大雨，一下就是三十天，魏军只好撤退了。夏侯渊的儿子夏侯霸成功出谷至兴势，不料被早已经埋伏好的蜀军偷袭，后来等到援军到达，才得以脱身。同时，诸葛亮派魏延、吴壹入南安，魏延攻破郭淮，吴壹攻破费瑶。

公元231年春天，诸葛亮再一次发动北伐，利用木牛运送粮草，包围祁山。而曹睿也立即派出大将司马懿作为全军统帅，督军进行抵抗。诸葛亮知道这件事后，留下王平继续领军攻打祁山，亲率军队攻打司马懿。诸葛亮在上邦一带打败了魏将郭淮、费曜，想要一举歼灭司马懿的大军。但是司马懿深知自己千里而来，粮食的后勤补给有限，便只凭险为守，做好防御措施，拒不出城门迎战。

魏军将领们见到司马懿这般懦弱，心中十分不满，纷纷讥笑他。在众将的一直要求下，司马懿只好派张郃攻打王平，自己则率领大军攻打诸葛亮。诸葛亮派大将魏延、高翔、吴班兵分三路领兵作战，大败魏军，歼灭魏军三千多人，俘获的战利品有玄铠五千、角弩三千多。司马懿再也不出战了。

在此之前，诸葛亮派遣李严督运粮草，害怕出问题，于是给他三种选择，让他见机行事："上计断其后道，中计与之持久，下计还住黄土。"后来，李严害怕运粮不计，就派遣马忠、成藩召诸葛亮还。后来李严发现是自己判断失误，想要杀死督运领岑述。诸葛亮回来之后，李严用一种反问的语气问道："军粮是十分富足，为什么现在回来？"另一方面李严又向后主上表："军队只是假装逃跑，真正的意图是引诱敌人与我方作战。"终于李严的计谋被揭发，数罪并罚，被贬为庶民。

公元234年春天，诸葛亮做了充足的准备，在斜谷口再一次率领十万大军出斜谷口，同时派遣使臣到东吴，希望孙权可以一起攻打曹魏。四月，蜀军抵达郿县，在渭水南岸的五丈原下扎营寨。司马懿率领大军

在背水驻扎，想要再一次用持久战的战术消耗蜀军的粮食，逼得蜀军自行撤退，诸葛亮深知军队缺粮的问题，开始实施屯田生产粮食。而孙权也曾率十万大军北上响应蜀汉，但是被曹睿亲自率领军队打败。

有一次，诸葛亮派遣虎步监孟琰驻武功水北，正好赶上涨水，阻断了诸葛亮与孟琰之间的联系。司马懿借此机会出兵攻打孟琰。结果，诸葛亮一方面出兵架桥，一方面派遣弩兵向司马懿扎营的地方射箭。司马懿见桥马上就要架好了，只好选择撤退。魏、蜀两军相互对峙两天多，在此期间，诸葛亮多次派人进行挑衅，司马懿下令按兵不动。然后诸葛亮故意让人带了一套女人的衣服、头巾送给司马懿，嘲笑司马懿就像一个女人一样。魏军将领见到这种情况一个个火冒三丈，纷纷要求出战，为了搪塞将领们的请求，司马懿假意上表给魏明帝请战。曹叡便派遣卫尉辛毗作为军师，前往前线遏制司马懿。诸葛亮明白这只是做做样子而已。但是司马懿却从诸葛亮派出的使者口中探得诸葛亮事事亲力亲为，食少事烦，认为诸葛亮真的活不了多久了。

八月，诸葛亮果然一病不起。司马懿趁诸葛亮病情严重不可以统领大军，就率领军队进行偷袭，斩杀五百多人，俘获将士千人以上，投降的士兵六百多人。消息传回到成都，刘禅派遣李福去探望诸葛亮，并且询问之后的国家大计，诸葛亮也对各个将领交代后事，要杨仪和费祎统领各军撤退，由魏延、姜维负责断后工作。不久，诸葛亮便在军营中与世长辞。而杨仪、姜维按照诸葛亮临终的部署，秘不发丧，整顿军容安全撤离。司马懿认为诸葛亮已经死了，派兵前去追捕，姜维命杨仪回军向魏军做出出击的样子，司马懿害怕是诸葛亮装死引诱魏军出击，下令立即撤退，不敢再追击了。于是蜀军从容退去，进入斜谷之后，才讣告发丧。

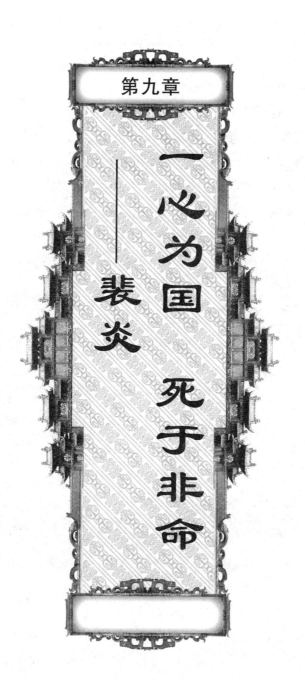

第九章

一心为国　死于非命

——裴炎

宰相档案

☆姓名：裴炎

☆出生日期：不详

☆逝世日期：684 年

☆生平简历：

680 年，当上宰相，为黄门侍郎，同中书门下三品。

681 年，由黄门侍郎迁侍中，掌管了中央三省之一的门下省。

684 年，以谋反罪被武则天处斩。

人物简评

　　裴炎是一个沉默寡言的人，特别喜欢学习，是唐朝初期非常著名的大臣，经历了两代皇帝，当上宰相。裴炎当官的道路上可以说是一帆风顺，他一直官居要职，一路上从一个伏州的司仓参军，不停升官，直到当上中书令首席宰相。后来徐敬业在扬州那里发动叛乱，起兵造反，并且打着让武则天退位，恢复李家天下的旗号。裴炎趁着这个机会，要挟武则天把皇位归还给李家。这种行为触怒了武则天，于是就下令把他抓起来，并处死了。但是在武则天去世以后，唐睿宗在 710 年的时候再次掌握了大权，他因为对裴炎非常怀念，于是就把裴炎追封成益州大都督，谥号"忠"。对于裴炎到底是忠臣还是奸臣，后世的人们一直争论不休，没有一个确切的答案。

生平故事

官运亨通

　　裴炎出生在山西省闻喜县礼元镇裴柏村，这个地方是中国非常有名的宰相村，仅仅只是在唐朝，这个村子里就出现了几十个宰相，真是让人感到不可思议。

　　裴炎出生在这么一个有灵气的地方，从小就受这里的风俗熏陶，和他以后当大官有很重要的关系。他的父亲裴大同曾经是洛交府折冲都尉，是一个正四品的大官，因此他从小就经历着官场上的事。

　　裴炎平时的学习非常刻苦，一学起来就不知道疲倦，当学校里的大部分人都在放假的时候出去玩了，他就在学校里面继续学习。按照当时的制度，不管他是作为一个四品官员的孩子，还是作为那个专门供国家官员子弟上学的学校学生的身份，他都可以很轻松地当上官。但是裴炎却并不因为能轻松当官，就放松自己，恰恰相反，他因为心中有着非常远大的理想，主动给自己施加压力，在十年的时间里，一直非常用功地学习，从来也没有懈怠过。

在刚到学校才一年多的时候，就已经有人把裴炎推荐到国家的机构当中担任职务了，不过这时候裴炎并不想荒废学业，于是就十分委婉地拒绝了这个人的美意。在学校的时候，他主要学习那些儒家的经典著作，这一学就是十多年。经过这么长时间的学习，他已经满肚子都是学问了，其中最擅长的就是《汉书》和《春秋左传》。现在的裴炎觉得自己已经可以出师了，因为无论是从事文化方面的事情还是去当官，他都比别人有更多的实力。因此他就去参加考试了，一考便考中，接着就当上了濮州的司仓参军，这可以算是最基层的管理人员了。

然后由于裴炎的能力比较突出，在这个职位上干了没多久，就被调到了京城去工作，接着官职就一路攀升，一直成了唐朝国家机关的重要官员兵部侍郎、御史、起居舍人、内史、侍宁、中书令，后来成了皇帝的"机要秘书"黄门侍郎。

到了唐高宗调露二年（680）的时候，裴炎作为中书令被皇上授予"同中书门下三品"这样的官衔，负责管理门下省，这样一来他就成了唐朝的宰相。当时的裴炎已经相当有权势有地位了，只要他说一句话，在朝廷上有着相当大的影响。在唐朝初期的那个时候，国家的重要会议通常都是在门下省的政事堂召开的，主要是让那些宰相们商议政事，因此就算是以前名声非常大的魏徵、房玄龄、长孙无忌等人，开会的时候也不得不到门下省这里来。裴炎一当上宰相，便把以前的政事堂迁移至中书省，其他的那些大官们以及宰相，开会的时候都要到他那里去才行。

裴炎在当上宰相以后受到唐高宗充分的信任。在永淳元年（682）的时候，唐高宗到东都洛阳那里去巡视，把太子留在唐朝的京城长安驻守，便命裴炎当太子李显的指导者，当李显遇到什么问题的时候，就可以向他请教，遇到什么难办的事情，也由他帮忙去处理。到了弘道元年（683）之时，唐高宗李治得了一场重病，基本上下不了床了，根本不能再继续临朝处理国事，于是就让太子暂时代理国家的一切事务，并让包

括裴炎在内的三个人一起协助李显把国家的事情管理好。在李治去世前的那天晚上，他把裴炎叫到床前进行了一次秘密的交谈，并委托他帮助太子治理好国家，让他当一个贤明的好皇帝。

唐高宗去世以后，太子李显继位当上皇帝，就是唐中宗。李显不管是在德行和才能哪一方面来看，他都比不上自己的那些哥哥们。但是最没有才能的他却当上了皇帝，这让李显的心情无法平静，他现在可是天下的主宰，所以不想再继续怯懦下去了，于是他在继位之后就表现出和以前完全不同的一面来。李显希望以后无论遇到什么事情都自己做主，这样才可以表现出他作为九五之尊的无上尊严。

于是李显一上任，就想把自己的老丈人韦玄贞提拔起来，让他当大官，让他做唐朝的宰相。但是他的这个决定却受到了裴炎的强烈反对，因为他觉得这样做不成体统。韦玄贞这个人刚刚从一个普州参军被提拔成豫州刺史，然后屁股还没有坐热，就接着将他任命为宰相，这级别提升得也实在太快了点。而且这种一厢情愿的任命，既没有经过任何考察，也没有别人的推荐，对于他能不能胜任，还是一个巨大的问号。另外李显还想要把自己奶妈的儿子提升为五品的国家官员，这件事裴炎也是坚决反对，无论如何不能从命，因为李显要提拔的这个人不但是一个平民百姓，而且连字也不认识。由于裴炎现在是当朝宰相，又是唯一的一位顾命元老，因此他的话在朝廷上的分量相当的重。

一看裴炎这也反对那也不赞同，李显顿时感到非常的恼火，到底谁才是皇帝啊，是你说了算还是我说了算？于是就脱口而出，向裴炎发问道："我就是要让韦玄贞当宰相有什么问题吗？别说让他当宰相了，只要我愿意，就算是把整个江山都给了他又能怎么样！我是皇帝，要做什么事难道还不能自己决定吗？"这番话一说出来，可把裴炎吓了一跳，如果皇上真把唐朝的江山交给一个外人，那还了得！于是裴炎赶紧找到太后，也就是武则天，把这件事情告诉了她。

武则天听裴炎说自己的儿子要把江山让给他的老丈人，差点没气死，马上命令裴炎草拟了一份废除皇帝的旨意，然后领着一些人就到了朝堂之上。到了那里以后，当着天下文武群臣的面，叫裴炎把李显从龙椅上扯了下来，接着就对大臣们宣布，把李显的皇帝职务废除了，把他降成庐陵王。李显当时非常气愤，质问道："凭什么不让我当皇帝，我有什么罪过？"武则天声色俱厉地呵斥道："你打算把大唐的天下拱手让给一个外人，这个罪过难道还不够吗？"于是才刚刚当上皇帝几十天，连瘾都没有过够的李显就这么被废掉了。而武则天通过这次裴炎的告发，趁机将对自己的专权有很大意见的儿子废掉，不但震慑了满朝的文武百官和以后继位的皇帝，还让自己的权力地位更加稳固。

因为在这一次迅雷不及掩耳之势发生的宫廷政变当中，裴炎起了非常重要的作用，于是武则天把他封成了河东县侯。这次裴炎与武则天的合作还是非常默契的，配合得相当完美，然而裴炎没有想到的是，通过这次的事件，他虽然阻止了一次国丈窃国事件的发生，却造成了武则天专权的局面，让武则天在朝廷的权势地位更加不可动摇。这次的政变虽然他两人合作愉快，但是也给后来他们走向对立的一面埋下了种子。

对于裴炎为什么会与武则天从合作逐渐变成敌人，其实是有很重要的原因的。如果从最根本的思想方面来说的话，裴炎的胸襟抱负与人生理想和武则天想要达到的目标有着严重的冲突，他们根本就不可能长期合作下去。之所以他们在一开始会出现合作的情况，完全是两个奔向不同目标的人出现了短暂的交集，暂时走到了一条路上。裴炎一心想着的事情是做一个权倾朝野的大臣，他当时帮着武则天把刚当上皇帝不久的李显废掉，并且拥立李旦当皇帝，只是希望借着自己拥立新皇帝有功，取得皇帝的信任，从而达到独掌大权的目的。这也就是说，他根本没有想过要给皇帝换个姓氏，让天下换个朝代，更不希望自己在一个女人面前俯首帖耳，任凭女人支配。而武则天心中的目标就是要当上皇帝，她绝对不允许有谁与自己共同执掌天下，他要做一个大权在握的最高统治者。

因此，只是从权力的分配问题上，裴炎和武则天就有着不可调和的重大分歧，所以他们根本连一点合作的可能性也没有。武则天很快就意识到了这一点，而裴炎也不笨，他也明白武则天想要的是什么。

被逼加入叛军

在文明元年（684）二月的时候，武则天对官员进行了大规模的调

动，让裴炎当了内史。这年秋天的时候，徐敬业于扬州发兵，对武则天进行讨伐。

由于大唐在那个时候正处在一个非常强盛的时期，无论从政治还是从军事方面来说都非常强大，而且经济也非常发达，官员及百姓的家里都储存着大量的粮食，不用担心吃穿的问题，也不用担心什么时候会飞来横祸。通常老百姓们只要有饭吃有衣穿，日子过得安安稳稳，对于这个天下是谁的，并不那么关心。因此徐敬业这次起兵，根本没有引起百姓们太大的响应，他唯一可以找到的合作伙伴，就是那些朝野当中对武则天专权看不下去的人。不过就连这些潜在的盟友，也只觉得现在朝廷存在的只是思想观念和意识上的问题，根本没有到起兵造反那种激烈的程度。

因此徐敬业的叛乱其实只是他自己一厢情愿的事，连个追随附和他的人都没有，没有多少兵马，也没有多少钱财。这些情况，精明的裴炎肯定都看出来了。不过徐敬业却认准了他这个同盟军，因为从思想上来说，裴炎对武则天的专权是一百个不满意。

徐敬业认准了这一点之后，就想尽一切办法，要把裴炎这个大官拖到这滩浑水里面蹚一蹚。为了达到这个目的，徐敬业先想办法把裴炎的外甥拉下水，让他进到自己的叛军组织中来，参加谋反事宜，这样他就是想跑也洗脱不了罪责了。

裴炎的外甥薛仲璋早就对武则天专权这件事感到非常气愤了，徐敬业一邀请，他就非常高兴地加入到叛军当中。在九月初期，薛仲璋作为朝廷特派人员去江都一带巡察，刚一来到江都，就有叛党派出的人到他这里报告说扬州的陈敬之要造反。陈敬之可是这里掌管兵马大权的人，如果他要造反，那肯定不是薛仲璋能管得了的，这件事明显就是捏造出来的。但是薛仲璋早就和叛乱的人商量好了，马上就将陈敬之抓了起来。经过他们这么一折腾，扬州的军队没有了总指挥，于是叛党就赶紧出来，把扬州的军政大权抢了过来。徐敬业早就在一旁等候多时了，他大大方方地当上了扬州司马，还谎称是皇上的旨意。接着又说接到圣旨，将陈敬之杀了，然后借口皇帝让他镇压叛乱，起兵造反。

为了让裴炎这个当朝宰相加入叛军的行列，徐敬业让初唐四杰之一的骆宾王共同策划这件事，想办法让他入伙。骆宾王是个非常有才华的人，于是想出了一个非常好的方法，逼着裴炎和他们站到同一条战线上。他编出了一首童谣，让京城和裴炎的家乡那里的小孩们广泛传唱，内容是："一片火，两片火，绯衣小儿当殿坐。"不得不说这一招非常厉害也非常阴损，那些大官们很多时候都会被这种捕风捉影的事情所累，被人们诬告造反。这首童谣流传得非常快，时间不久，京城中就传遍了。

裴炎也听说了这首歌谣，只是不知道这是什么人创作的，虽然对其中的意思有一点模糊的了解，但还不是特别清楚，于是希望找个人来给他解释一下。于是他就把骆宾王找来，希望骆宾王能给他解释一下。骆宾王刚开始的时候装模作样，怎么都不肯说，裴炎于是给他很多珍宝，但是骆宾王还是不开口，裴炎又给他骏马和美女，骆宾王不为所动。后来裴炎请他去观赏家里珍藏的古忠臣烈士图，这时候骆宾王才非常认真地对他说："这才是真英雄，大丈夫啊！"因此开始讲起从古至今那些有名的执政大臣们，往往有替换皇帝的事情发生。裴炎便向骆宾王问起那首童谣，那个什么绯衣、片火是什么意思？骆宾王解释说，一片火两片火合起来就是个炎字，绯衣小儿的绯衣就是非和衣合起来就是一个裴字，而当殿坐就是面南背北当皇帝的意思。

听骆宾王这么一说，裴炎顿时吓了一跳，这明显是有人逼着他造反啊。后来还有人传说在徐敬业从扬州那里举兵造反的时候，裴炎曾经给他写过一封信，信的内容非常古怪，只有两个字——"青鹅"。这封信被人发现了，然后送到皇宫里面去，那些官员们闷着头看了很久，也猜不出这封信到底是什么意思，但是武则天却一看就明白了，说："'青'这个字一拆开，就是十二月的意思；'鹅'这个字拆开来看的话，就是我与鸟意思，也就是说十二月的时候，裴炎这个吃里扒外的乱臣贼子，就要和徐敬业这群叛贼合起来动手，谋夺我们大唐的江山了。"

武则天收到的这封信不知是真是假，很有可能是武则天为了将裴炎治罪而编造出来，不然为什么别人都不能破解其中的含义，唯独她一看就明白是什么意思了呢？难道她是一个非常有才华的人不成？但是不管这件事是真的也好，假的也罢，总之裴炎这个造反的帽子丢不掉了，他是不反也得反。但实际上裴炎并不打算造反，他所考虑的事情可比徐敬业他们这些人深刻多了，作为一个朝廷的重臣，怎么能和这些无知小辈一起合作呢？

然而事实却不容裴炎再瞻前顾后了，因为很多人都开始相信他准备谋反，武则天也对他越来越看不顺眼了。他必须早点做决定，尽快行动起来，不然白白背负了这样一个罪名，死了都得做个屈死鬼。

矛盾渐深

自从裴炎和武则天合作把屁股还没坐热的唐中宗废掉以后，武则天就开始了她的垂帘听政之路。虽然一开始的时候武则天将李旦立为新皇帝，自己在后面主持国事，但是后来她就觉得这个方法实在太麻烦了，还不如自己当皇帝来得痛快。于是就将李旦从龙椅上拉下来，让他当皇嗣，而自己亲临朝堂，当上了女皇帝。这样一来，武则天已经把李家的天下完全掌握在手中。

发展到了这样的阶段，武家在朝廷上的势力已经发展到空前强大的地步了，而武则天也当上了中国唯一的女皇帝，开始了她独自执掌天下的时期，历史上叫做"则天朝"。接着武则天就准备着进行进一步的改革，将朝代彻底改变，从法律以及名义上的各个方面创造一个全新的王朝。这个时候武则天的侄子武承嗣上折子提意见，想要立武氏的七庙，对武家的那些列祖列宗进行追封。武则天看到这样的请求，正合心意，马上就准备将这个方案批准执行，但是这时候却遭到了当朝宰相裴炎的强烈反对。裴炎坚决不能同意这种荒唐的举措，他认为唐朝从始至终都是李家的天下，而武则天作为李家的一个媳妇儿，属于外姓，本来执掌皇权就已经非常不合理了，现在又要另立家庙，这就是对国家的背叛。如果这样做的话，江山还能是李家的江山吗，如果连社稷都不保，那她就是祸乱国家的元凶罪魁。最后裴炎对武则天道："太后您既然作为天下掌管者，不应该让人们觉得您是一个只为一己私利的人，而应该凡事以大公无私为原则。"接着他又举了一个例子，就是汉朝的时候吕雉专权造成的弊端，并且教育武则天说："您难道不知道吕氏专权对于国家社稷造成了多么大的危害吗，我担心后人看您，也就像现在的人看待吕氏一样。

前车之鉴应该吸取教训啊!"

武则天对裴炎的说法不以为然,他觉得自己与吕后有着本质的区别,这种立武氏宗庙的做法只不过是对那些已经去世的人进行追尊而已,对于活着的人根本不会产生多么大的影响。于是她表示不同意裴炎的说法,但是裴炎又说:"凡做事,讲究的是防微杜渐,这种风气绝对不能助长。"由于裴炎是朝廷重臣,武则天也没有什么办法,只好暂时先把这件事搁置起来,但是心中当然非常不高兴。

武则天把太子李贤废除并且杀死之后,在李姓的宗室里面还存在两个可以继承皇位的人,就是鲁王李灵夔和韩王李元嘉,他们的辈分和李世民是一样的。武三思和武承嗣为了能够将李家的势力彻底消灭掉,让武家的天下得以延续,想要把他们两个全都杀死,这样就可以斩草除根,绝了李家的希望。武则天觉得这个主意相当不错,于是就向大臣们咨询,看看他们都是怎么想的。这个时候裴炎为了保护李家的人,连忙站出来和武则天讲道理,说他们没有一点谋反的迹象,怎么能没有罪过就随便杀人呢?经过裴炎的据理力争,武则天想杀人却没有杀成,心中对裴炎的怨恨更深了。于是他们两个人之间的矛盾越来越大,渐渐走到了决裂的边缘。

十月的时候,徐敬业从扬州起兵造反的消息传到京城里来,朝廷上下被一片紧张的气氛包围着。造反势力相当的猖狂,甚至把挑战书都送到皇宫里面来了,这是自唐朝建立之后最大规模的一次叛乱,必须要认真处理才行。这个时候武则天有两件事情要做,对外得将叛军消灭,对内得对高层官员进行一次清理。而清理这些官员的时候,第一个要整治的就是朝廷上最有影响力的宰相裴炎。

要知道那时候除了武则天以外,就是裴炎最有权力也最德高望重了。尽管武则天的权力最大,但是她毕竟只是一个女人,而且在前期根本没有什么打仗的经验,因此裴炎作为一个先皇顾命的重臣,本来应该在这种危急的时刻挺身而出,在镇压叛乱这件事上面发挥中流砥柱的作用。但是裴炎却并没有一点着急的样子,看着叛军在外面闹得沸沸扬扬,从来不想着怎样对他们进行讨伐,对于大臣们商量镇压叛军的活动也不积极参加。他表面上显得非常轻松,就好像什么都没有发生那样。实际上他这样做的主要目的就是给叛军一点发展的时间，等到叛军的势力壮大起来，他就可以趁机将武则天逼下皇位，把天下大权归还到李家手中。

连裴炎这个最大的大官都一点也不着急，其他的大臣们也就不好说什么了。因此除了武则天在那里急得团团转以外，大臣们表现得悠哉游哉的，一点也没有压力。

死于非命

对于徐敬业的叛乱事件，虽然这些大臣们一个个像没事人似的，但是可把武则天给急坏了，她亲自召开了一次商讨如何讨伐叛军的会议，向那些大臣们征询意见。武则天直截了当地问："现在徐敬业的叛乱闹得这么厉害，朝廷应该怎样镇压他们啊？"

裴炎不知道怎么想的，决定在这个时候向武则天摊牌，于是发言道："臣以为这次叛乱其实根本不用去镇压。现在皇上的年纪已经足够大了，却一直没有亲自处理过朝政，因此徐敬业他们就以这件事为借口，起兵发难。如果现在您把皇权交回到皇上手中，那样叛军就没有什么理由再发兵，军心一散，也就不足为惧了。"他的这番话一说出来，简直就像是平地起了一个惊雷，整个朝堂上立即静了下来，连呼吸声都没有了。

裴炎不仅没有研究怎样将叛乱平定，反而趁机逼着武则天把权力交出来，正好刺到了武则天身上最脆弱的部分。裴炎觉得无论怎么说，武则天也是个女人，面对军事上的问题肯定不会那么从容不迫的，借着这个机会向她施加压力，她很可能在丧气之下就会将大权交出来。

然而正当他等待着武则天缴械投降的时候，突然有一个声音在宁静的朝堂上响了起来："裴炎当了这么多年的宰相，手中握着巨大的权力，假如他没有特殊目的的话，为什么一定要让您把皇帝的权力交还给李家呢？这其中定有不可告人的秘密。"说这句话的只是一个小小的官员，监察御史崔察。尽管官不大，却着实帮了武则天一个大忙，给她解了围。

对于裴炎这段时间的心不在焉，武则天早就起了疑心，而现在崔察的这番话顿时让她清醒过来，裴炎这是想要造反啊，这还了得，必须先整治了他再说。于是武则天马上把裴炎打入大牢，并派人调查他造反的事情。谁也没有想到，当朝的宰相兼顾命大臣，因为一个莫须有的罪名就被捕下狱。

其实裴炎说这些话的时机把握得非常不好，假如徐敬业的叛军已经取得了明显的战果，他将这些话说出来也许会有巨大的作用。然而目前来看，形势还处在发展之中，尚未明朗，而且镇压叛军的军队全都调集起来了，在这种时候说这样的话，简直就是自找死路。

裴炎入狱之后，很多大臣都劝说武则天把他放了，但是武则天却一点也不为所动。也有人劝裴炎向武则天求饶，毕竟掌权的是她，说点好话也不算什么。但是裴炎却坚决不愿委曲苟活，他说："现在国家正处在危机当中，我这个宰相如果不下地狱的话，还让谁去下地狱呢！现在已经被她关起来了，我也不想要自保了，随便她怎么处置吧。"裴炎知道自己这次是凶多吉少，因为他和武则天的矛盾已经彻底激化，再也没有回旋的余地。

将当朝宰相逮捕下狱，这是一次非常重大的事件，直接牵动着整个朝廷的政治局面。由于这件事和徐敬业的起兵几乎是在同一时间发生的，而且裴炎的外甥薛仲璋又参与了叛乱，因此对于裴炎是不是因为谋反而被武则天打入大牢的，人们一直没有一个准确的答案。徐敬业起兵叛乱的时候，那些大臣们一个个沉稳得像是老僧入定一样，但是一见裴炎被抓起来了，却顿时炸开了锅，在朝廷上争论得异常激烈。除了少数人觉得裴炎有造反的动机以外，大多数人认定裴炎不可能造反。几乎整个朝廷的文武百官都开始替裴炎说话，认为他是被冤枉的。

看到这些大臣们反应如此激烈，武则天却一点也不在意，只是简单地解释说："你们知道什么，说裴炎想要造反已经不是一天两天的事了，他早就有预谋，这是有充分的证据的。"这样说意思就是她手中有裴炎造反的证据了，但是她却不能把这些证据摆出来让大家看。于是那些大臣们就不相信了，都说："假如他想要造反的话，那我们岂不也全是造反的人了？"武则天看到有这么一大批人愿意为了裴炎据理力争，甚至连性命都不顾了，心中很是吃了一惊，但是她早已下定决心，根本不可能更改，淡淡地说："裴炎已经造反了，这件事我知道得一清二楚，你们没有造反，也不会在这种时候造反的。裴炎和你们是完全不同的人，根本一点

关系也没有，你们别在这儿瞎掺和!"

对于裴炎到底有没有造反这件事，武则天只是猜测，而大臣们也没有办法证明他没有造反。但是不管他有没有罪，武则天已经决定处置他了，只要把他一杀，就可以一了百了，别人怎么说都没关系了。对于那些大臣们喋喋不休的争辩，武则天感到非常厌烦，于是马上就把裴炎判了斩立决，而且连他的兄弟亲人也被株连。裴炎在临死的时候对那些亲人说:"你们当官的时候，我没有帮上你们什么忙，现在却因为受到我的牵连赴死，我真是愧对你们啊!"从裴炎被打入大牢，到他死，这期间的时间才不过 10 天，由此可以看出武则天做事有多么地雷厉风行。

武则天之所以那么急着把裴炎杀死，主要因为裴炎对于她来说是心腹之患，必须果断地斩草除根，而徐敬业那些人的叛乱对于这件事来说根本不算什么。假如在朝廷内部出现了一批反对她的人，对于武则天来说危害要大得多，扬州的叛乱小打小闹，根本成不了什么气候。只有先把内部稳定了，才能把精力放到平定叛乱的事情上去，文武百官才可以上下一心。

平反昭雪

裴炎死了以后，武则天让人到他家去查抄，竟然连一担存粮都找不到，家里面穷的叮当响，所抄没的钱财居然连买一百斤粮食都不够用的!由此可见裴炎是一位多么廉洁的宰相，这样的结果让那些抄家的人全都肃然起敬，对他的死非常惋惜。不管裴炎的一生是有功还是有过，单是从他的廉洁奉公这个方面来讲，他就算得上是一个好宰相。

在裴炎的这个案子当中，有很多大臣都给裴炎求过情，并且极力对他进行营救。武则天对这些人里面营救裴炎比较积极的都进行了惩罚。裴炎有一个小侄子，太仆寺丞裴伷先，那个时候才只有 17 岁，因为裴炎的关系要被流放，他请求在这之前见武则天一面。为了表示自己是一个非常公平公正的人，武则天就答应了他的请求，并在见面的时候对他说:"你伯父想要造反，已经受到了国法的制裁，你想对我说什么?"裴伷先非常恭敬地对她说:"我不敢说冤枉，只是想着让您以后可以有一个好的结果，所以才来对您说这些话。太后是作为李家的媳妇本来应该恪守妇道，但是在先帝驾崩以后，您将朝政大权一手独揽，对李家的人百般打压，却让武家的那些人当大官享受荣华富贵，真是颠倒了世界。我的伯父对唐朝忠心耿耿，却被你说成造反之人，所有的家人都受到牵连，难道您就不觉得心中有愧吗？您应该早日将皇位让给真正的皇上，自己回到深宫当中去，守着妇道人家的本分，如果这样做的话，武氏家族或许还可以得到保全，不然的话，等到天下人都反对你的时候，再后悔可就晚了！"武则天听后勃然大怒说："简直是胡说八道！你这个乳臭未干的小子居然敢说这么大逆不道的话！"于是下令将他拖出去杖责一百板子，接着流放到非常贫困的地方，永远不许回来。

武则天死了以后，一直到唐睿宗李旦当上皇帝的时候，裴炎造反的案子才得以平反。李旦是裴炎一手扶持起来的，对他一直心怀感激之情，不仅将他的案子推翻，还把他追封成益州大都督，谥号为"忠"。

在武则天当皇帝的那些年里，在政治方面非常残酷，经常会有滥杀无辜的事情出现，这是所有人都十分清楚的。因此裴炎以谋反罪被杀害，究竟是真得参加了谋反的事宜，还是因为武则天容不下他，找了个理由将他除去，或者有其他什么常人想不到的复杂原因，始终是一个谜。但是这其中最有可能的就是，裴炎为了维护李家的天下，和武则天发生了根本上的冲突，才成为了政治上的牺牲品。

实际上裴炎的死应该和叛乱没有直接的关系，他之所以成为武则天的眼中钉，完全是因为政治立场和武则天对立造成的。徐敬业的叛乱发生之时，他作为当朝的宰相，在朝廷的地位举足轻重，不可能去参加那样一个小规模的叛乱。不过因为他想让武则天把皇位让出来，就抓住这样的时机逼迫武则天，这才导致了悲惨的下场。他对李氏家族太忠心了，以致于武则天无论如何也容不下他。

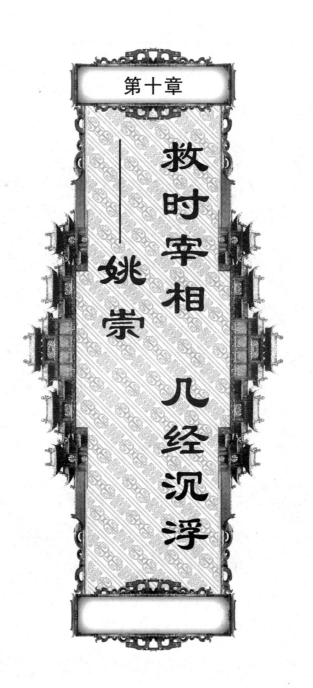

第十章

救时宰相 几经沉浮

——姚崇

宰相档案

☆姓名：姚崇

☆出生日期：公元 650 年

☆逝世日期：公元 721 年

☆生平简历：

公元 650 年，姚崇诞生于陕州硖石，少年时期生活在洛阳。

公元 677 年，姚崇通过科举考试，成了天子门生，走上了仕途之路。

公元 696 年，姚崇升任兵部员外郎，得到武则天的赏识。

公元 710 年，姚崇担任睿宗朝的宰相。

公元 713 年，姚崇成为玄宗朝的宰相。

公元 721 年，姚崇去世。

人物简评

姚崇是一个以清除天下积弊为己任的改革家，他从来不是高谈理论，而是脚踏实地地做事。面对传统观念的束缚，他从实际出发，而不拘囿于表面的形式，特别体现在他革除佛教的弊端方面。他可以算是古代的无神论者，凭着勇气、才学和坚持到底的精神做出了可观的政绩，值得称道。作为一个政治家，姚崇耍弄权术，对有才能者有嫉妒之心，但是更多的是宽容之心，不能否定他在治国方面做出的成绩。

生平故事

弃武修文　走上仕途

姚崇出身在官宦世家，高祖到父亲都分别担任南北朝、隋朝和唐朝的官职，姚崇的父亲姚懿在姚崇 12 岁的时候去世。姚崇在家排行第十，家族对他的影响很大。他小的时候很不喜欢读书，而是喜欢打猎，整天以猎鹰逐兔为乐，直到 20 岁。如果他没有遇到改变他读书习惯的人，也许姚崇就不会留名青史。

幸运的是，姚崇遇到了一个算命很准的相学家，这个人就是张憬藏，当时的一个比较有名的相学家，其实也就是个算命先生，因为算得比较准，在当时也有点儿名气。当时张憬藏游学的途中落脚在姚崇家里，他看姚崇气宇轩昂，眼神里透出一股灵气，不是一般的山村野夫。张憬藏喜欢这个年轻人，与姚崇交谈起来，但是发现他缺乏知识，文理不通，于是就真诚地劝姚崇一定要好好读书，开阔眼界。姚崇当时居住在广成泽，张憬藏鼓励他说："上古贤人广成子曾经居住在这个地方因此得名，黄帝向广成子问道。你将来会以文才扬名天下，有可能成为宰相一级大官，不要自暴自弃，要好自为之!"张憬藏的鼓励和规劝让姚崇决定专心修文，刻苦攻读。几年过去了，姚崇学有小成，东都洛阳一带的人都曾听过他博学的名声。

姚崇立下了远大的志向，决定通过科举考试走入政坛，实现理想和抱负。仪凤二年（677），姚崇参加了由高宗皇帝李治亲自在长安主持的科举考试，表现才华的时刻到来了。姚崇没有让人失望，成了天子门生。之后被朝廷授予濮州（今山东鄄城北旧城）司仓参军（从七品），仕途的道路刚刚开始。

从地方官做到宰相

垂拱元年（685），姚崇从山东调任到郑州（今河南郑州），担任司仓参军。天授元年（690），姚崇被朝廷派送到洛阳担任司刑寺的司刑丞之职。司刑寺是主持刑狱的部门，是国家的最高审判机关，级别很高，属于中央一级司法活动的重要枢纽，而且承接的都是重大罪犯的审判工作，所以作为司刑丞拥有很高的责任和权力，对案件作出裁决、判刑。

天授之际，武则天做皇帝，初期政权不稳，朝廷内外有很多反对武则天的人。为了巩固政权，武则天任用了一批酷吏，这些酷吏"宁可错杀一千，不可放过一个"，杀害和镇压了有反抗行为和言语的李唐宗室和元老大臣。这其中有很多人是冤死的，即使只有一点儿不满都会招致祸害。特别是和这些酷吏有些矛盾的，更被这些酷吏残酷打击，无数人被扣上"造反"的帽子，朝廷上下人人自危，即使有百般不满，也没人敢站出来说句公道话，只怕明天性命不保。

虽然如此，但杀人也要遵照司法程序，只要发现有点造反苗头的嫌疑人，都要被押送到司刑寺进行审判。姚崇受理了很多"谋反案"，但姚崇没有像酷吏一样轻率地将人置于死地，而是坚持从实际出发，公正执法。即使有些人背地里有些"谋反"言行，但罪不至死，姚崇并没有按

"谋反罪"惩办。经过姚崇审理，很多所谓的"谋反案"中官员，都被无罪释放而保全了性命。

天授年之后，姚崇又被朝廷调任到兵部担任兵部员外郎（从六品上阶）。万岁通天元年（696），姚崇升为兵部郎中（正五品上阶）。这年五月，东北发生了叛乱，契丹族首领松漠都督李尽忠联合他的内兄归诚州刺史孙万荣起兵造反，不断南下骚扰中原，攻破了营州（今辽宁朝阳），杀了节制契丹人的营州都督赵文翙，纵兵南下，并且威胁到檀州（今北京密云一带）。武则天派去的围剿叛军的大军也被打败。

十月，叛军攻入幽州（今北京西南部），形势紧急。东都洛阳接到了各地像雪片一般的告急文书，此时对付契丹进犯成为朝廷的头等大事。兵部衙门自然成为了战事的参谋中心，事务尤其繁忙。这次事件正给了兵部郎中姚崇施展才能的机会。不管多么难处理、琐碎的事务，到了姚崇手中，就再也不用担心了，因为姚崇会以最快的速度将事物处理好，并且挑不出什么毛病。武则天很快听到了姚崇处理事情又快又好的名声，对他很是欣赏，破格提拔他为兵部侍郎（正四品下，相当于今天国防部的副部长）。

姚崇得到重用，帮助武则天运筹帷幄、调兵遣将，终于在神功元年（697）七月，彻底平息了契丹叛乱。姚崇升任到兵部侍郎后，有了更多的机会直接参与国家大事，改革弊政。神功元年九月二十日，武则天在神都通天宫里召见群臣。武则天对朝臣们说："前些时候，周兴、来俊臣审理案件，有不少的朝廷大臣受到牵连，说是他们反叛；我也是从国家法律出发，按章办事。不过我对一些大臣反叛的事情感到怀疑，有些人可能是滥用刑罚、屈打成招造成的。于是，我就派人到监狱去审问，但看到他们亲自写下的状纸，自己承认有罪，我也就不怀疑了。自从周兴、来俊臣死后，我就没有听到谋反的事了，是不少以前被杀的人中有被冤枉致死的吗？"

这一敏感话题抛出来，群臣也不敢为死去的人澄清，只能自保，都缄默不语。姚崇曾经审理过很多"谋反"罪的案件，所以相当有发言权。他对武则天也比较了解，认为她虽然重用过坏人，但是却没有被这些人控制，也任用一些正派人主管刑法，能够听进不同的意见。

姚崇忠实地说出了自己的看法："自从垂拱（685—688）以来，很多无辜的人都被整得家破人亡，告密的人因此而立功，每个人的生命随时可能受到威胁，情况比汉朝的党锢之祸还要厉害。陛下您派人到监狱中查问，被派去的人自身尚且难于保全，还怎么敢去翻案？被问的人因为怕遭到那些人的毒手所以谁都不敢翻案。老天保佑，皇上你终于醒悟过来，将这些别有用心的人诛杀，朝廷才算安定下来。从今以后，我以自身和全家百口人的性命担保，现在朝廷内外官员中绝对再也没有想要谋反你的人。所以恳求陛下，如果以后收到告状，不要再去追究了。如果以后发现证据，真有人谋反，我甘愿承受知情不报之罪。"

姚崇的话指出了武则天的执政错误，如果武则天发怒，那么恐怕姚崇犯下了大不敬罪，全家的性命都不保，还会牵连到与他有关的其他人。在场的众大臣冷汗都冒出来了，虽然这么尖锐的批评不是自己说的。他们等待着武则天大发雷霆，但是没有想到武则天不但不生气，而且还很高兴。她说："以前宰相顺着既成的事实，害得我成了个滥行刑罚的君主。听了你所说的，很是符合我的心意。"然后，武则天赏赐给姚崇银千两，奖励姚崇的忠贞。按照姚崇的建议，武则天下令废除了酷吏政治。一年后，内史狄仁杰举荐姚崇担任夏官侍郎加同凤阁鸾台平章事。姚崇终于离宰相的位置不远了，应了张憬藏的话。

在进入中央之前，姚崇担任过好几个州的刺史或长史，政绩卓著，积累丰富的从政经验。姚崇做过相王府长史，相王也是后来的睿宗。睿宗登基之后，姚崇被任命为宰相。这时，太平公主的势力很大，一直干预朝政，想和母亲武则天一样成为女皇帝。姚崇看出了太平公主的野心，与宋璟联名上奏，建议让太平公主搬到洛阳去住，将长安城里几个掌握兵权的王派到地方上去当刺史。没想到，睿宗糊涂了，竟然如实地告诉了太平公主这些话。太平公主非常生气，太子李隆基（即后来的玄宗）为了保护姚崇等人，争取主动，指控姚崇等挑拨皇上两兄妹之间的关系，应当受到惩罚。于是，姚崇被贬为州刺史。

太平公主的势力威胁到了太子李隆基，李隆基决定先下手为强，迅速地行动清除了太平公主和她的党羽。先天二年（713），玄宗到新丰（治所在今陕西临潼东北）视察（类似现代的军事检阅）。按照传统，皇帝出巡，方圆三百里内的州郡长官都要到皇帝的行营去朝见。这时姚崇任同州（治所在今陕西大荔）刺史，玄宗又派人秘密召唤他，姚崇依命来到了玄宗的行营。玄宗邀请他一起打猎，虽然这时候姚崇已经老了，但是在猎场上，姚崇驰逐自如，表现得像个捕猎的老手，让玄宗很满意。

当然玄宗让他来不是打猎的，玄宗登基之后，对他念念不忘，认为他是一个治国的人才。玄宗询问他对国家大事的意见，他侃侃而谈治国之策，玄宗听了，大为佩服，说道："你应当做我的宰相。"姚崇在被贬之后再一次担任宰相的职务。

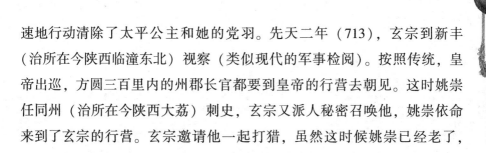

改革弊政　捕杀蝗虫

唐朝盛行佛教，道教和其他宗教也得到发展。宗教是一面旗帜，从皇帝、皇后、达官贵人到豪绅富户，没有人不利用宗教来捞取好处，所以产生了许多社会流弊。姚崇对这个现象早就看不下去了。在武则天时，武则天的男宠张易之要将京城有名望的十名佛教高僧，调往定州（治所在今河北定县）去私自建造新寺。高僧们感到很委屈，毕竟是得到的高僧，谁也不愿意离开京城，于是他们向朝廷苦苦哀求。姚崇认为他们的请求很合理，同意了。但是张易之坚持要把这十名高僧调走，而姚崇也并没有畏惧，始终坚持自己的意见。结果，不久之后，姚崇就被调出京城，去做灵武道大总管。

一般而言，只有被寺庙的高僧接受，这个人才能有为僧、为尼的资格。但是在中宗时期，公主、外戚竟然也能够度民为僧、为尼，有人还私自建造寺庙。这样，很多富裕的人都纷纷出家，以免除赋役。因为当时的制度规定出家人免除赋役。

姚崇当了玄宗的宰相之后，就提出这种状况对国家不利。他说：对佛教的信仰，最重要的是内心的虔诚，而不是外表的形式；以往有一些信仰佛教的帝王权贵，最后的结果都不好；只要心怀慈悲之心，做的事对人民有利，那么人民就能得到安乐，就是符合于佛教的要旨，何必罔顾坏人为僧尼，反而破坏了佛法呢？

玄宗深以为是，下令有关部门，暗中调查假冒的僧尼，有一万二千多冒充的和滥度的僧尼还俗为农。姚崇猛烈抨击了佛教的形式，认为对佛教是从内心真正的信仰，只要行善不作恶就行了。他无情地揭露了抄经写像、破业倾家、施舍自身、为死人造像追福等愚昧风俗。

开元四年（716），山东（泛指华山以东之黄河流域）蝗害成灾，老百姓认为捕杀了蝗虫就是违反了佛教的戒律，佛教是不提倡杀生的。百姓眼睁睁地看着蝗虫把庄稼吃了，而解决的办法竟然是在田旁设祭、焚香、膜拜。姚崇上奏，引《诗经》和汉光武的诏书，证明蝗虫能够捕杀。历代以来，蝗虫一直都泛滥，是因为人没有齐心协力将蝗虫除尽。

他说："蝗虫怕人，所以容易驱逐；庄稼有主人，所以保护庄稼的人肯定会卖力；蝗虫在夜间见火，必定飞往；设火于田，火边挖坑，边焚边埋，一定能够除尽。"玄宗说："蝗是天灾，是因为德政不修所致，你要求捕杀，这不是背道而驰吗？"姚崇又说："捕杀蝗虫，古人已经做过了，陛下只是在用古人用过的方法，除去蝗虫的祸害，让百姓安心下来，是国家的大事，请陛下认真考虑。"玄宗被说服。

但当时反对的呼声很高，朝廷内外都认为蝗虫不能捕杀，玄宗下了决心说："我同宰相讨论，捕杀蝗虫的事就这么定了，谁如果再反对，立刻处死。"于是玄宗派遣御史到各个地方督促、指挥老百姓焚埋蝗虫。很快效果就出来了，当年的农业获得了较好的收成。

第二年，蝗灾又来了，姚崇依照上一年的处理方法，派人到各地督促百姓捕杀蝗虫。朝廷又开始议论起来，很多大臣都认为不能捕杀蝗虫。玄宗听了之后，也犹豫起来，又同姚崇进行商量。姚崇则没有犹豫地说："这些庸儒们只会按照书本里来，根本就不懂得变通之道。凡事有时要违反经典而顺应潮流，有时要违反潮流而找到最合适的方法。"

接着他举出了历史上经常出现的蝗灾，都造成了很可怕的后果。姚崇又说："今山东蝗虫，孳生之处，遍地皆是，如果农田没有收成，则人民就要流移，事关国家安危，不能拘守成规。即使不能除干净，也比养

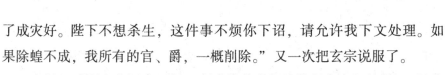

了成灾好。陛下不想杀生，这件事不烦你下诏，请允许我下文处理。如果除蝗不成，我所有的官、爵，一概削除。"又一次把玄宗说服了。

汴州（治所在今河南开封）刺史倪若水拒绝执行命令，并说："蝗虫是天灾，应该修德，以感动上天。"姚崇知道后勃然大怒，给他写信说："古时州郡有好太守，蝗虫即不入境，要是修德能够免除蝗灾，那么就是无德造成了蝗灾的出现了！现在坐看蝗虫吃食庄稼，怎能忍心不救！如果是这个原因导致了饥荒，将何以自安？千万不要再迟疑犹豫，否则是要后悔的。"

倪若水迫不得已只好执行姚崇的命令，焚埋蝗虫。他一共捕杀了十四万石的蝗虫，汴河里也投入了不计其数蝗虫。另一宰相卢怀慎对捕杀蝗虫也表示反对，他对姚崇说："蝗虫是天灾，怎么能够用人力来制服呢？外面的议论，都认为捕杀蝗虫不对。而且杀虫太多，有伤和气。现在停止，还来得及，请你考虑。"

姚崇毫不动摇，而且竭力辩驳他的荒谬之处，他列举古代帝王及孔子为例，证明为了人的安全和不违礼制，杀生是可行的。他说："现在蝗虫极多，只有驱除，才可消灭；如果放纵蝗虫吃食禾苗，各处田地，都会没有了收成。山东百姓，如何能够听其饥饿而死呢？此事我已奏请皇上定夺，请你不要再说了。若是救人杀虫，因而得祸，我愿独自承受，与你无关。"姚崇还派人到各地去检查，看谁捕蝗勤快，谁捕蝗不力，列名上报。

有很多人都反对姚崇捕杀蝗虫，竭力地劝阻他，有一个叫韩思复的耿直迂腐的人说，河南、河北蝗虫，近来更加猖獗，所到之处，苗稼都损失惨重，而且有向西漫延的趋势，到达了洛阳。使者往来，都不敢声张蝗虫漫延的事，山东的几个州，都非常地恐慌。接着，他又说什么这是天灾，只有悔过修德，以求上天保佑才能不再发生的陈词滥调。最后，他请求停止捕蝗使的工作，以收服人心。

玄宗听了他的话立场又不坚定了，毕竟当皇帝也受到了很多官员的压力。于是玄宗就将他的奏章交给姚崇处理。姚崇请求派韩思复去调查山东受灾的情况和损失。虽然连年发生蝗灾，但是并没有造成严重的饥荒。这是姚崇不顾众人的非议，坚持捕杀蝗虫争取来的结果。按理说姚崇应该被记一大功，但是玄宗既没有为他立功，也没有封赏他。姚崇在捕杀蝗虫的过程中得罪了众多人，强硬的态度也得罪了玄宗。但是从长远来看，拯救了不少百姓。毕竟受灾的是百姓，饿死的也是百姓。不管灾情多么严重，皇帝和大臣终归是饿不着的。

不久之后，姚崇又从宰相的位置跌了下来。姚崇的一个部属犯了法，玄宗决定惩办，姚崇想保护这个部属。正好遇到京师大赦，也就是不用姚崇保护，这个人也能被赦免。但是玄宗故意将这个人排除在赦免之外。姚崇发现了之后，认为玄宗想要对付的是他本人。姚崇并没有留恋，很快就请求辞去宰相的职务，并推举了宋璟。

开元五年（717）正月，玄宗本来想到东都洛阳去，因为关中的收成不好，粮运要增加，皇帝到了东都，就能够减轻粮运的负担。谁知道这个时候太庙的房屋倒塌，这在当时是一件大事，看上去非常严重。玄宗召见宰相宋璟、苏颋，询问他们原因。他们的解释玄宗并不喜欢听，都是些陈词滥调而已。太庙倒塌是因为太上皇去世还不到一年，玄宗还没有服完三年的丧服，不应该出行。而只要是灾祸发生，都是上天的告诫，陛下应当遵守礼制，不要去东都了吧！玄宗让他们告退，召来了姚崇，问道："我临近从京都出发时，太庙无故崩塌，这是不是神灵告诫我不要去东都呢？"

姚崇实事求是地说了一通，太庙殿的建造有一段时间了，是前秦苻坚时建造的。隋文帝创建新都，将北周宇文氏殿移到这里，建造了这座庙，唐朝又沿用了隋朝的旧殿，积年累月，虫子都把木头蛀朽了，所以才会倒塌。姚崇先向玄宗说明了这个情况，接着又说："高山含有朽土，尚且不免于崩塌，年代已久的朽木，自然也会摧折。这次太庙倒塌只是与陛下东幸的行期偶合，不是因为陛下要出行，太庙才倒塌。而且皇帝以四海为家，东西两京，相距不远，关中的收成不好，增加粮运，受苦的是人民，所以陛下出于对人民的爱护而行幸，并不是笼络人民的手段。何况东都各部门都已经作好准备，不去的话就是对天下的人失信。"最后他提出了解决办法：一、将神主移到太极殿；二、重新建造太庙；三、皇帝东行计划不变。玄宗听了之后特别高兴，姚崇的话说到了玄宗的心里去。

耍弄权术

有一次，姚崇询问僚属："我作为一个宰相，能够和历史上的什么人相比？"僚属没有回答，大概是不好意思说。姚崇自己说："能不能比得上管仲与乐毅？"僚属说："管、乐施行的政策，虽然不能在后世一直施行，但是还能施行到他们死的时候；你的政令，随时更改，似乎比不上他们。"姚崇又追问："这么说来，究竟可以和谁相比呢？"僚属说："你算得上是个救时宰相。"姚崇听了，并没有受到贬低的感觉，而是感到高兴，他说道："救时之相，难道容易得到吗？"当一个救时宰相也是相当不容易的。

作为救时宰相，姚崇确实取得了不少政绩。但是他的为人据说不怎么样，对其他的大臣存有嫉妒之心，并且暗地里要弄权术，搞些小动作。开元元年（713），姚崇被玄宗任命为宰相，现任宰相张说知道后，出于嫉妒，指使别人弹劾他，玄宗没有听他的弹劾。张说于是又指使别人向玄宗建议，派姚崇去当河东总管。玄宗知道是张说背后指使的，有些生气，差一点就杀了提建议的人。

姚崇顺利当上宰相，张说害怕姚崇的报复，讨好玄宗的一个弟弟岐王，想要得到岐王的庇护。姚崇要以这件事对张说进行报复，但是并不直接揭发他。一天，已经罢朝，朝臣们都已离去，姚崇独自跛着脚走得比较慢，玄宗对大臣还是比较关心的，就叫住他，问他是怎么回事。他说："我的脚坏了。"玄宗问："不是很痛吧？"姚崇答道："我心里有个忧虑，倒不觉得脚痛了。"玄宗听出了姚崇的言外之意，询问他是什么意思。姚崇也不拐弯抹角，而是直接回答道："岐王是陛下的爱弟，张说是辅佐大臣，他们秘密乘车一起出门，恐怕有什么坏事会发生啊！所以我对此表示很担心。"玄宗听了，对张说起了疑心，张说被贬为相州（治所在今河北临漳县西南）刺史。姚崇和张说都是治国的良才，但是二人之间一直勾心斗角，相互嫉妒，并不和睦。

据说，姚崇在死之前还算计了张说一回，二人之间的嫌隙很深。临死前，姚崇害怕张说会对他的家族不利，就告诫自己的儿子说："我死之后，出于礼节，张说肯定会前来吊丧，你们要把我平生的珍宝器皿陈列出来，他非常喜欢这类东西，如他看也不看，那你们就要作好准备，很快就会有灭族之灾了。如果他看这些东西，那就表示你们不会有事了，你们就把这些东西送给他，并立刻邀请他为我撰写神道碑。得到他撰写的碑文后，不要犹豫。立刻誊写并上报给皇上，并将刻碑的石头准备好，立即刊刻。他比较迟钝，过了几天，一定会反悔并且派人来索取碑文，就说已报请皇上批准，并将刊刻好了的碑拿给他看。"姚崇死后，一切正如姚崇所说。张说前往吊丧，见到所陈服玩，看了又看，很是喜欢。姚崇的儿子把这些服玩送给他，得到了他所撰写的碑文，并使他索回碑文的计谋落空。张说别提多生气了，没想到被死姚崇给算计了。

张说被贬为相州刺史之后，另一位宰相刘幽求也被免职。刘幽求不服，有人在皇上面前告状，说他在背地里发牢骚，说些不中听的话。玄宗下诏追查，姚崇等人劝说玄宗道："刘幽求他们都是功臣，现在担任闲职，稍微表现不满、沮丧，也是人之常情。他们的功劳大、功地位高，如果被送进监狱，恐怕要引起很大的震动啊！"结果刘幽求被贬为睦州（治所在今浙江淳安西南）刺史。虽然姚崇等人表面上是在保护刘幽求，但也从侧面证明了刘幽求确实在背后说了些怨恨的话，姚崇的做法比较巧妙，也许他早就对刘幽求存有嫉妒之心。

魏知古和姚崇同朝为官，最开始由姚崇引荐，后来他的功劳、地位和身望与姚崇不相上下，后来上升到了相位，与姚崇并列。姚崇排挤他，魏知古被调出京城到东都洛阳去专管那里的吏部事务。魏知古知道姚崇在背地里排挤他，对他很是不满。姚崇有两个儿子在东都做官，知道魏知古由自己的父亲提拔过，所以就走魏知古的后门，谋取私利。魏知古到长安时，将他们谋取私利的行为，报告给了玄宗。

有一天，玄宗和姚崇闲谈，顺便问道："你的儿子现在做什么官：才能与品德怎样？"姚崇非常聪明，猜透了玄宗的心思，决定主动坦白，以博得玄宗的好感，答道："我有三个儿子，其中两个在东都做官，做人不谨慎又有贪欲，肯定会走魏知古的门路，但是我还没有来得及问他们。"玄宗本来以为姚崇会说出很多话替儿子隐瞒，但是听了姚崇的实话后，很是高兴。

玄宗很疑惑，姚崇是怎么知道自己的儿子会走魏知古的后门呢？姚崇说："在魏知古职位不高的时候，我保护过他，提拔过他；我的儿子愚蠢，以为魏知古一定会感激我所以容忍他们为非作歹，才去走了他的后门。"玄宗听了，对魏知古在背地里出卖姚崇儿子的行为感到鄙薄，认为他辜负了姚崇，要罢他的官。姚崇又请求玄宗说："我的儿子犯了法，陛下赦免他们的罪已经是很大的恩赐了。如果因为这件事导致魏知古被罢官，天下肯定认为陛下不公平，陛下的声誉会受到连累。"然而魏知古还是被贬谪为工部尚书。

开元九年（721）九月丁未（初三）日，姚崇去世，享年七十二岁。临终前姚崇立下遗嘱，对子侄们说了一番意味深长的话。他从宰相之位退下来之后很知足，每天过着田园牧歌般的生活，特别满足。人总是要死的，这是人的归宿。然后，他将财产分配好，子侄们各得一分，以防后代相互争抢。他要求子侄在他死之后薄葬，他认为厚葬没有什么好处，有可能会召来灾祸。

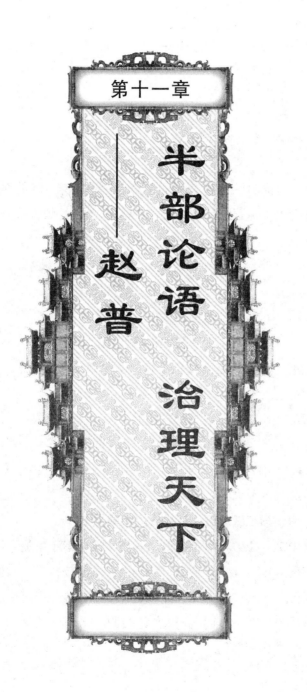

第十一章

——赵普

半部论语 治理天下

☆姓名：赵普

☆出生日期：公元 922 年

☆逝世日期：公元 992 年

☆生平简历：

显德七年（960），赵普与赵匡胤发动陈桥兵变，以黄袍加于赵匡胤之身，推翻后周，建立宋朝（北宋），普受封为右谏议大夫，充职枢密直学士。

建隆二年（961），赵普建议宋太祖"杯酒释兵权"，削夺朝中诸将兵权。

建隆四年（963），加强中央集权，削弱地方财政

开宝二年（969），削夺节度使兵权，统一全国。

乾德二年（964），赵普任门下侍郎、平章事、集贤殿大学士，负宰相责任。

乾德五年（967），赵普加职右仆射兼门下侍郎，同中书门下平章事、昭文馆大学士，成为名副其实的宰相。

开宝六年（973），赵普因为接受了吴越王钱俶送的十瓶瓜子金，又违法从秦陇买来木材营建官邸，庇护部下贪赃枉法，宋太祖大怒。赵普被罢相，贬为河阳三城节度、检校太尉、同平章事。

太平兴国二年（977），赵普升任太子太保，继迁太子少保。

太平兴国六年（981），赵普升为司徒、梁国公，二次入相。

太平兴国七年（982），宋太宗依普计，不再传位于皇弟赵廷美。

太平兴国八年（983），普再次免相职，出任武胜军（治今河南邓县）节度、检校太尉兼侍中。

端拱元年（988），普被册封为太保兼侍中，三次出任宰相。

淳化元年（990），普因病三次上表辞相职，宋太宗不准，任普为西京留守、河南尹、依前守太保兼中书令。

淳化三年（992），普又三次上表，请求辞归故里，宋太宗不准，拜普为太师，封魏国公，给宰相俸禄。这一年七月，赵普去世。太宗赠普尚书令，追封真定王，赐谥"忠献"，亲撰并书写八分字神道碑赐之。

人物简评

　　赵普在政治舞台上活动 50 年之久，身为封建时期地主阶级的政治家来说，他是一个深谋远虑的人物。他所制定的巩固中央君主集权和地方分权的方针、政策，对于结束长期的动乱、实现中原统一是具有十分重要的意义的。但是，对于这一政策带来的消极影响来说，他是需要承担一定的责任的。身为一代名相，他胸中缺少学问，而以所谓半部《论语》治天下，这当然不可以让他做出更多的贡献。赵普三次任相，在居相的这段时间，没有造福人民的政绩，这是最大的憾事。

　　纵观赵普个人的"功名事业"，仅留下"半部《论语》治天下"这句牢骚不平、自我解嘲之语，反倒成为了"千古名言"！

生平故事

　　北宋初年，出了一位名声显赫的丞相。他的一句牢骚"半部《论语》治天下"成为了千古名言。他并不是经常出现前台，只是作为君主幕后的策划者。这个人就是赵普。他为赵宋的建立，以及宋太祖在政变之后稳固内部政权、强化中央集权树立了卓越的功勋。在统一全国的战争中，他为太祖、太宗两任君主定下先南后北的正确路线，是赵宋统一大业的主要设计者之一。但是，这位赵宋建立的功臣却和当时宫廷中的两大疑案紧紧联系在一起，甚至有人说这两大疑案都是他一手炮制的，事实究竟是怎样的呢？赵普又是一个怎样的人呢？

足智多谋　导演政变

　　赵普的家庭条件不好，出生于五代乱世，从小学习吏事以谋生存，

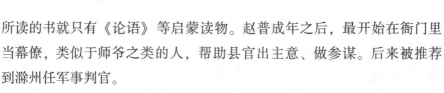

所读的书就只有《论语》等启蒙读物。赵普成年之后，最开始在衙门里当幕僚，类似于师爷之类的人，帮助县官出主意、做参谋。后来被推荐到滁州任军事判官。

显德年间，赵匡胤当时在后周担任宋州节度使，一次办案的过程中，在滁州捕获了一百多名强盗，准备全部斩杀。而当时担任滁州参佐的赵普怀疑其中有无辜的人，请求审讯。结果，大多数人都是被冤枉的。自从这件事之后，赵匡胤就认为赵普有先见之明，而且处事周密老成。小试牛刀的赵普一下子就赢得了赵匡胤的赏识。

赵普是一个天生机敏的人，虽然读书不是很多，但是眼光犀利，尤其善于审时度势、把握时机。就在赵匡胤准备攻打滁州的时候，他的父亲赵宏殷也被派到滁州助阵，不料老人家来到滁州之后却一病不起。因为军务紧急，赵匡胤哪里还顾得上老爷子的病情，不得不领兵出征。于是，赵普就像赵宏殷的亲儿子一样照顾他，侍奉他喝药，给予无微不至的照顾，让赵匡胤在前线没有后顾之忧。赵匡胤是一个十分孝顺的孩子，从那个时候起，他们全家都将赵普看作是一家人。之后来到京城，赵普在赵家自由出入，俨然以家臣自居。赵匡胤的母亲十分喜欢赵普，因为他处事谨慎、沉稳。赵母还时不时地对赵普说："还是麻烦你多费心，我儿子比较莽撞，在有些事情上缺乏足够的经验。"还叮嘱当时尚年幼的儿子赵匡义："以后出门要经常和赵大哥一起，这样父母才可以放心啊。"赵普在赵家被视为心腹，与赵匡胤一家保持着如家臣般亲密的关系，可以说这对他一生的影响都是巨大的。

公元960年正月初一，就在后周的君主正在君臣喜迎春节到来之际，边境镇、定二州飞马来奏，说是契丹大军南下，与北汉合兵，将要大举南侵。此时，后周先帝世宗刚刚去世20几天，在位的只是一个年仅7岁的幼儿柴宗训，皇太后符氏是已经死去的皇后的妹妹，年龄不过才20出头，入宫刚刚20天便遭丧夫之痛，她本是一个弱女子，早就已经吓得没了主张，一切都只能听从大臣们的安排。时任都点检的赵匡胤手握兵权，威势逼人，出征御敌，当然是非他莫属了。

因为军情紧急，第二天正月初二就领兵出发了。第二天傍晚，大军行至陈桥驿的时候，将士们借故不行，军中便鼓噪说："主上幼弱，我们出生入死斩将杀敌，又有谁能知道呢？倒不如先册立点检为天子，然后再出征，也为时不晚啊！"人们将这一想法告诉赵普。其时，赵普以掌书记的身份跟随大军出征。所谓掌书记，就是所谓的幕僚，主要负责军中的文书起草，不但地位不高，实权更是没有。但是发动政变的将领和赵匡胤的弟弟赵匡义，却一起来向赵普请教。商讨完毕之后，赵普立刻派人快马加鞭回京，通知赵匡胤的死党石守信等人准备好接应工作，又部署众将连夜守护在赵匡胤的军帐四周，以防出现不测。第二天黎明，赵普等人进入营帐，将早已经准备好的杏黄袍披在赵匡胤身上。自此，大宋朝建立。当时，赵匡胤33岁，赵匡义22岁，赵普已37岁。在这场政变的三个核心人物中，赵普的年龄最大、计谋最多，因此他很有可能就是这场戏的编剧、导演和演员。

五代时期，主弱臣强，手握重兵的将领左右政局，成为了皇上最大的威胁。赵匡胤通过兵变夺取政权，所以时常担心下属会效仿他，时常辗转反侧难以入眠。在平定了李筠、李重进的叛乱之后，赵匡胤就立即召集赵普商议这件事情。赵普建议赵匡胤削弱领兵将领的权力。赵匡胤犹豫地说："我待这些人恩重如山，绝对不会有问题。"赵普立即反问："后周皇帝对你也是一样的恩重如山，怎么就出现了问题呢？万一他们的属下也将黄袍披到将军的身上，又会如何呢？"赵匡胤被说中了心事，便追问如何处理。赵普回答："削夺其权，制其钱谷，收其精兵。则天下自安矣。"

不久，赵匡胤安排了酒宴款待那些手握重兵的功臣们一起喝酒。席间，他借助酒劲大发感慨，说是作为一个皇帝简直太难了，每天连个安稳觉都睡不好，哪里比得上做臣下高枕无忧啊。当石守信等人纷纷表示会以死效忠的时候，赵匡胤推心置腹地说："人的一生犹如白驹过隙，追求富贵，不过就是想要多积攒一些钱，过上舒心快乐的生活。你们不如放下手中的兵权，到那些经济比较发达的地方做官，购地建房，多娶几个美貌佳人，饮酒作乐以终天年。如此，咱们君臣互不猜忌，多好啊！"

第二天，石守信等将领纷纷辞去军职，交出了手中的兵权。于是，赵匡胤遵照自己的许诺，让他们到那些经济比较发达的地方做官，还把自己的一个妹妹、三个女儿嫁给了这些功臣。就这样，赵匡胤不伤害兄弟之间的情谊，如愿以偿地让北宋王朝进出了文人主政的时期。根据赵普的建议，赵匡胤还分离掌兵权和发兵权，使"兵无常帅，帅无常师"；推行文人政治，创建了"强干弱枝"的中央集权政治体系。宋王朝从此结束了军阀混战的局面，在三百多年的历史中，兵权从来都没有成为宋廷的最致命威胁。

身为陈桥兵变的幕后策划者，赵普促使黄袍加身的宋太祖赵匡胤非常成功地导演了一出让古今权术家们拍手叫绝的"杯酒释兵权"的精彩剧目。不凡的谋士与不凡的皇帝碰到一起，有功于社稷的赵普理所当然地成为了一人之下万人之上的宰相。接下来，他将参与和导演的故事更加精彩。

强干弱枝　分化职权

"杯酒释兵权"仅仅是解除兵权的第一步。中唐以来方镇弄权的隐患和新执掌禁军的弄权问题，依旧是摆在赵匡胤面前的当务之急。最关键的是把赵普的"十二字方针"策略精神逐渐渗透到朝廷和地方官职设置中去，改变权利结构中的独立性，使之依附于君权运转。在赵普的参赞之下，这套相互制约的职权体制终于被制定出来了。这便是中央设副相、枢密使与三司计相以分割宰相的权利，收到相互牵制的效果。枢密使直属皇帝执掌大权，而禁军之侍卫马、步军都指挥与殿前都指挥负责护卫和训练。

乾德元年（963），用赵普谋罢王彦超等地方节度使、并渐渐消除异姓王的权利，安排他职，另以文臣取代武职，于是武臣方阵失去了弄权的基础，另一方面，收厢兵之骁勇和荒年募精壮之丁为禁军，于是天下的精兵强将都要归属枢密院指挥。地方上虽无精兵，但是地方厢兵合力依然可以成为禁军的威胁。于是，这就形成了强干弱枝而内外上下相互制约之制。

地方则以文人任知州及副职通判为行政官员，重要文献需要会签才会有效，通判是皇帝督察知州的耳目。宋初州设团练使原为闲职，熙宁变法中有的成为负责义勇之主管。

制其钱粮，是指限制节度使的财政粮饷权限的一种办法。规定地方钱粮大部输送中央，设转运使主其事。熙宁变法中财税增多，地方之府库也很充盈，此时，节度使问题业已解决。

总之，赵普提出的这一套策略和方针，的确在宋初起到了加强中央君主集权制及其军、政、财、文权力分立，防止地方各自为政的重要的作用。改变了五代十国武臣各自专权，政变频繁的局面，让宋朝成为了一个高度统一的国家。但是这套方针反过来又成为了宋朝长期存在养无用之兵，冗官而冗费负担沉重，导致自我削弱各种权利机构之有效职能，从而走上"积贫积弱"处境的重要原因。由于赵普的方针、策略只是从防兵之变、防方镇之跋扈、防官员之损害君权的角度出发，并非为了提高国家的军事、政治和经济实力。这便是为什么北宋白白拥有军队120万，官员两万余，封桩库存之钱财成堆，而在北宋与南宋的300年统治时期，一直要对外屈服于辽、夏、金民族政权，对内不可以消除官乱于上、民变于下，而处于深重的统治危机的一个重要原因。在这一点上，赵普与宋太祖是要承担历史罪责的。

知识贫乏　遭遇尴尬

自从赵普成功导演了"杯酒释兵权"这出戏之后，那些立下战功的武将们该回家的都回家了，当然，赵普的地位也变得更加显赫了。但是绝对令他想不到的是，善造阴谋的老谋士、胥吏出身的赵普在宋太祖高举的兴儒大旗下，遇到的麻烦反而更多了，遭遇的尴尬事也越来越多。这究竟是为什么呢？这还要从小时候赵普不喜欢读书开始说起。赵普与宋太祖赵匡胤是老乡，小的时候一起在河南洛阳生活。上学时赵普就不喜欢读书，而赵匡胤也对"之乎者也"之类的文绉绉的东西不感兴趣，于是两个人常常凑到一起，就好像是亲哥俩。

赵匡胤一直都认为读书没有什么用，倒不如学一些护身的东西来得实用，但是赵普认为人的书读得多了，整个人会变得迂腐，不开窍，闯荡天下还是要依靠当官。因此他更是"寡学术"，一门心思地想着怎样做官，怎样做好官。赵普因为不喜欢读书，和同朝的其他文臣比起来，就差远了。

根据历史记载，宋太祖赵匡胤曾经多次向赵普问及前朝的制度，他都无言以对。而最让他难堪的事情发生在宋太祖乾德初年。

有一天，宋太祖心血来潮，随意向大臣们问道：男尊女卑，为什么男子行跪拜礼，但是女子却不跪？赵普竟然支支吾吾半天，还是答不上来。倒是前朝旧相王溥的儿子王贻孙告诉太祖，其实在之前男女都行跪拜礼，只是到武则天当上皇后以后，抬高了女子的身份，女子才拜而不跪的。这件事不但让赵普十分难看，就连太祖的心里也十分不爽。

在中国的皇帝中，虽然宋太祖只是一介武夫，同赵普一样对读书没有兴趣，但是他深知武力可以平定天下却不可以治理天下的道理，因此他十分喜欢读书人，对那些读书人也较为尊重。

根据《宋史·范质传》中的相关记载，太祖曾经对一生手不释卷、廉洁自持的太子太傅范质发出"真宰相"的感叹，对读书不多的赵普动不动就斥责一通。

《长编》中详细记载了一件让赵普十分伤心的事情：乾德三年（965），宋太祖灭掉后蜀之后，后蜀中有被抓到的宫女送到后宫。一天，宋太祖观赏她的镜匣，发现一副旧的铜镜，铜镜背面锈刻有"乾德四年铸"的字样。当时的他十分惊讶，将镜匣拿给赵普看，并且问道："现在怎么会有乾德四年铸造的铜镜？"赵普仔细看了半天，认为没有什么不妥。于是，宋太祖又召见学士陶谷、窦仪询问这件事情，窦仪说道："这个铜镜一定是前蜀用过的东西，过去前蜀主王衍曾经使用过乾德年号，铜镜应该是在那个时候铸造的。"宋太祖听了之后感叹道："宰相还是应该让读书人来当啊。"让赵普羞愧得无地自容。自从这件事发生之后，宋太祖对读书人更加器重了。

虽然赵普因为读书少屡屡受挫，没少出洋相，但是抑郁的赵普并没有就此沉沦，知道了读书的重要性的赵普还是坐稳了宰相之位。他接受了赵匡胤要求他继续深造的建议，每天下朝之后就将自己关在屋里子，发奋读书，很快，他就尝到了读书为从政带来的好处，此后，他在办理政务的时候，在处理决断方面更加快了。

读书让赵普的执政能力得到了明显提高，也陶冶了他的情操和性情。

后来，读书竟成了他后半生的特别嗜好，并且最终摘取了"寡学士"的文盲帽子。

犯颜直谏　恃宠而骄

　　建朝初期，赵普是赵匡胤的第一谋士、心腹幕僚，受到赵匡胤的倚重和信任。他和赵匡胤已经到了形影不离的地步，两人一起参与制订了一系列重大决策。不管大事小事，赵匡胤总喜欢找他商议，即便是当上皇帝之后，也经常会驾临赵普府上。

　　因为太祖多次微服私访功臣之家，弄得赵普每一次退朝之后都不敢穿便服。一天晚上，天降大雪，赵普认为太祖不会来了，正要睡觉。过了一会儿，忽然听到了急促的敲门声，赵普立刻出来，见太祖正站立在风雪当中，赵普慌忙叩拜迎接。宋太祖说："我已经约了晋王了。"随后太宗也赶到了，在厅堂上双层垫褥，三个人席地而坐，用炭火烤肉吃，赵普的妻子在一旁斟酒，太祖叫她嫂嫂。他们边吃边聊，太祖趁机就与赵普谋划攻打太原的事情。赵普说："太原阻挡着西、北两面，太原攻下来之后，就要由我们来独挡了，倒不如等到平定各国之后，那时太原这样的弹丸之地，还可以逃到哪里去呢？"太祖笑道："我就是这样想的，只是想要试探你一下。"他们在亲如一家的气氛中，纵论天下事，制订了"先南后北"的战略决策。

　　赵普身为宰相，尽忠尽智，可以说深得太祖的信任，而且，他对于坚持的意见，往往会表现出异常的果决和刚毅，敢于犯颜直谏，可以说是胆量非凡。有一次，赵普向宋太祖推荐一个人做官，接连两天，太祖都没有同意。等到第三天赵普上朝的时候，又送上奏章，坚持要求太祖同意他的推荐，这下子可把宋太祖激怒了，他在盛怒之下将奏章撕成两半，丢在了地上。

　　等到太祖走后，赵普跪在地上，不慌不忙地将撕碎的奏章捡起来，放在袖口里。退朝回到家之后，赵普将撕碎的奏章粘起来，过了几天，他又带着上朝交给太祖，太祖见赵普如此坚决，只好接受了他的意见，也算是给他一个面子。不过，后来的事实证明，赵普举荐的这个人的确十分称职。

还有一次，赵普提拔一个官员，太祖怎样都不肯同意。赵普就像前次那样坚持自己的意见。宋太祖耍赖说："我就是不批准，看你能怎么办？"赵普说："提拔人才，都是为了国家的利益着想，皇上怎么可以根据自己的好恶评判一个人呢！"宋太祖听了，气得脸色变白，一甩袖子就往内宫走。赵普紧紧跟在后面，宋太祖进了内宫，赵普就站在宫门外守株待兔一样就是不走。

宫门前的卫士见宰相站在这里不肯离开，只好向宋太祖回报。这时太祖的气已经消了，于是就让太监回报说，我已经同意了，让他离开吧。

以权谋私　失去帝宠

赵普在宋朝担任宰相十几年，位高权重，就连皇上有时都必须要听他的。日子久了，当然就会有人想要找他走后门，甚至送来厚礼。宋太祖常常到赵普家中去，事先也不告诉。有一次，吴越王钱俶派个使者送信给赵普，还带了十坛"海产"。赵普把十坛"海产"放在厅堂前，还没有来得及拆，这时太祖到了。宋太祖在厅堂中坐下，看到这十只坛，就问赵普是什么。

赵普回答说："是吴越送来的海产。"

宋太祖笑着说："既然是吴越送来的，一定是没错的，不如打开看一下吧！"

赵普就吩咐身边的仆人，打开酒坛，这一看不要紧，在场的人都傻了眼，这里面装的哪里是海产，分明就是明晃晃的金子。

一直以来，宋太祖都害怕官员接受贿赂、滥用职权，见到这种情况，心里早就窝了一肚子的火，脸色也沉了下来。赵普顿时吓得满头大汗，慌忙地趴在地上请求太祖开罪，说："臣没有看信，实在不知道里面装的是什么东西，还请陛下恕罪。"

宋太祖冷冷地说："你就收下吧，他们还以为国家大事都是由你们书生决定的呢。"话虽如此，但是太祖的心里总是十分不自在，因为在他看来，赵普这番举动不但是收受贿赂，而且触及到了皇帝的权力和尊严。

此后，赵匡胤对赵普越来越反感，也没有以前那样绝对的信任感了。不久，又有大臣们告发赵普违反禁令，贩运木料。当时朝廷是禁止私自贩运秦、陇（现今陕西、甘肃）大木。赵普却违反禁令，让亲信到秦陇采运大木运到京城，好建造自己的房屋。结果，他的亲信借着这个机会多运来了一大批大木，到京城贩卖牟利。三司使赵玭发现了这件事情，向太祖禀报了。宋太祖不知道还好，一听说赵普和这件事情有关系，当场发飙，命翰林学士拟旨，意在驱逐赵普。后来，太子太师王溥竭力求情，太祖才答应不再追究这件事。

宫廷疑案　紧密相关

赵普久居相位，虽然竭力辅佐太祖，但是因为其"独断政事"，还是引起了赵匡胤的猜忌。再加上有人告发赵普受贿、违禁、包庇下属等，赵匡胤原本就已经对赵普十分反感，于是，便借此机会罢免了赵普的宰相职位。免职离京之后的赵普心有不甘，一直在等待东山再起的机会。

开宝九年十月二十日（976），这一天大雪纷飞，皇弟晋王赵匡义在宦官的策动下，深夜潜入皇宫，杀死了病床上的赵匡胤，篡取了皇位，即为宋太宗，这就是历史上十分著名的"烛影斧声"案。之后，赵普声称杜太后（赵匡胤和赵匡义的母亲）在临死之前，命宋太祖将皇位传给弟弟宋太宗，并且由赵普起草誓书，一直藏于金匮之中。赵普的"金匮之盟"为赵匡义登上皇位提供了依据。赵普本人也借助这次机会，扶摇而上，再一次成为北宋的宰相。但是后人对于这个"金匮之盟"的故事存在很多疑虑。"金匮之盟"是一份机密文件，它的出现，决定了北宋两代皇帝的更换，因为其神秘性成为了北宋宫廷三大疑案之一。历代史学家对其真伪性一直存在疑惑，认为这是宋太宗赵光义和赵普勾结编造出来的谎言，目的是为了掩饰宋太宗之得位不正。

"金匮之盟"与"陈桥兵变"、"烛影斧声"合称为宋初三大疑案，我们不妨先根据追述来说一下"金匮之盟"的立约情况和誓约内容。

建隆二年（961），杜太后病危的时候，赵普曾经写过一封奏折，说起皇位继承人的事情。后来杜太后就召见了赵普，当时太祖也在旁边。

杜太后对太祖说："因为周世宗以幼主临天下，如果后周立长君，天下又怎么能够是你的呢？在你百年之后要将皇位传给你的兄弟，能立长君，社稷之福啊！"见太祖磕头答应之后就对赵普说："将我今天说的话记下来，不可有违。"于是赵普就在太后的病榻前写下了誓书，一式两份，一份随杜太后下葬，另一份由太祖保存。这便是"金匮之盟"的由来。

如果"金匮之盟"是真的话，那么这便是杜太后与太祖的本意。但是关于"金匮之盟"——历史之谜有三个症结：第一，究竟有没有这件事？第二，如果有，为什么会到这时才出现？第三，誓约的内容是怎样的？先说究竟有没有这件事。金匮之盟的立足点是册立长君。说它是伪造的人这样认为：杜太后病逝的时候，太祖35岁，德昭11岁，她又怎么可以料到，太祖死时，德昭依然是幼主？倘经光义、廷美三传至德昭，大致要经历四十年的时间，那时德昭已经年过五十，是生是死还不知晓，长君又要从何谈起呢？认为存在此事的人说，五代诸帝在位时间最久的也不过十年，平均在位时间不到四年，因此杜太后的担心并不是杞人忧天，太后临死立长君的遗言，在当时的那种情况下，是完全有可能发生的。虽然存在这种可能，却未必是以书为誓约。

首先，从太祖的作为来看，他始终无意定储君。但是到开宝六年，德昭已经23岁，也已经完全到了继位的年龄，一向秉承母意的太祖才会断然拒绝赵普的建议，按照前朝惯例将赵光义晋封为晋王，并且确定了其皇储的地位。因为不是正式定储，在皇位传承的问题上依然存在变数。太祖的举动正好说明了他在皇位继承的问题上是受到母意约束的，但是又没有像誓约上那般的循规蹈矩。

其次，从赵普的作为来说。他作为誓约的监督署名者，如果说太祖时期不敢泄露此事是情理之中，但是到了太宗即位的第六年，自己分明已经失势了，为何不上书言明以邀主欢呢？这也充分反映出当时并没有成文的誓约。

总之在太祖一朝，并未形成书面形式的盟约，这似乎已经成为了铁定的事实，而口头上是不是有，也就只有他们自己心里最清楚了。

再说为何此时出笼。金匮之盟是太平兴国六年（981）炮制出笼的，这个誓约在史册上被记载下来最早是神宗咸平二年（999）重修的《太祖实录》（即《新录》）。《新录》还说约誓的时候太宗也在场，这明显是连编谎都不能编圆。倘若真是如此，太宗对于赵普个人的怨恨和歉意就无从解释了。更何况太宗即位的时候不宣布，太平兴国五年九月修成的《旧录》也没有记载这件事情，既表明《新录》中所谓的太宗在场纯熟谎言，也反证"金匮之盟"的出笼的确是在《旧录》修成之后。

"金匮之盟"属于机密文件，被藏在宫中，原本没有人知道，三个当事人中只有赵普还健在，而他给太宗捅破这件事的方式依然是密奏。换句话说，就是只有赵普和太宗知道这件事情，他们联手密谋，别人谁也无从否定。而且，对于太宗来说，迫害廷美，传位子嗣，都需要赵普这样的元老级的开国元勋支持和密谋。再说，以赵普的政治经验，当然知道太宗肚子里淌的是什么坏水了，也知道这是改变自身"日夕忧不测"处境的一个绝佳时机。于是，他可能孤注一掷，臆造了金匮之盟，作为表忠心的入场券，为太宗的不正当夺权找一个合理的理由，并且借此机会东山再起，恢复失去的权势。就是在这一节骨眼上，两人一拍即合，"金匮之盟"便应运而生。

三说誓约内容如何。如果杜太后真的有口头遗嘱，三传约的可能性更大一些。但是太平兴国六年，金匮之盟刚刚由赵普炮制出笼的时候，肯定不是三传约，只可能是独传约。如果是前者，无疑在宣传秦王廷美应该是理所当然的皇位继承人，简直是在为即将进行的迫害廷美的阴谋自设障碍，相信谁也不会愚蠢到这个地步。独传约突出太宗，一方面为逆取太祖之位、逼死太祖之子的太宗进一步确立了合法地位，注入了强心剂，另一方面也树立起了赵普顾命大臣的高大形象。只有当赵廷美死后，三传约便形同废纸一般，才可以能在士大夫之间流传开来，可是这是太宗已经后顾之忧全无。

下面，说一说最不幸的赵老四赵廷美，如果按照母亲的口述，他是有可能过一把当皇帝的瘾的，只可惜赵老三与赵普的阴谋摧毁了他的皇帝梦。非但让他连做皇帝的机会都没有，就是做一个普通人都难如登天——因为宋太宗要改变"金匮之盟"的传位规则，就不可以容忍他的存在。

当投机家赵普以"金匮之盟"重新掌握政权之后，就在他担任宰相

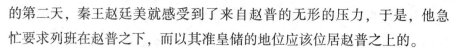

的第二天，秦王赵廷美就感受到了来自赵普的无形的压力，于是，他急忙要求列班在赵普之下，而以其准皇储的地位应该位居赵普之上的。

第二年三月，就有人"告发"廷美准备在太宗前往庆祝金明池的水心殿落成之际犯上作乱。太宗假惺惺的说不忍心将此事张扬出去，暗地里革去了廷美开封尹一职，将他调到洛阳担任西京留守。同时，与廷美一向往来甚密的文武臣僚都因为"交通秦王"而被罢官流放到各个地方。

这件事过去没有多久，针对秦王廷美的黑枪又来了，赵普向太宗报告，调查到卢多逊与秦王廷美很多苟且之事。卢多逊立即被罢官入狱，审讯下来，卢多逊和相关人等都表示"伏法"，就连他们的亲眷也都推出午门斩首，到此，廷美在朝中的势力也被彻底扫尽。

五月，继廷美出任开封府尹的李符迎合太宗的心意，在赵普的指使下，猛参秦王廷美。这正中太宗的下怀，于是立即下令将廷美降为涪陵县公。廷美最终忧悸成疾，两年之后去世，年仅38岁。在这件事情上，赵普的落井下石的确有些不厚道，难怪《宋史》这样说他："凡廷美所以遂得罪，普之为也。"

如此明目张胆的迫害，让太宗的长子元佐（太宗的长子德崇后来改封楚王，改名元佐）实在看不过去了，他对于父皇如此迫害叔叔廷美表示强烈的不满，对力助其事的帮凶赵普也是痛恨至极。他为了营救四叔多次向太宗申辩，但是无济于事。雍熙元年（984），当廷美死亡的消息传回来的时候，元佐因为无法承受四叔已经死亡的事实，一下子就发疯了。就算这样，太宗依旧不打算放过自己的亲弟弟赵廷美，他还对宰相李防等人说赵廷美是乳娘所生，但是《宋史·杜太后传》中明明记载着杜氏生五子，廷美位序第四：由此可见，太宗为了极力掩饰逼杀廷美之罪，不惜向自己的父亲泼冷水，编造出这样的大逆不道的谎言。

涪陵之狱，始终没有见到任何的显罪确情。《宋史·赵廷美传》将这一冤案归罪于赵普。实际上，廷美不死，太宗就不可以将皇位传于自己的儿子，因此真正的杀人凶手是太宗，赵普只不过是帮凶而已。在皇权面前，即便是父子兄弟又如何，人性的泯灭早已经是司空见惯的事情了。而赵普身为开国元勋、两朝元老，值得一提的是，他与北宋两代帝王都交往甚密，身仕两朝，三次入相。而且从赵普透露消息之前的做法来看，他已经日渐骄纵，在太祖的心中，他的地位已经在走下坡路。赵普是个投机型人才，他必定是有一番作为的，于是，他便跟随了赵光义，两人一拍即合。

解嘲之语　千古名言

太平兴国年间（976~984），赵普第二次担任宰相，朝廷中很多人不服气，讥笑他一生只读了半部《论语》。于是便有人向太宗说赵普不学无术，孤陋寡闻，所读的书不过就是一部《论语》。宋太宗赵光义不相信，召见赵普询问："有人说你仅仅读了一部《论语》，他们说的是真的吗？"赵普回答："臣所知的确只有这些。臣以半部《论语》辅助太祖定天下，以半部《论语》辅助陛下兴天下。"后来，赵普年老病逝，家人打开他的书橱，果然只有一部《论语》。于是，在中国历史上就留下了"半部《论语》治天下"的美谈。

从赵普的回答中不难看出赵普带着严重的情绪化色彩，这完全是一种牢骚不平之语：言外之意是说，我读的书虽然只有《论语》，但是我当年可以凭借着他帮助太祖定天下，现在我依然可以依靠它辅佐陛下您把天下治理好。现今满腹经纶的文臣儒士遍布朝野，哪一个有我的能力强、功劳大呢？——只怕这才是这句话的真正意义所在。

那么赵普又为什么会发此牢骚之言呢？纵观赵普的一生，他前前后后一共做了三次宰相，这在宋朝并不多见。按照常理来说，赵普身居宰相的高位，又是颇受倚重的开国元勋，只需要照章办事就可以功德圆满、善始善终，但是，赵普的一生却是三波三折，极不平坦。而"半部《论语》治天下"很有可能是他第二次为相的一句牢骚之言。

淳化三年（992），为北宋的建立和国家的统一殚精竭虑的赵普三次上表请求告老还乡。宋太宗依旧舍不得放他走，拜他为太师，封魏国公，享受宰相的丰厚待遇。淳化三年（992）七月，赵普的生命走到了尽头，享年71岁。宋太宗专门派人悼丧，赠尚书令，追封真定王，谥号"忠献"。

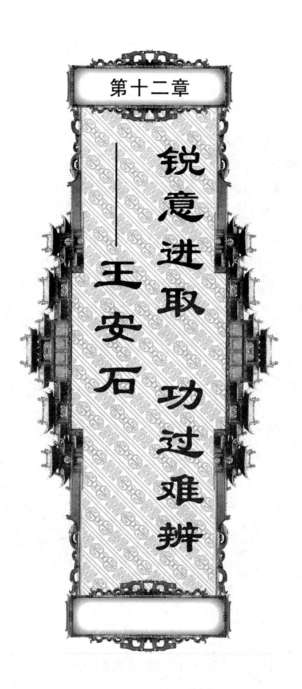

第十二章

——

锐意进取　功过难辨

王安石

☆姓名：王安石

☆出生日期：公元 1021 年

☆逝世日期：公元 1086 年

☆生平简历：

1042 年，王安石参加科举考试，中了进士第四名。

1058 年，给宋仁宗写万言书。

1069 年，当上参知政事，并进行变法改革。

1070 年，晋升为宰相。

1086 年，新法被司马光废除，王安石去世。

人物简评

　　在中国几千年的历史当中，王安石绝对可以算是一个谜一样的人物，一般人根本就理解不了他。在以前不管是当权者还是那些文人墨客，都把王安石看成是一个大异于常人的疯子，认为正是他的改革才让北宋覆灭的。但是近代遭受外国侵略的时候，王安石又被那些希望国家进行改革的人们大肆吹捧，认为王安石是一个非常伟大的人。对于他的是非功过，一直以来都是人们争论的话题，从来也没有停止过。

生平故事

为百姓办实事

　　王安石，字介甫，号半山，是江西临川人。在景祐四年（1037）的时候，王安石跟着父亲来到了江宁。过了两年他的父亲就离开人世，这时候王安石已经19岁，就和母亲在那里居住着，于是江宁可以算是王安石第二个故乡。

　　王安石小的时候就非常喜欢学习，而且有一种过目不忘的本领，写文章的时候落笔像飞一样快，看过他文章的人无不称赞他的才华。他读过非常多的儒家经典著作，而且对诸子百家的书都广泛阅读，连医学方面的书也不错过，还读过不少的小说，可以算得上是知识非常渊博了。更加难得的一点是，他学习的时候并不是只学那些书上的知识，还经常会向那些有经验的女工、农夫求教。他读书的时候也不是只读不思考，而是和实际情况结合起来，并且非常喜欢思考问题。于是渐渐的，王安石便有了自己非常独特的思维方法。

到了庆历二年（1042）的春天，王安石参加考试，中了进士，开始了他当官的生涯，这时候他 22 岁。一开始的时候他当的官并不大，是签书淮南节度判官职，在扬州的地方长官韩琦手下做幕僚。

在这个职位上干了三年之后，本来依据宋朝的制度，王安石可以开始向更高的官职发展了，但是他却没有那样做，而是选择留在地方上当官。庆历七年（1047）到鄞县当了一任知县。

这时候的王安石还非常年轻，心里面想的全都是怎样给老百姓们做点实际的好事。他发现鄞县这个地方的水资源比较丰富，不过却因为水利设施年久失修，没有将水资源很好地利用起来，让那些宝贵的淡水直接流失了，假如遇到干旱的年头，就会有严重的旱灾发生。因此，在他当上知县的第一年，就想要把冬季空闲的那段时间利用起来，号召老百姓们兴修水利设施，将堵住的沟渠挖掘开。由于这件事情对老百姓们有很大的好处，所以人们干得也非常卖力。在这之后的两三年当中，当地的水利设施修建了不少，取得了很好的效果。

除了水利建设方面的事情之外，王安石还发现了一个现象，就是每年到了青黄不接的时期，老百姓们就没有东西吃了，经常会向那些高利贷者借粮食，遭受着严重的剥削。于是他做出一个决定，用比较低的利息，将粮食发给那些穷苦的人，并且让他们在秋季收获之后再把粮食还上，这样那些百姓就不用再受到残酷的剥削了。另外，王安石还兴建了学校，将户籍重新整理，不停地进行着各种改革，积累了比较多的经验。

这时候的王安石不仅在做官的时候表现比较突出，而且在学问方面也有不小的成就，他的文章在当时非常有名。于是欧阳修就希望他可以到朝廷来任职，不过王安石却依然想要在地方上当官。嘉祐三年（1058）春天，王安石被调任为江南东路提典弄狱，到了那里以后，王安石觉得正在使用的榷茶法有非常大的不足之处，那些由官方卖出的茶叶，不仅质量比较差而且还非常昂贵。所以他就向皇帝上折子，希望可以将榷茶法废除，改成让商人卖茶叶，通过官府征收税银的方法来管理，这样一来就能让百姓们自己区分好茶叶和不好的茶叶了。这个方法经过推行以后，收到了很好的效果。

到了这一年的十月，宋仁宗把王安石调到京城，让他当三司度支判官。这么一来王安石没有办法再继续留在地方上了，只能到京城去当官。

大胆改革

在地方上当了十六七年的官以后，王安石已经对北宋时期社会上存在的那些问题相当了解了。于是大概是在嘉祐四年（1059）夏天的时候，他写了一份《上仁宗皇帝言事书》，内容非常庞杂，达到上万字，向宋仁宗表明了他想要改变现在的风俗的愿望。

王安石在《言事书》当中对于北宋长期存在的内忧外患、国家贫穷的原因进行了非常独到的解析，认为造成这种情况最主要的原因就是没有一个很好的法度。他想要在继承以前制度的前提之下，对现在的法律进行改革，从而让国家富强起来。而且王安石认为应该对人才特别重视，现在国家的官员之所以腐败，就是因为那些当官的人没有才干，蛀虫太多。因此对于人才的培养和提拔，对于国家来说非常重要。除了这些问题之外，他还谈到了国家理财方面的事情，尽管内容不是特别多，不过立场却特别鲜明。

但是，尽管王安石辛辛苦苦写了那么多字，宋仁宗在看过之后却并不是很重视。王安石的想法虽然不错，却没有施展下去的机会，不过，这些东西在以后他进行变法的时候还是成为了他的理论基础。后来宋仁宗去世，宋英宗继位，当了四年的皇帝就去世了，没有什么大的作为。

治平四年（1067）的时候赵顼当上了皇帝，也就是宋神宗。他登基以后，马上把王安石调到身边，在熙宁元年（1068）四月，让王安石当了翰林学士兼侍讲，在开封任职。

宋神宗可以算是一个有理想有抱负的皇帝，他是一个非常能干的年轻人，在登基之后就想着对当时的弊政进行大规模的改革。宋神宗希望自己可以像唐太宗那样做一个好皇帝，让宋朝在他的治理之下出现一个繁荣昌盛的局面。而且还希望可以有一个像魏征那样的大臣来尽心尽力地辅佐他，共同完成他心目中的伟大功业。所以他在一当上皇帝的时候，

就开始不停地向大臣们征求意见，希望可以有人能向他提供一些可行的改革方法。

王安石一来到开封之后，神宗马上就把他叫到跟前询问，一见面便迫不及待地问："如果想要把国家治理好，应该把什么放在首要的位置上呢？"王安石从容不迫地回答道："应该先决定用怎样的方法去治理这个国家。"宋神宗接着追问道："你觉得唐太宗治理国家业绩如何？"王安石马上道："皇上您应该效法尧、舜，不应该只是羡慕唐太宗的功绩。尧、舜治理天下的办法非常精炼，抓住了事物的本质，非常容易实行。只是现在的人们学问达不到他们那种高度，理解不了他们的做法而已，就觉得那好像遥不可及一样。"在这次谈话的最后，宋神宗非常真诚地对王安石说："你一定要尽心尽力地帮助我治理天下，就让我们精诚合作，一起来将这个伟大的事业完成吧。"

王安石觉得这应该到了他大展身手的时候了，于是向宋神宗表现出非常强烈的改革愿望，并表示他有足够的决心一直坚持下去。而当时北宋的国力越来越弱，现实也需要有一些改变了，因此希望进行改革的人也越来越多。

在熙宁二年（1069）的二月，宋神宗将王安石任命为右谏议大夫、参知政事。在宋神宗的大力扶持之下，王安石准备大干一场，他设立了"三司条例司"，这个机构是专门用来进行改革事宜的，负责人就是王安石。他又让一个叫吕惠卿的人当自己最主要的帮手，对平日里的大小事务进行安排处理。王安石的变法改革经过精心的准备，终于可以实际运行了。

到了熙宁三年（1070）年底的时候，王安石被宋神宗从副宰相提拔成宰相，变法运动达到了一种新的高度。

强劲的对手

在王安石刚进行变法之时，最主要反对他的人就是他以前的朋友司马光。当时王安石受到宋神宗的信赖，一般人都无法和他相抗衡，只有司马光无论从各方面来说，都足以当他的对手。司马光和王安石这两个人的文化水平都非常高，在以前也曾经互相仰慕，做过很好的朋友，不过后来因为在变法上的分歧，进行了非常激烈的斗争，最后变成了水火不容的冤家对头。

王安石是一个非常了不起的人物，无论是从文学还是仕途都取得了很大的成就。而司马光同样也是厉害的人物，不管是从他的道德修养还是学问方面来说，他都完全不比王安石差。而且从年龄和资历上来说，司马光大王安石两岁，中进士的时间则更早，整整比王安石提前了四年之久，中进士的时候司马光的年纪还不大，才19岁多一点。然而司马光最被人们称赞的一点在于，他早就因为受恩荫当上了官，却依然凭着自己的真才实学去参加考试，而且取得了非常好的成绩。假如从出名的时间早与晚来比较司马光与王安石的话，王安石也不是他的对手，因为司马光小时候就已经是非常著名的人物了，现在的人们还知道司马光砸缸的故事，在当时这件事也被人们记录下来，被奉为经典。

从个人的德行来说，司马光一点也不比王安石差，在司马光还是个青年的时候，曾经当过一段时间的通判，这是一个不小的官。这时候因为他的夫人没有给他生孩子，于是太守的夫人就亲自给他挑选了一个看起来生育能力非常好的侍妾，希望他能接纳。司马光却连正眼也不看这个侍妾，这时候司马光的夫人觉得可能是因为自己在这里，让他不好意思。因此她就对那个侍妾说："我离开家里一段时间，你就趁着我不在的时候，把自己打扮得漂漂亮亮的，晚上的时候直接到老爷的房间里面去伺候他。"到了晚间，侍妾按照司马光的夫人所说，打扮得非常妩媚动人，到了司马光的屋里。但是司马光一看见她，就说："夫人现在不在家，你竟然跑到这里来了，赶紧回去！"于是这个女子只好离开了。

司马光曾经用了25年的漫长时间写出了一部《资治通鉴》，当这部著作写完的时候，他使用的那些手稿竟然把两间屋子装得满满的。这部书的价值非常高，是中国这么多年以来，唯一一部可以和《史记》相提并论的非常了不起的历史书籍。

王安石对皇帝一片忠心，司马光对老百姓非常关心；王安石有积极进取的精神，司马光什么话都敢直接说出来；王安石曾经给皇帝写过上万字的奏折，司马光也写过"三扎子"。从各个方面的对比，能够得出这样的结论，司马光也是一个心怀天下的人，他也和王安石有着同样的理想与抱负，希望这个国家可以变得更好，而且一直思考着怎样才能达到这样的目标。他们两人还有一个非常相似的地方，就是都不像一般的文人那样喜欢纸上谈兵，光动嘴皮子不办事，而是非常的务实，除了理论之外更注重实践，对于实际操作的效果非常看重。在面对各种问题的时候，都可以想出具体处理的方法来。然而他们最主要的区别就是，管理国家的办法不同，思想完全背道而驰。

说起来他们的关系很不一般，本来应该是最好的朋友，然而世事难料，到最后竟然变成了势不两立的死敌。一开始的时候这两个大文豪还一起做过事，都是当时非常著名的包青天包拯的手下，不过从那个时候起，他们就已经表现出了完全不一样的处事风格。有一回包拯邀请他们两个一起喝酒赏牡丹花。司马光平时就不愿意喝酒，不过由于是包拯亲自劝他们喝酒，于是就硬着头皮喝了几杯；而王安石像他一样也不是一个喜欢喝酒的人，不管包拯怎么劝他，它就是不肯喝，于是从开始到宴会的结束，他连一口酒也没有喝，连包拯也对他一点办法都没有。从这件事就可以看出，司马光这个人还是有点听人劝的，而王安石则彻头彻尾像一块石头一样。司马光和王安石还坐在一起赏花，他们谁都没有想到，在数年之后，他们会变成政治上的死敌。

一开始的时候，司马光就对王安石提出的新法表示了不同的看法，曾经给王安石写过三次信，苦口婆心地劝说他，希望他可以不再一意孤行。司马光在信件中非常清楚地告诉他，你的确是非常有才华的一个人，不过你可以想一下，从你掌管大权以后，朝廷上下有多少人对你的行为感到愤恨。造成这种情况的原因，就是你这个人过于自信，而且想法有点异想天开。古代那些将国家管理得非常好的圣贤之人，所做的事情其实非常简单，只不过是让官员们都能发挥出自己的作用，减轻老百姓们的税收，让官员和老百姓们能互不侵犯，平静地过日子。但是现在你的新法实行以来，是利用国家的法令去夺取老百姓们的利益，而且还有不

少狡猾的人想方设法利用新法不完善的地方，给老百姓们带来非常大的危害，让百姓们生活在水深火热之中。同一时间他还说出了王安石的好几项错误，比如将其他大臣的权力强行夺到自己手中，不接受别人的良言劝告，变法改革让国家不得安宁等等，让老百姓们心生怨念。

王安石对司马光的批评不以为然，他认为自己接受皇上的任命进行变法革新，怎么可以算是夺走了别人的权力呢？利用可以让国家富强的方法来治理国家，而且沿袭了以前的政策，怎么能算是危害国家？不听那些愚蠢的人的见解，坚决执行好的政策，怎么能算是刚愎自用不听劝说呢？至于老百姓们心生怨念，这早就在他的意料之中，变法怎么可能不出现这样的现象呢，时间一长就会好的。

王安石和司马光之间的争论一直存在着，在公元1068年的时候，王安石与司马光当着宋神宗的面，进行了一场非常激烈的辩论，那个时候他们两个人都是宋朝的翰林学士。王安石非常肯定地说："现在国家的财政之所以这样不行，从根本上来说，是因为在朝廷那些管理财务的人没有才能。"司马光立即针锋相对地驳斥道："你说的那些管理财务的能力，只不过是让老百姓们的赋税更加严重，给百姓带来一场灾难罢了！"王安石一点也不相让，说："你完全把我的观点歪曲了，我的意思是在不加重赋税的前提下，让国库里面的钱多起来，而不是像现在这样穷的叮当响。"司马光马上非常生气地说："天下间怎么会有这种事情存在？整个国家的钱本来是有一定的数量的，如果这些钱不在老百姓的手中就一定在国家的钱库里。现在你将老百姓们手里的钱全都收起来，国库里面是有钱了，但是老百姓们一定会更加贫苦。这样看来，你所谓的变法革新，只不过是从老百姓那里搜刮钱财而已，这种巧立名目夺取百姓钱财的行为，和强盗有什么分别，比增加税收还要让人难以接受！"

不过由于这个时候国家确实太穷了，宋神宗想要尽快让自己的钱袋鼓起来，由于觉得王安石能帮助他从这种困境中摆脱出来，于是就把王安石当成了救命的稻草。在熙宁二年（1069）二月的时候，宋神宗将王安石提拔成参知政事，这样一来他的地位就已经相当高了，等于是副宰相。从此以后，王安石便在宋神宗的支持下踏上了变法的路程。

第十二章

锐意进取 功过难辨——王安石

与众不同的吃饭风格

在平时的生活上面，王安石一点也不讲究，特别艰苦朴素，他最反对那种铺张浪费的行事作风，一直都严格要求自己。在吃饭方面，王安石有着自己鲜明的特色。

有一天，宋仁宗不知道遇到了什么事情，特别高兴，决定举办一场大型的宴会，将所有的级别比较高的官员全都召至御苑。那个时候王安石的官职是"知制诰"，是一个非常重要的官员，当然也被邀请过去了。

这次宴会主要有两个内容，一个是赏花，一个是钓鱼。那些参加宴会的人员，可以根据自己的兴趣爱好不同，随意选择做什么事情，这样就可以让大臣们都玩得尽兴。王安石平时并不怎么喜欢赏花，于是他就去钓鱼了，但是当看到那些内侍们准备的鱼饵之后，可能是因为看到这些鱼饵色香味俱全，竟然拿起一粒放到嘴里细细品尝了起来。而且尝过之后觉得非常好吃，就不停地吃了起来，直到把一整盘鱼饵全都吃了下去。

没过多久，这件事就被宋仁宗知到了，他感到非常不能理解，说："王安石简直就是一个怪人，错吃了鱼食也还不算什么，竟然把一整盘子鱼食都吃下去了。这是要多么奇怪的人，才能做出这样的事来啊！"

不只是这一件事，王安石做事的与众不同之处非常多，别人请他的时候他的行为那么奇特，他请别人的时候同样也是非常奇怪。在王安石当上宰相以后，有一次，儿媳妇的一个亲戚来京城看望他，出于礼节上的考虑，王安石给这位客人准备了一场接风的饭局。到了第二天的时候，客人穿着漂亮的衣服，应邀前来赴宴，心中琢磨着这次饭局的档次一定不低，宰相请客还能差的了吗？没想到等了很久，却只上了几杯酒、两盘炒菜以及一小盆菜汤。这位客人家境相当不错，平时山珍海味也吃惯了，对于这样的饭简直吃不下去，但是当着王安石的面，又不敢不吃。于是把桌上的胡饼拿起来，将中间那些部分勉勉强强地吃了下去，吃出一个洞来，然后把剩下的部分扔了。这时候王安石竟然做了件让人更觉

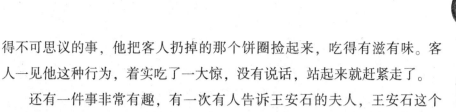

得不可思议的事，他把客人扔掉的那个饼圈捡起来，吃得有滋有味。客人一见他这种行为，着实吃了一大惊，没有说话，站起来就赶紧走了。

还有一件事非常有趣，有一次有人告诉王安石的夫人，王安石这个人最爱吃獐脯，因为有一回他看见王安石在吃饭的时候把一整盘獐脯吃了个精光，对于别的菜，差不多连理都没理。王夫人听完以后笑了笑，一点也不感到惊讶，只是对那个人说下一回和王安石一起吃饭的时候，将獐脯放在离他远一点的地方，在他跟前摆上另一种菜，看看会有什么样的结果。于是这个人就按照王安石夫人的话去做，发现了一个让他非常吃惊的情况，王安石把摆在他面前的那道菜吃了个干干净净，却一点也没有吃那些獐脯。于是人们便发现了，王安石在吃饭的时候只吃紧挨着他的那道菜。

尽管王安石有那么多奇怪的行为，但是因为他在文坛上面的声名非常大，而且在官场上的名望也非常的高，所以他的这种怪异癖不但没有让人们讨厌他，反而更添了一点可爱，给他这个人带来一种与众不同的独特魅力。那时候的人们都觉得王安石是一个性格古怪，但是能力非常大的传奇人物。

品格高洁

北宋王朝一直以来都非常重视文官，对武将就不是那么太看重了，因此文官在朝廷中的地位往往比较高。那个时候在北宋的都城开封，有很多大官都过着非常奢华的日子，只知道尽情享受，不少人都娶了小老婆，有的一娶就是好多个。就连被后世认为是清官的寇准，打赏那些歌女们的时候，出手也非常阔绰，他不仅有小妾，而且在生活上也十分奢华。

被人们当做是清官的人都这样，别的官员生活的腐败程度就可见一斑了。但是在当时那样的奢靡风气之下，王安石当了八九年的宰相，却从来也没有娶过小老婆，即使是别人要给他娶，他也坚决不接受。他和原配夫人一直相守在一起，真是非常难得的事情。

在那样一个社会大染缸当中，王安石居然可以保持他自己的品格，实在是非常了不起。尽管在变法的时候他树立了很多敌人，但是连那些专门找他毛病的人，也找不到他在生活上的不检点行为。由此可以看出，王安石在生活方面的洁身自好，真是让人无话可说。

王安石官当得虽然非常大，不过却是一个视功名如粪土的高洁之人，他对位高权重的地位一点也不贪图和留恋。在刚中了进士的时候，一般情况下人们都会到处找关系托门路，希望可以在京城当个官，这样在天子脚下，晋升的机会比在其他地方多得多。而王安石却和别人的想法完全不同，他希望自己去那些偏远贫瘠的地方当官，可以为老百姓们做点实事，同时也能磨练自己的能力，曾经好几次放弃了在京城当官的机会。

后来王安石当上了宰相，却在他的事业如日中天的时候，毅然决然地将官职辞掉，带着家人去隐居了。他不贪官位，也不爱财。在辞去宰相之职，从宰相府里面搬出去的时候，一切官府的东西全都不带走。他的夫人对那里的一张床非常喜欢，想要按照那张床的原价把它买下来带走，但是王安石却坚决不同意。因为他觉得，如果买下了这张床，以后人们问起来，就怎么都解释不清楚了。

王安石当了这么多年的大官，而且当了八九年的宰相，深受皇帝的信任，大权在握，差不多可以一手遮天了。但是他却从来都没有利用自己的权力给自己的亲戚谋求过什么好处，也没有捞过一点钱财。他当宰相时的那些俸禄，差不多都被他当做公费花出去了。他的那些敌人们，虽然都是一些势不两立的死敌，但是却很少有人是因为私人恩怨和他结仇的，大部分都是因为变法之事。就连那些非常讨厌王安石的人们，也都认为他是一个非常严于律己、品格高洁的正直之人。

王安石这一辈子既不贪财也不好色，而且对于官职也是毫不在意，正因为这样，当时的老百姓们叫他"三不爱官员"。不论他的变法是对还是错，单单只是这方面来说，已经可以让他万古留名了。

用人不淑

在宋仁宗嘉祐初年，当时年龄才只有24岁的吕惠卿考中进士，做了真州推官。过了没多久，他就到京城当官了，在那里他认识了王安石，然后便经常和王安石在一起谈古论今。王安石惊喜地发现他们两个有很多相似的看法，因此有一种相见恨晚的感觉，很快就和他成了最好的朋友。

到了宋神宗熙宁二年（1069）的时候，王安石被皇上安排为参政知事，开始了变法革新之路。这个时候吕惠卿还在集贤院那里进行书籍编校工作，王安石就在宋神宗面前极力说他的好话，希望宋神宗可以提拔他。

后来王安石掌管了大权，在整个变法时期都让吕惠卿担任非常重要的角色，把吕惠卿当做他最好的朋友和最好的帮手，而且在此期间，他还不停地向宋神宗举荐吕惠卿。宋神宗非常信任王安石，因此对他推荐的人也是非常重视，让吕惠卿担任要职，朝廷当中发生的事情，不管大小都要和吕惠卿一起研究以后才会发布执行。在王安石变法的这段时间，所有的实际法令，都是王安石把方向规定出来之后，通过吕惠卿将具体的实施步骤写出来，然后交到皇帝的手中向全国颁布执行。

刚开始变法的时候，王安石遇到了非常大的阻力，虽然他得到了皇帝的大力支持，但是能不能获得成功还不一定。所以在这种前途未卜的迷茫形势之中，王安石觉得变法到底能不能成功，和吕惠卿及自己的性命都有着非常重大的关系。他觉得两人这是在共同经历患难时期，便将吕惠卿当成了最好的知己，最得力的帮手。但实际上这只是王安石自己的想法，吕惠卿可并不这么认为，他之所以想尽各种办法对王安石进行讨好，在变法这件事情上出这么多的力气，主要是为了借助变法，给自己带来切实的利益。

王安石用人不淑，自己还一点感觉不出来，但是其他人早就看出这个吕惠卿不是什么好人了。司马光曾经告诉宋神宗说："王安石举荐的那个吕惠卿根本不是一个人才，如果以后王安石被全天下的人唾骂，肯定全是因为这个吕惠卿害了他！"他认为实事求是地来说，王安石可以算的上是一个非常不错的宰相，不过王安石却做错了一件事，那就是重用吕惠卿。这个吕惠卿没有什么大的才能，却对歪门邪道的事情非常擅长，

是一个名副其实的小人，通过他来替王安石策划各种事情，然后再让王安石去挑头做事。经常这样的话，整个天下都会认为王安石和他一样都是阴险小人了。因为吕惠卿不停地排挤，司马光在朝廷已经待不下去了，在离开京城以前，他一连给王安石写了好几封信，想要让他认清吕惠卿的丑恶嘴脸。并且在信中明确指出：像吕惠卿这样的奸诈之人，现在你当权，因此他才依附你，把变法当成是他晋升的阶梯。别看他现在什么都听你的，只要有一天你大权旁落，他肯定会第一个出卖你，把这个当成他继续加官进爵的筹码。

但是王安石一直以来就以倔强闻名于世，对于司马光的这些话他更是一点儿也不赞同，他早就把吕惠卿当做了自己最忠实的部下。一直到了吕惠卿在暗地里做手脚，王安石被逼无奈将宰相之位辞去的时候，他还没有认清吕惠卿的真实面目，觉得吕惠卿对自己一片赤诚，除了他之外，唯一一个能坚持进行变法的人就是吕惠卿了，于是向皇上极力建议让吕惠卿当副宰相。

吕惠卿一当上大官，立即就把亲信的人提拔起来，连他那个没有多少文化的弟弟都当上了大官，而且他还制定了很多非常苛刻的法律条文，让老百姓们的生活更加困苦。在王安石失去了权力以后，吕惠卿马上就倒戈相向，并且为了自己能当上宰相，取代王安石的位置，他还落井下石，用非常卑劣的手段陷害王安石。

以前王安石当权的时候，因为对吕惠卿十分信任，基本上什么话都对他说。有一回他们在商量政事的时候，由于并没有最终确定要怎么做，王安石就给吕惠卿写信，告诉他："我们商量的这件事暂时先不要告诉皇上。"吕惠卿觉得这封信可以作为王安石的把柄，于是就把它留下来了。这个时候，预谋已久的东西终于派上了用场，吕惠卿赶紧把这封信交给了皇上，并且希望皇上治王安石的欺君之罪。在那个时候，欺君之罪非常严重，就算从轻发落也是罢官免职。吕惠卿这一招非常阴险狠毒，想要让皇上帮自己把王安石这个心腹之患除去。

不过好在宋神宗对王安石还是有一点感情的，并没有对他的这个罪责加以追究，但是王安石却已经被种种陷害搞得全身是伤。

冯京和郑侠这两个人因为看不惯吕惠卿的行为，曾多次给皇帝上折子，指斥他的恶劣行径。王安石的弟弟王安国也对吕惠卿难以忍受，于是面对面大骂了他一顿。吕惠卿已经不是以前那个权力不大的人了，于是他一气之下把这三个和他作对的人全都从京城赶了出去。这时王安石才有点明白吕惠卿是一个怎样的人了，不过他还是不相信昔日的同盟会变成这样的人，于是进行了一番劝说。吕惠卿可不再听王安石的话了，还指责王安石是一个危害国家的小人，以后更是想尽一切办法对王安石进行陷害。

宰相韩降认为不是吕惠卿的对手，于是就请求宋神宗再次让王安石当宰相。王安石现在已经完全认清了吕惠卿的嘴脸，于是在别人对他进行弹劾的时候，趁机把他贬到京城外面去了。吕惠卿掌权的时候已经将他奸诈的本性暴露了出来，于是宋神宗和后来的宋哲宗就一直贬他，这种做法让那些大臣们非常欣慰。

到了宋哲宗元祐元年（1086）的时候，保守派掌握了朝廷大权，司马光一上来就将王安石的那些新法全都废除了。这一年，王安石得了一场大病，没过多久就去世了。

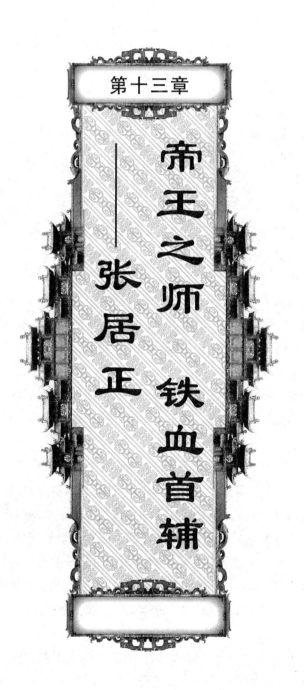

第十三章

帝王之师 铁血首辅
——张居正

☆姓名：张居正

☆民族：汉族

☆出生日期：公元 1525 年

☆逝世日期：公元 1582 年

☆生平简历：

世宗嘉靖四年（1525），张居正出生。

嘉靖十五年（1536），年仅 12 岁的张居正报考生员，顺利考取了秀才，当时的人纷纷称奇。

嘉靖十六年（1537），十三岁考举人，时又颇受乡试主考官湖广巡抚顾璘赏识，二人成了忘年交。

嘉靖二十六年（1547），中进士，由庶吉士至翰林院编修。

嘉靖三十九年（1560），张居正的才干和胆识得到了裕王的赏识，被邀请到裕王府作老师。

隆庆元年（1567），张居正入内阁辅政，受到器重。

神宗万历元年（1573），居正与宦官冯保合谋逐高拱，代为首辅；实行考成法。

万历五年（1577），张居正父亲去世。按官制应守孝三年，张居正在明神宗的支持下提出丁忧，皇帝夺情，一时间遭到多方面的剧烈攻击。

万历六年（1578），下令清丈土地，清查大地主隐瞒的庄田。

万历七年（1579），明神宗因夜与宦官张鲸游玩时行为不检，遭到李太后训斥，张居正为万历皇帝写了罪己诏，由此埋下日后的祸根。

万历八年（1580），下令吏部遍查两京衙门，"有冗滥者裁之"。

万历九年（1581），推行"一条鞭法"，改变赋税制度，使明朝政府的财政状况有所改善。

万历十年（1582）卒，赠上柱国，谥文忠，在过世前十天，万历加封为"太师"，是明代唯一一位在生前受封此职之人。

人物简评 ✿

纵观历史，张居正推行的新政无疑是继商鞅、秦始皇和隋唐革新之后一直到近代前叶影响最为深远的改革。张居正改革产生的影响，不但表现在他"起衰振隳"、力挽狂澜，奇迹般地在北疆地化干戈为玉帛，并且扭转了"神运鬼输，亦难为谋"的严重财政危机。虽然张居正的改革取得了一定成效，但是并没有改变明朝财税制度深层的弊端，让国家陷入更严重的危机之中。

生平故事 ✿

他是明朝著名的政治家，也是中国历史上杰出的改革家。他的心计深不可测，政治手腕更是高深无比。他虽然出身在一个普通家庭中，但是经过自己的不懈努力，最终成为了万历首辅、神宗皇帝老师，及明朝中兴的奠基者。他就是大明王朝的铁血首辅——张居正。张居正出任首辅，果断地对明朝的政治制度进行大刀阔斧地改革，并取得了良好的成效，在政治、经济及军事方面都取得了不小的建树。但是，为了推行改革措施，张居正也曾经使用过卑劣的手段，另外，他的个人生活也算不上检点。生前，他位高权重，一言九鼎；死后，却被剥夺谥号，查抄家产，祸及子孙，一代名相竟然落得个家破人亡的下场。是耶？非耶？只能留给后人评说了。

少年才俊　远近闻名

张居正祖上的出身并不高，到了张居正祖辈、父辈的时候，家境就变得越来越清贫了。张居正的生父张文明，从小就被送到书院读书，连续7次参加乡试都以失败告终。无可奈何之下，只好将金榜题名、成侯拜相、光宗耀祖的远大理想延续到下一代的身上。

嘉靖四年（1525）五月初三，张居正在荆州江陵出生，出生当晚，曾祖父做了一个神奇的梦。梦中月亮掉进了水瓮中，照得四周一片透亮，之后一只白龟从水中浮了上来。曾祖父认为这个小白龟就是小曾孙，于是便给他取了一个乳名"白圭"，希望他可以光耀门楣。刚刚出生的张居正，就被家人视为掌上宝，爱护有加。不管在生活还是学习方面，张居正都得到了特殊的关照。

小时候的白圭就表现出了过人的天赋。有一天，他的叔父正在阅读《孟子》，年仅两岁的白圭在一旁看着，叔父就和他开玩笑说："孩子，都说你聪明伶俐，不过你要认识'王日'两个字才算是真本领。"又过了几天，叔父读书时，乳母与白圭又来了。叔父把白圭抱在膝上，教他认识"王日"两个字，小白圭居然认识，家人都为他感到骄傲。他2岁识字，5岁读书，10岁就已经通晓四书五经，小小年纪的白圭便成了了荆州府远近闻名的神童。

嘉靖十五年（1536），年仅12岁的白圭报考生员，顺利考取了秀才，当时的人纷纷称奇。这个看起来比其他考生矮一大截的小毛孩以其机敏伶俐的特质深得荆州知府李士翱的怜爱，他叮嘱白圭有志向，长大之后要报效朝廷，并替他改名为"居正"。

嘉靖十六年（1537）中秋，恰逢三年一度的科考。正是黄花满地、鹅黄绿肥的日子，秋高气爽，武昌城内，来自府县的学子云集至此，车水马龙。这一次秋闱如此隆重，与湖广巡抚顾璘的高度重视不无关系。这一位当朝有名的才了，二年之前赴任湖广，正好是他在任的第一次秋闱，心情当然无比激动。他真的希望全省学子俱怀绝技，共同努力考出优异的成绩，也算是不枉费他勤勉为政的心血。倘若可以出一两个经天纬地之才，国家幸甚，桑梓生辉，他的脸上也有光啊！

这一天早上，考官们开始阅卷。顾璘闭门谢客，独自一个人坐在花厅，等待最终的结果。忽然他脑子里想起一件事情，这是一年前，本省学政曾经告诉他的，他在荆州城发现了一个少年才子，名叫张居正，12岁应考便以头名考中了秀才。顾璘细细揣摩着，不知道这个少年才子张居正是不是会来应试呢？这时，监试御史兴奋地跨着大步走进厅堂，急忙向顾璘汇报："这一次秋闱可以说是硕果累累，人才简直是了不得啊！"

顺手将一摞试卷递了过来。

顾璘急忙问："御史大人，将要录取的第一名是谁啊？"

"巡抚大人一定想不到，竟然是一个 13 岁的少年，名叫……"

"张居正！对不对？"顾璘急忙说到。

监试御史十分惊讶，只见顾巡抚放声大笑："我已经有了先见之明！"他随即抽出张居正的试卷仔细端详，横挑细查，见其当真是气度恢宏，辨析严谨，一股凛然之风跃然纸上。顾璘忍不住拍案叫绝，立刻派人将张居正找来。只见张居正唇红齿白，眉清目秀，方巾儒服，气度不俗。顾璘上下打量着他，顿然升起怜爱之心。

"张居正，你年未弱冠，我问你，你长大之后的志向是什么呢？"顾璘问道。张居正忽闪机敏清亮的目光，略加思索，用一种稚嫩的声音说道："学生常听父母言及，昔行曾祖平生急难振乏，常愿以其身为褥荐，而使人寝处其上，使其有知，绝不忍困其乡中父老。学生当以曾祖为效尤，宏愿济世，不仅以身为褥荐，即有欲割取吾耳鼻，当亦乐意施与！"

顾璘暗自叹服他的才能，没有想到一个 13 岁的少年竟然可以有如此思想，真是可造之材啊。他又手指厅外院墙边一丝翠竹说："你可不可以以竹为题，立刻做一首五言绝句？"

张居正凝神视竹，略加思忖，还没有等到顾璘一口茶呷完，他已经念出来：绿遍潇湘地，疏林玉露含。凤毛丛劲节，只上尽头竿。

顾璘一时竟呆愣在那，半天才回过神来。他深信张居正今后定是一个将相之才，一定可以成就一番事业，所以不住地连连点头。但是，神童如果不加以适当理性地对待和扎实地训练，恐怕和平凡的孩子一样，中国历史上这样的案例数不胜数，《伤仲永》便是最好的例子。他认为，若是这一次让他中举，他是不是会骄傲自大而耽误前程呢？反倒不如先不录取他，再刺激一下他，激励他更加努力，更加勤奋，更加老练，今后一定是前途无量。于是，考试成绩名列前茅的张居正，却在他 13 岁的这次秋闱中未能达成愿望。

三年之后，16 岁的张居正再一次参加乡试。这一次，他终于顺利通过，成为了最年轻的举人。很多人都欣赏他、夸赞他、羡慕他。然而，张居正并没有自满，而是前往拜访顾璘。顾璘十分高兴，解下自己身上的犀带，送给张居正，感慨地说："古人云，大器晚成，此为中才说法罢

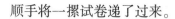

了。而你并非中才，乃大才。是我延误了你三年功名，直到今天才中举。你千万不能自满，再不求进取了。"张居正谦恭地作揖道："感激您的教导。大人实乃学生的再生父母，指点之恩没齿不忘！"

顾璘见张居正如此理解自己，不由得感到欣慰，谆谆嘱咐道："我希望你的抱负远大，志向高洁，将来要成为像伊尹、颜渊一样的人，千万不要只做一个少年优秀的才子，一个只懂得舞文弄墨，歌风吟月迂腐儒生！一定要记住你的济世宏愿啊！"

张居正是十分幸运的，在他成长最关键的时期遇到了良师指点。后来，幸运的他走上明朝政治权力中心，并且对顾璘的良苦用心和远见始终心存感激。

步入政途　培育幼帝

16岁的时候，张居正成为了明王朝最年强的举人。嘉靖二十六年（1547），23岁的张居正中二甲进士，授庶吉士。庶吉士是见习官员的一种，依照惯例要翰林院学习三年，期满之后可赐编修。张居正入选庶吉士，教习中有内阁大臣徐阶。徐阶重视经邦济世的学问，在他的悉心引导之下，张居正努力钻研朝章国故，为今后走上政治舞台打下了坚实的基础。

明朝初期为了加强中央集权，废丞相，设内阁，其职能相当于皇帝的秘书部。首席内阁学士称首辅。张居正进入翰林院学习的时候，内阁中正在进行一场极为激烈的斗争，一场决定命运的权力博弈。但是这时的嘉靖皇帝深居内宫，修仙炼道，十多年不理会朝政，政务当然就落到了内阁的手中。谁成为首辅，谁就可以执掌朝政，拥有至高无上的权利。因此，内阁首辅的斗争异常激烈，严嵩、徐阶、李春芳等元老一个个轮番登场。最高统治阶层的腐败失控，导致吏治混乱、财政困难、民族矛盾激化，农民起义在全国各地纷纷掀起。而就在这时，张居正政治生涯的春天来到了。

嘉靖三十九年（1560），张居正的才干和胆识得到了裕王的赏识，被邀请到裕王府作老师，裕王便是后来的隆庆皇帝。隆庆元年（1567），张居正入内阁辅政，虽然他只排到阁臣的第六位，但是因为和隆庆皇帝有浓厚的师生情谊，因此受到器重。

张居正刚刚进入内阁的时候，处事沉稳，不偏不倚，其他辅臣对他更是大加赞赏。隆庆四年，高拱斗败徐阶，取代了李春芳，跃居首辅之位，张居正位居次位，成为了次辅。由于在边防问题上，高拱与张居正有着共同的思想、共同的语言，再加上他们都曾经为裕邸讲官，又是十年前国子监的同事，关系十分融洽。最开始两个人配合的还是较为默契的，但是没多久，矛盾就出现了。

隆庆六年春，常年沉迷酒色的隆庆皇帝在一次早朝的时候突然中风。高拱和张居正的"对抗"终于拉开帷幕了。隆庆病危期间，宫廷和内阁的各派力量围绕掌印太监与首辅的职位展开了激烈的争斗。作为阁臣的张居正和太监冯保为了各自的利益，走到了一起。

实际上，双方早已经暗中你来我往斗过几个回合。首先是张居正的亲信唆使户科给事中曹仲平上疏弹劾高拱。给事中是监察六部九卿的，和监察十三行省、两都的御使合称"言官"，专门给官员们挑毛病，这原本是一个很好的制度，但是到了明朝后期，一些言官基本上已经成为了皇上或者权臣的手下，指定让咬谁就咬谁，说咬几口就咬几口。曹给谏的上疏中列举高拱十大不忠——"不忠"是帝制时代给大臣扣上的最大的帽子。可快死的隆庆帝不想看到国家政局动荡，他还要让首辅高拱在关键时期稳定局势，并且下令要处罚这个胡说八道的监察官员，张居正与冯保当然要极力保护这个给自己打头阵的先锋，便做了手脚把曹仲平遣调到京外，异地做官。

当然，高拱也不甘示弱。他知道在这个危机的时刻皇上是离不开他的，所以一方面连续上疏，请求隐退；另一方面授意御史张集上疏猛烈攻击张居正和冯保，举太监赵高杀李斯招致秦国灭亡的典故，矛头所向，已是昭然若揭。

在明朝的朝廷争斗中，类似于扣帽子、抓辫子是常用的技能之一，你想不学都不成。张居正是何等聪明的人，一眼就看出了这个典故的破绽，说这个人竟然把圣上比喻成秦二世？这一击简直是无可抵抗，而冯保做内应，放出风来，说皇上因为被比喻成为秦二世，十分生气！

张居正的聪明之处就在于他并不想要处罚被高拱指使的枪手，而是吓唬弹劾自己的和冯保的言官，制造出了一种气氛，不让人步张集的后尘。

在隆庆去世之前，张居正让冯保做了两件事：一是让皇帝秘密嘱咐张居正起草遗诏，其中包含"司礼监与阁臣同受顾命"的内容；二是串通隆庆皇帝后妃，罢斥司礼监掌印太监孟冲，让当时担任秉笔太监、东厂提督的冯保兼任。因为孟冲和首辅高拱的关系十分亲密，因此这样的举动不但可以帮助冯保登上宦官的最高职，还可以帮助张居正铲除高拱。

果不其然，隆庆皇帝临危托孤，要内阁首辅高拱、次辅张居正等人尽心辅助幼主——刚刚 10 岁的万历皇帝朱翊钧。万历皇帝登基之后的第二天，就下旨让掌印太监孟冲回籍闲住，由冯保继任。圣旨刚刚颁布，朝堂之上一片哗然，高拱猜到自己的首辅之位不保。张居正又亮出了第二招，利用万历皇帝的生母李太后除掉高拱。李太后原本是宫女出身，封至贵妃。按明朝制度，万历登基，应当封隆庆皇帝的皇后为皇太后，生母为太后。但是张居正和冯保商议再三，将隆庆皇帝的皇后陈氏封为仁圣皇太后，将万历皇帝的生母李氏封称慈圣皇太后，二人并列，大大提高了李氏的地位。李氏十分高兴，竭力支持张居正与冯保。六月底的一次早朝，万历皇上下谕旨，革去高拱的首辅职位，由次辅张居正接掌。慈圣皇太后李氏随即把辅佐、教导万历皇帝的重任一并交给了张居正。

身为老师，张居正全面负责小皇帝的学习。他总结自尧、舜以来历代帝王得失的经验，撰写了《帝鉴图书》作为教材。这本书以讲故事的方式，深入浅出地讲述了帝王治国之道。每一个故事还配有图片，图文并茂，引起了小皇帝的极大兴趣。

做为帝师张居正对于小皇帝的要求很高，每天布置功课，如果小皇帝没有很好地完成或者没有领会其意，就会受到严厉的批评。

终于，功夫不负有心人。在张居正的调教下，少年万历皇帝出落大方，举止有度，初显一位勤政清廉的帝王形象。张居正本人并非一个野心勃勃的人，面对孤儿寡母的大明王朝，他一心想肃清社会流弊，让大明王朝再现昨日兴盛。于是，万历皇帝和张居正君臣合力，上演大明历史上的华美乐章——轰轰烈烈、急风暴雨的社会改革拉开序幕。

知人善任　行考成法

张居正改革成功的关键在于一点，那就是：善用能干之人"做事"。

在张居正的改革中启用了很多有名气的才子。

一般，身为领导者的责任主要有两点：一是"出主意"，二是"用干部"。从领导者的角度来看张居正毫无疑问，他将"出主意"与"用干部"这两项"领导者的责任"都做到了极致，算得上是一个知人善用的人。接下来，我们就看看张居正独到的用人之处。

第一，重用循吏，慎用清流。

张居正用人，只看才干，不询问其他，最核心的一点便是重用循吏、慎用清流。循吏，就是一心想着将自己的事情做好，只求结果，不存在道德上的约束，将自己的名声置之度外；清流就不同了，总是要将道德放在第一位，批评夸耀多，办成的事情却很少。在这一点上，在对海瑞运用上便是一个很好的例子。

海瑞抬着棺材给嘉靖皇帝上疏的事情想必已经家喻户晓了。嘉靖皇帝去世后，徐阶将海瑞从监狱中放出来，让海瑞到江南，当了应天府的巡抚，管辖南京周围最富的几个州县。海瑞在那里待了两年，结果当地的赋税减了三分之二。大户人家都走了，失去了税源。部下官吏也是怨声载道，都想着逃跑。海瑞是一个十分重视操守的人，八抬大轿不坐，骑着驴子上班。这使得他的部下官吏十分不满意，因为他是一把手，既然他要骑着驴子，那么其他人怎么敢坐轿呢？于是，大家怨声载道，都想方设法要调走。这充分说明他在行政管理这方面缺乏经验。再加上海瑞是一个十分理想主义的人，穷人和富人打官司，不论理在哪一边，一般情况之下都会是富人输；哥哥与弟弟打官司，通常都是弟弟输；有势力的人和没有势力的人打官司，大多都是有势力的人输。这样做事情，工作当然干不下去了，海瑞吹胡子瞪眼睛的怒骂"满天下都是妇人"，愤而辞职。当时的首辅高拱并不留他，于是海瑞就回到海南的琼山老家赋闲。

张居正做了首辅之后，便让大臣们推荐人才，其中就有很多人写信推荐海瑞。当时杨博关于这件事还专门找过张居正，希望他可以起用海瑞，但是张居正就是不肯任用他。究竟原因是什么呢？他认为海瑞是一个好人，自律、道德都十分优秀。但是好人不一定可以做好官。海瑞做官是有原则的，但是缺乏做事的手腕，因此有政德而无政绩，是一个十分典型的"清流"。在这一点上，张居正看得清清楚楚。张居正之所以不启用海瑞，当然还有另外一个原因：由于海瑞的清名很高，一旦起用，就要给他很高的官职，一定要比之前的职位要高，这才叫做重用；倘若比之前的职位低，那就说明张居正不尊重人才。然而，倘若给了他更高的官职，他还是继续坚持他的"清流"特色，岂不是又要贻误一方？最终张居正还是决定不起用海瑞。所以在张居正执政的十年中，从来没有起用海瑞。

就是因为张居正始终坚持这一用人原则，万历前十年的朝廷大臣，只要是张居正亲自选拔的人才，大部分都是名留青史的人。当然，这青史留名的人才中，并非清一色的好官，也有像殷正茂这样的酷吏。

第二，德才兼备，唯贤是用。

张居正也任用了一些私人，但是只讲感情不讲能力的事情，张居正是绝对不会做的，他任用的全都是有才能的人。只要是有才的人，是亲人不回避，是仇人不排斥，一律大力任用。

在张居正任首辅之初，就曾经公开表示过"不以己之好恶决定用人取舍，而是依据才能推荐部院人选"、"为国家爱养人才，不敢以私意用舍"的观念。

他曾经任命亲家王之诰任刑部尚书，而王之诰政声卓著，是一个十分有建树的官员，所以这一任用并没有引起争议。总而言之，如果张居正用了某个同年、同乡、朋友，那么此人一定是可用之人；相反，如果是庸才，即便是同年、同乡、朋友，他也绝对不会任用。在张居正当上首辅之后，他的同乡、朋友纷纷来攀援。其中有一个同学汪伯昆，安徽人，和另一个同学王士祯一同成为了诗坛的两大领袖。汪伯昆在湖北当上了巡抚，张居正任首辅后，他给张居正写信，希望可以到京城做官。张居正认为这个同学很有能力，而且资历老练，就同意了，将他调到了北京当兵部左侍郎。

第三，用人必考，授任以当。

张居正用人主要用在"做事"上，这集中体现了他的"考成法"上。"考成法"的主要内容是：只要是皇帝谕旨交办的事情，政府日常公务以及各衙门执掌的事情，必须有专门的人员负责，在有限的时间内完成。每做完一件事，都要将完成的情况记录在册，以备查验核实。从此之后，所有官员的升迁、罢黜或奖励，都要凭借这张"考功簿"的档录作为依据。考成法的实行，提高了各个部门的办事效率，而且责任明确，赏罚分明，从而让朝廷发布的政令即便是在千里之外，也可以迅速完成。

用其才，考其素，用人必考，授任以当，是张居正一贯的主张。张居正大量考察裁撤大批冗员，奖励贤能。万历九年（1581），朝廷一次就裁撤冗官169名。张居正执掌朝政期间，裁革的冗官大约占据了官吏的十分之三。当然，在撤换官员的同时，张居正也在广泛搜罗人才，将那些拥护改革、政绩卓著的官员，都提拔上来，委以重任。

惩治贪赃　一条鞭法

张居正以推行实施考成法为核心，让腐败到极点的吏治得以整顿，让腐败之风得到了有效地改善。

张居正依据立限考成的三本账，严格控制了朝廷与地方各级官员。每到考核地方官员的年头，张居正便会强调将那些秉公办事、一心为民的官员列为上考；那些只会阿谀奉承的官员列为下考；那些吃粮不管事的冗员进行革裁。万历八年（1580），张居正下令撤苏松地区擅自添加的管粮参政，并责成吏部检查各个省份革添人员的名单，核实之后上报。万历九年（1581）一次裁革冗员169名。

对于那些因为政绩原因而被革职的，不管是升职还是革职，他们都不敢再说什么，都是心悦诚服，因为有考成法在那里作为参考。但是对于朝廷上下滥用职权、以权谋私、行贿受贿等问题却很难判断是非，难以惩处。有些官员大量侵吞财产，欺压百姓，但是因为政绩突出，或许还会被升迁。

面对这种现象，张居正认为很有必要针对具体事宜，制订出行之有效的办法，将这股不良之气彻底压制。就在张居正打算制订新法规的时候，突然收到了来自吕调阳的奏本。张居正一看，原来山东布政司报告孔圣人后代"衍圣公"每借进京觐见之名，沿途对各路驿站进行骚扰，烧杀抢掠，夹带走私，驿道沿线为此感到十分痛苦，希望朝廷可以想出一个好办法予以制止。

张居正看后，经过深思熟虑颁布了全新的驿站规则。驿站新规颁布之后，混乱的驿站出现了很大的改观，许多人都收敛了自己的行为，不敢再继续滥用职权，违法强索驿站财物的恶劣行为也得到了制止。当然，也有部分官员不以为然，顶风犯法，依然我行我素，滥用驿站车马。万历五年（1577）正月，张居正开始对违反驿站新规的官员进行严惩，根据《明实录》与《国榷》的详细记载，万历八年（1580）五月至十二月8个月中，违制使用驿站受到惩罚的官员多达三十几个。这样，经过张居正整顿，改变了长时间无法改变的滥用驿站的混乱状态，确保了国家军务的畅通，提高了办事效率。

张居正的政治改革，首先从军事、政治入手，逐渐推广到经济方面。

大学士张四维与吕调阳多次向张居正建议，要求立即改革赋役，兴利除弊，并且推荐了"一条鞭法"。所谓一条鞭法，其实早在嘉靖年间就有部分有识之士在福建、江西等地区开始实行了。这一方法最早是由福建巡抚庞尚鹏提出来的，他主张将田赋、徭役及其他名目繁多的杂税、杂征、杂差统和为一体，依照各家各户的具体情况重新核实再进行编订，将有丁无粮的编为下户，有丁有粮的编为中户，粮多丁少和丁粮俱多的编为上户。在总数确定后，按照丁、粮比例，将所有赋役派到丁、粮里面，随同完纳。总而言之，"一条鞭法"，就是将繁琐的赋税统一化，减少了赋税的征收，在一定程度上规避了富户逃避税款的行为。但是一直以来，朝廷中对此争论不休，各陈利弊，以致屡行屡止，从来没有正式统一的律法颁布。张居正责成户部尚书张学颜亲自主持丈量。只要是庄田、民田、职田、牧地，通行丈量，限期均为三年。

户部之后颁布了《清丈条例》，规定了各级官员的职责以及完成期限。自嘉靖以来不断有人提出清丈天下田亩的建议，在张居正的努力下终于付诸实施了，这的确是当时震惊朝野的一件大事。

但是，清丈田地触犯了大地主、大官僚的利益，遭到了这些人的强烈反对，再加上有些官员对于清丈田亩有些不得力、不认真，甚至公开袒护豪强，所以迟迟打不开清丈局面。张居正虽然理解这种情况，但是还坚定不移，他一再告诫百官："清丈之事，是一件百年旷举的大事，不应该草草了事，需要严肃对待。"这样清丈田亩工作终于冲破了重重阻碍，在全国范围内推广开来。

清丈田亩成功告一段落，这为全面改革赋制提供了前提，户部尚书张学颜亲自起草的一条鞭法终于可以在全国范围内推广了。万历九年（1581），张居正正式下令在全国推行"一条鞭法"。

在万历年间的改革中，张居正可谓是雷厉风行，始终站在权利争斗的风口浪尖上，在此期间，他的敌手们处处想要置他于死地。这场轰轰烈烈的改革，就像是狂风中的孤焰，一转眼就烧到了万历五年。

这一年，张居正迎来了人生的最大考验。他的父亲去世了，这将正想要深入改革的张居正摆在了两难的境地，10天之后张居正收到了来自家人的丧报，那一天他没有上朝。万历皇帝朱翊钧从次辅吕调阳的奏疏中知道了这件事，于是，给张居正写了一封谕旨，差司礼监太监李佑快速送到了张居正的家中。依照明代礼制，张居正的父亲死了，他需要辞去官职在家守孝两年。

张居正的内心矛盾极了，于公于私他都十分不愿意在这个时候回家。一方面，万历皇帝朱翊钧这时候还年幼，他们母子二人绝对离不开深谋老练的顾命大臣张居正；他自己正在推行的尊主权、课吏职、行赏罚、一号令的举措以及正在进行的全国范围内的丈量土地、改革赋税制度、推行一条鞭法等改革方案还在推行中。从个人利益来想，自己从一介儒生到现在的权倾朝野，也的确是来之不易，他害怕日久生变。更让张居正想不到的是，在他没有上朝的第四天，官员竟然都去纷纷祝贺次辅吕调阳。依据明朝不成文的规定，首辅去位三日以后，次辅就可以将座位从右边移到左边，真是人未走茶已凉，这件事把张居正惹怒了。

虽然张居正的心里十分难过，但是从眼下的局势来看，朱翊钧母子是离不开他的，太监冯保等人都极力支持他，凭借自己数年的经营和深谋老到的权术，去留问题最终还是由他个人决定。于是，他决定调动自己所有的力量。让万历皇帝与自己上演一出完美的"二人转"。接下来，张居正抓紧了私下的互动。没几天，也就是张居正接到父亲死讯的一周后，朱翊钧就明确表明了自己的态度，在下发吏部的圣旨中写道：安定社稷，朕深切依赖，岂可一日离朕？父制当守，君父尤重，准过七七，不随朝，你部里即往谕着，不必具辞。

既然张居正知道皇帝要"夺情"的态度，于是，就故作姿态的做了一首《乞恩守制疏》，在叙述了一番伦理道德之后，又说自己才53岁，丁忧的时间只有27个月，到那个时候，身体还很健康，只要皇上不嫌弃，还可以召回来任用。小皇帝朱翊钧于是抬出了死去的先皇，希望张先生可以留下来。

张居正和万历皇帝经过几日来的几辞几留，这几出"二人转"演下来，"夺情"心愿不仅如愿以偿，而且他在朝廷中的地位和声望也得到了提高，天子盛赞他的无双忠孝、盖世大功，是他今后继续当国受之不尽的资本。

至此，"夺情"的事情算是定下来了，但是朝臣中的争论与分歧也随即展开了，虽然支持的声音很多，但是公开反对的声音也不小。针对"夺情"风波的处理，伴随着越来越多的人起来反对，张居正逐渐被逼到了孤立的地位。一些人借由弹劾张居正，接二连三地向皇上上疏。张居正发怒了，因为挺身而出反对他"夺情"的都是自己的同乡或门生。朱翊钧更是龙颜大怒，他认为矛头不只是对着张先生"夺情"问题，更是对自己权威的藐视！万历皇帝表现出坚决的态度，他决定效法列祖列宗对直谏犯颜的言官的一贯做法，对弹劾张居正的人执行廷杖。

即便是万历皇帝采取了这样严厉的惩处，朝臣中竟然还有没有被皇帝的权威吓到的，那就是刑部观政进士邹元标。这是一位来自江西吉安府的青年进士，对张居正一直心怀不满。就在言官挨杖的那一天，他义无返顾地将自己的奏疏呈上，将矛头直指张居正。在他眼中，张居正虽然有志有才，但是学术偏隘，刚愎自用，他的涉事乖张，用刻深之吏、沮豪杰之才等诸多行为，简直不胜枚举，更何况朝廷中除了他之外，并非没有能人。张居正自称非常之人，其实亲丧不奔，别人视他为禽兽。

竟然敢挑战皇上的权威，简直是不想活了，这一次邹元标变成了箭靶子，被廷杖80，发配边地。

处罚结果一公布，反对"夺情"的官员都面面相觑，大吃一惊。真没想到这小皇帝人不大，脾气倒是不小，办起事来干净利索，岂是一个狠字了得。到此为止，反对张居正"夺情"的斗争终于被压下去了。

意外结局 令人唏嘘

"夺情风波"这场戏充分显示了处于权威顶峰的张居正驾驭权柄的能力，这也表明似乎一切都在他的掌握之中。但是，正在他想要将改革进一步推进的时候，一场宿疾痔疮的复发，让他终于不支病倒了。

张居正生病的时候，万历皇帝多次询问其病情，并且拨出金银珠宝为医药费。但是张居正生病四个月依旧没有痊愈，后来，百官一齐斋戒设道场为他祈祷。这期间万历皇帝命令张四维等人处理内阁中的基本事务，但是大政方针还是需要到张居正的家里由他最终做决定。最初，张居正还可以尽心尽力，后来逐渐感到疲惫不堪，就没有办法完全办理。即便是到了这个时候张居正依旧不想让张四维等参与内阁事务。等到病情沉重的时候，他就上奏乞求让他回故里。万历皇帝再一次下诏书褒奖慰留他，尊称他为"太师张太岳先生"。张居正自知这场病是好不了了，就推荐前礼部尚书潘晟和尚书梁梦龙，侍郎余有丁、许国、陈经邦。过后，又推荐尚书徐学谟、曾省吾、张学颜、侍郎王篆等可用之人。皇帝就把这些人的名字贴在御用屏风上。当时的张居正精神已经不是很清楚，心里想的与做的都不能自己做主了。

缠绵病榻半年之后，一代名相张居正于万历十年（1582）六月二十日，抛下他呕心沥血建树的改革业绩和已经将近八旬的老母、30多年的妻子、6个儿子、6个孙子，默默地离开了人世，享年58岁。

张居正病逝之后，万历皇帝为了他停止上朝，下诏赐祭九坛，按照国公兼老师的规格办理丧事，赠封上柱国，谥号文忠，万历皇帝还命令四品京官、锦衣卫高级官员、司礼监太监护送张居正的灵柩回乡进行安葬。很显然，在赐谥的时候，神宗对于张居正功勋业绩的估价还是十分高的。可以这样说，张居正离世之后的一段时间也是极尽哀荣。

但是紧接着风云突变。万历十二年（1584）四月，万历皇帝突然下诏削夺张居正一切官爵，并查抄家产。张居正从权利的巅峰一直跌入地狱，生前身后的巨大反差给人们留下了无尽的想象。

万历皇帝态度的转变对于张居正的败亡起到了决定性的作用。一个言听计从的好学生，为什么会在短时间内转变如此之大，对恩师家族痛下杀手呢？这样的结局不但让人感到唏嘘不已，更让人疑惑不解。当然，想要分析其中的原因，可能还要从万历皇帝刚刚登基的时候说起，那时冯保料理万历的生活，看护跟随十分卖力，皇帝只要稍微有些抵触心理，冯保就会立刻去禀报慈圣皇太后。慈圣皇太后便严厉斥责万历，而且说："倘若让张先生知道了，该怎么办呢？"所以小皇帝十分害怕张居正。等到皇帝渐渐长大了，心里对张居正的不满情绪就增加了。

还有一件事情就是，长大之后的小皇帝命人暗中刺探冯保与张居正的情况。张居正去世之后，一些人开始弹劾张居正和冯保结党营私，而且夸大其词说他们家里的珍宝财物已经超过了皇宫，万历皇帝听到这些心动不已。万历皇帝终于不愿意再忍下去了，在宫里将冯保拘捕起来，之后又将冯保贬到南京充任奉御。冯保被抄家的时候，从府上搜出的白银上百万两。当然，这使万历皇帝更加有理由怀疑张居正的家财更加丰厚，心里更是嫉恨。

再加上诸多弹劾，万历皇帝心中的怒火越烧越旺，于是命令司礼监的张诚以及侍郎带着锦衣指挥、给事中去抄张居正的家。

然而，还没有等到张诚一等人来到张居正家里，荆州的地方官就率先来到张家，封了他家的门，他的子女们都躲进一间空屋子里，等至门被启封，饿死的已经有十几人。张诚等到了之后，又查抄了他儿子兄弟储藏的财物，得到黄金万两，银子十多万两。张居正的长子礼部主事张敬修受不了刑罚，没过多久就上吊自杀了。这件事情很快传了出去，申时行等人和六卿大臣联合上疏，希望宽容张家，刑部尚书潘季驯的奏疏说得十分恳切。万历皇帝只好下旨给张家留下空住宅一所、田十顷，用来作为张家母亲的赡养费。

整个万历年间，再也没有人敢再一次提起张居正，这个结局简直让人痛心疾首。自张居正死后，明朝的各种矛盾不断涌现，甚至到了不可收拾的地步。在大明亡国丧钟清晰可闻的时候，人们就越是怀念那个敢作敢为、魄力非凡的张居正。

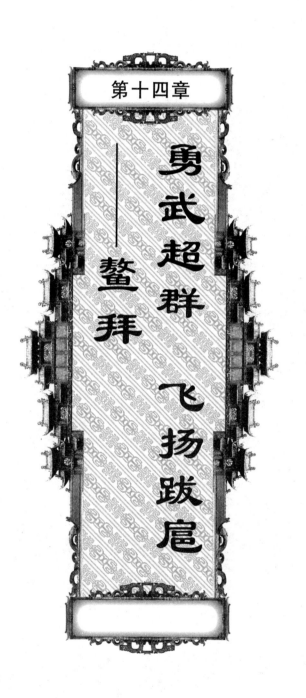

第十四章

勇武超群　飞扬跋扈

——鳌拜

宰相档案

☆姓名：鳌拜

☆出生日期：不详

☆逝世日期：1669 年

☆生平简历：

1634 年，被封为护军参领。

1642 年，被封为护军统领。

1645 年，成为一等昂邦章京。

1650 年，当上议政大臣，封一等侯。

1661 年，作为辅政大臣，协助康熙处理国事。

1669 年，被康熙秘密逮捕，不久死在狱中。

人物简评

鳌拜是清朝初期的一个权臣，属于满洲的镶黄旗，在清朝历经三代，是一位元老重臣。他以前为清朝立下过赫赫战功，但是后来又被康熙关进大牢，因此对于他的功过很难评价。

鳌拜曾经因为战功卓著，被封成公爵，他的前半辈子立下很多功勋，被称为"满洲第一勇士"，但是后来在执掌了大权以后，就开始以权谋私，广泛的勾结党羽，对皇帝管理国家带来了很多不利的影响，因此被康熙抓了起来，在牢里度过了余下的生命。

刚开始的时候鳌拜是镶黄旗里面的一个非常重要的大将，对于主人皇太极非常忠心，在皇太极死了以后，为了让皇太极的儿子福临当上皇帝，鳌拜甚至动用了武力。从此以后鳌拜就与多尔衮结下了很大的仇，以致于后来在多尔衮掌权的时候，鳌拜受到了很多次非常残酷的排挤与打击，曾经有三次濒临死亡。这个时候原来那些共同盟过誓的大臣们早就不再遵守以前的誓言，他们只知道现在是多尔衮当权，于是就纷纷投靠了多尔衮，并且得到了很大的好处。但是鳌拜却坚决不肯同流合污，仍然坚持和多尔衮做着斗争。从这一点来说，鳌拜是一个性格耿直、不畏强权的人，能做到这一点，在当时那个环境中是极为难得的。

生平故事

功勋卓著

鳌拜出身在于将门，在小的时候就接受过非常严格的训练，无论是骑马还是射箭，都是一流的好手，在成年以后武艺非常高超，不但如此，他还有一个非常与众不同的特点，那就是臂力非常大，一般人都比不过他。

刚开始的时候鳌拜的官职并不大，是一个巴牙喇壮达，也就是皇帝身边的一个近卫的小头目，跟在太宗的身边随军打仗，不过鳌拜打起仗来非常勇猛，常常一个人冲锋在前，建立了很多卓著的功绩。有一次攻打皮岛的时候，皇太极好几次命令军队发动猛攻，但是都没有拿下来，皇太极顿时觉得非常着急。这个时候阿济格被派去指挥进攻事宜，他就大声问道："这个岛有那么难攻下吗，你们有谁可以领着勇士们第一个登上岛?"鳌拜见众人都不敢上前，于是便挺身而出，立下了军令状，并且说："如果我不把这个岛打下来，一定不会回来见王的，誓死也要把它拿下!"接着鳌拜就亲自带领着一队人马，奋勇当先，在石块和箭雨之中前进，划着船朝岛上射箭，最后终于成功登上了岛。一踏到岛上，鳌拜就和明朝的军队展开了一场激烈的战斗，由于他们是先头部队，人数上面不占优势，还要冒着炮火与箭矢。但是鳌拜却拼死抵抗着，并且举火为号，让清兵接连登岛。在一番苦战之后，清军终于将皮岛占领了下来。由于鳌拜这次的表现非常突出，皇太极对他进行了重重的封赏，还赐给他一个"巴图鲁"的称号。

在天聪八年（1634）的时候，鳌拜跟着清军的大部队入关，一直插入到明朝的中心地带，然后被封为牛录章京世职，接着又担任了一个统帅1500人的官——甲喇章京。

崇德六年（1641）的六月份，鳌拜跟着郑亲王济尔哈朗一起对锦州进行围攻作战，明朝的总督洪承畴带领着多达13万的明朝大军赶来解救。对于人多势众的明军，鳌拜一点也不畏惧，他身先士卒带头冲进明朝的军队当中，一路上像是战神一样，挡者披靡。身边的将士受到他的鼓舞，也一个个奋勇杀敌，最终五战五胜，把明军打得大败，死伤超过一半的人马。鳌拜对这样的结果还不满意，继续一路追击下去，剩下的那些明军都在他的追赶之下跳到海里面淹死了。经过这次的战斗，明朝的军队损失惨重，基本上已经没有能力再和清军对抗了，明朝的天下已经不可扭转地走向灭亡之路。由于这次战斗最主要的功劳都要归于鳌拜，因此鳌拜当上了亲兵里面权力最大的官。

到了崇德八年（1643）的时候，鳌拜跟着阿巴泰等人率领军队向北京一路打了过去，他奋勇当先，领着自己的那些军队第一个登上明朝的长城，把明军的防线打得七零八落，接着就一直将战场推进到了北京。过了没多久，鳌拜就又跟着左翼部队打到了山东那里，并且在山东肆无忌惮地大抢特抢，然后带着数不尽的金银珠宝回去了。接着两路清军的部队在密云那里合兵一处，再接再厉，将明朝的总督范志完以及总兵吴三桂打败。经过这次的战斗，清军取得了非常好的战果，一共攻下了明朝内地的城市88个，将明朝包括鲁王在内的6个人生擒活捉，明朝的宗室也死了有一千多人。清军掳走明朝的人口多达36万，抢走的钱财物品更是数都数不过来。鳌拜因为在战斗中奋勇当先，表现尤为突出，因此晋升为三等昂邦章京，得到的奖励非常多。

受到压制

鳌拜的仕途本来一路都非常顺利，既有皇太极的信任，又有巨大的功劳在身，官越做越大，行事也非常大胆什么都不畏惧。但是到了崇德八年八月的时候，清太宗皇太极突然去世了，然后经过一番激烈的争斗，顺治皇帝登基，由多尔衮进行摄政，实际上大权全都掌握在多尔衮的手中。鳌拜等人因为一直反对多尔衮，因此遭到了多尔衮无情的排挤和打压。

第二年的三月份，明朝基本上接近灭亡。这时候忽然又出现了农民起义的事件，李自成带着那些人数众多的乌合之众将北京城攻陷，明朝的崇祯皇帝自杀了，明朝从此灭亡。后来明朝的总兵吴三桂向清军投降，在四月份的时候，清军的大部队由吴三桂开路，一路赶奔北京。清军在一片石和李自成的军队展开决战，李自成的军队人数虽然多，但是都是些缺乏战斗力的老百姓组成的，很快就被清军打败了。清军迅速将北京城占领，在这场战斗中，鳌拜再次立下了最大的功劳。

到了顺治二年（1645）的时候，鳌拜随着英亲王阿济格去打仗，对湖广一代的农民起义军进行镇压，一直打到了湖北安陆，把李自成打得惨败。清军在九宫山把李自成杀死，俘虏了大将刘宗闵，然后又把他杀死，接着鳌拜他们又开始领着人向四川进逼。顺治三年（1646），鳌拜在凤凰山把张献忠杀死，接着连克很多郡县，将四川平定下来。

但是这次的结果却出乎意料，以往鳌拜立下军功之后，都会受到重赏，这次不仅没有受赏还被罚了。有些人奏报说在和张献忠的军队战斗的时候，有些士兵为了争夺赏赐而冒功，但是鳌拜却没有将这件事调查清楚，所以应该把鳌拜革职查办，然后罚100两银子。本来在皇太极死的时候，以鳌拜为首的几个大臣打算把皇太极的大儿子豪格拥立成皇帝，因此鳌拜曾经与索尼等人进行了一些秘密活动。三月份，鳌拜以前的这些秘密行为被人举报出来，依据当时的法律，鳌拜犯的是死罪，不过顺治皇帝却免去了鳌拜的死刑，让他上交一定的银子来赎清自己的罪过。时间不长，鳌拜就又被人告发了，说在皇太极去世的时候，鳌拜准备秘密发动兵变，想要阻止顺治皇帝登基。这下鳌拜已经没办法避免重罪了，因此顺治皇帝就治了他的罪，把他革职然后贬为平民，想要给他一个戴罪立功的机会。

时来运转

尽管鳌拜被多尔衮一再排挤，但是却依旧顽强地抗争着，而且是金子总会发光的，在顺治五年的十一月，鳌拜和英亲王阿济格一起领着兵马在大同驻守。由于阿济格这个人非常残暴，在那里什么坏事都干，因此引起了老百姓们强烈的不满，产生了一次规模非常大的反清浪潮。到了十二月初三的时候，大同的总兵姜瓖叛变了清朝，率领军队和清军打了起来，他一造反，山西的那些州县也顿时起来反对清朝的统治。

正当反清运动进行的如火如荼之时，农民起义也纷纷在各地发生，和南明的永历政权联合起来，一起对抗清朝，并且取得了不小的成绩，经常打胜仗。被他们这么一折腾，整个国家都沸腾起来，反清运动一浪高过一浪。

面对这种动荡不安的局势，摄政王多尔衮打算亲自领着军队去镇压，首先就要消灭大同那里的。第二年的三月份，鳌拜和端重亲王博洛会一起对大同的叛军发动进攻，多次打败了姜瓖的军队，并占领了孝义。

顺治七年（1650）的十一月份，多尔衮结束了他控制朝政的生涯，

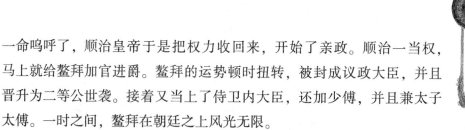

一命呜呼了，顺治皇帝于是把权力收回来，开始了亲政。顺治一当权，马上就给鳌拜加官进爵。鳌拜的运势顿时扭转，被封成议政大臣，并且晋升为二等公世袭。接着又当上了侍卫内大臣，还加少傅，并且兼太子太傅。一时之间，鳌拜在朝廷之上风光无限。

手握大权

顺治皇帝活的时间不长，在顺治十八年（1661）的正月，就驾崩了。顺治去世以后，康熙皇帝登基，由于康熙当时的年龄还非常小，只有8岁，因此顺治又让鳌拜、遏必隆、索尼和苏克萨哈四位大臣辅政。

当时辅政的四个大臣里面，索尼的年纪已经很大了，对于朝政根本就不上心，什么也不管。而遏必隆这个人比较胆小，不敢担什么大事，对于别人提出来的意见总是说好，什么作用也起不到。这个时候就只有苏克萨哈的资历和声望可以与鳌拜一较长短了，于是他常常和鳌拜产生冲突，发生激烈的争吵，不过由于鳌拜的权力太大，没有起到明显的作用。从此以后，朝政大权都被鳌拜自己掌控着，在朝廷上非常嚣张，什么事情都敢做。

自从鳌拜做了辅政大臣之后，他便对那些和他作对的人进行无情的打击与迫害，积极培养自己的党羽势力。由于鳌拜一直和内大臣费扬古有着非常大的矛盾，而且还对费扬古的儿子在皇帝那里当侍卫感觉非常不痛快，因为那个小子作为一个小小的侍卫，竟然敢对他无礼。所以鳌拜就随便编了一个罪名，说费扬古的儿子私自骑了皇帝的御马，还用皇帝的御用弓箭打猎，就把费扬古的儿子给杀了。这样还不满足，鳌拜又说费扬古因自己儿子的死心中对皇帝怨恨，把费扬古也处死了，还将他另外的那几个儿子也杀掉，并且将他家的财产全部没收，把收上来的那些钱全都给了自己的兄弟。

康熙五年（1666）的时候，又出现了一件事情，就是圈地乱国的事件。因为清朝刚从外面打过来的时候，对老百姓们的耕地强行夺走，还圈起来做上记号，证明这些地是谁的，于是就叫做圈地。但是在安定下来以后，为了不给老百姓们带来持续不断的麻烦，朝廷就颁下圣旨，不允许再继续进行圈地了。但是鳌拜却觉得他所在的镶黄旗的土地太少了，这样连自己都养活不起，应该再从老百姓那里圈一些地来补充。

鳌拜的这个想法明显就是为了给自己手下的那些人谋求好处，因此朝廷上下对他的这种做法一致反对，认为这样会造成国家的混乱。苏克萨哈一直经常与鳌拜唱反调，现在他作为一个正白旗的人，自然也对鳌拜的做法强烈反对。对土地调换事宜进行管理的户部尚书苏纳海以及直属总督朱昌祚还有保定巡抚王登联对于鳌拜的无耻行径也非常抵触，他们说："现在老百姓们已经安心地生活了很长时间，百姓的那些田地曾经根据圣旨，不允许再进行圈占。"

鳌拜见这么多人都反对他，感到异常愤怒，发了很大的火，马上下令把这三个人抓起来，并且判处死刑。康熙知道这件事以后，对鳌拜的这种做法表示不赞同，不让他这么做。但是鳌拜根本就没把康熙放在眼里，后来竟然撒谎说自己奉了康熙的旨意，把苏纳海他们三个人斩首示众，并且还把他们的家产全部没收了。

刚开始的时候，尽管鳌拜是四位辅政大臣之一，但是地位并不是最高的，不过在索尼去世以后，鳌拜的地位就无人可比了，其他两个辅政大臣根本不是他的对手。鳌拜开始编结朋党，无论什么事情，一定要在他的家里先商量好，之后才会按照已经定好的办法行事。假如有人将他的罪行告发出来，鳌拜就会把这个人当成死敌，想方设法把这个人除掉。鳌拜手握重权，而且如此的嚣张跋扈，令朝廷上的大臣们都感到非常害怕，整日在心惊胆战中度过。由于这个时候康熙的年纪还很小，什么事情都做不了主，因此鳌拜就变得更加肆无忌惮起来，经常会在康熙的跟前发生争吵，甚至有的时候会在康熙的眼前对那些大臣们厉声呵斥。那些朝臣只要稍微有反对鳌拜的事情，就会被他残忍地杀害。

公元1667年的七月，康熙已经13岁了，于是他便开始了亲政，但是在康熙刚刚才亲政，其中的一个辅政大臣苏克萨哈就上折子请求把他派去给先皇看守陵寝。康熙非常奇怪，想不明白为什么苏克萨哈会有这样的请求。由于苏克萨哈一直和鳌拜对着干，这么多年来两个人结下了很深的怨仇，所以鳌拜一心想要把苏克萨哈除去，不然连睡觉都觉得不踏实。

　　由于苏克萨哈的地位比较高，和以前鳌拜整死的那些人不可同日而语，因此不能再使用那些简单的方法了。于是鳌拜就和他的那些党羽们给苏克萨哈编造罪名，一共编出了 24 条，全都是强加在苏克萨哈身上的，与实际情况完全不相符。然后鳌拜就拿着这些"罪状"，奏请处死苏克萨哈。

　　一开始的时候康熙并不答应鳌拜的这个请求，于是鳌拜就反复地奏请。最后康熙觉得鳌拜的势力实在太大，如果一直这样下去，很可能会给自己带来不利，但无奈之下把苏克萨哈绞死了。苏克萨哈死了以后，朝廷上更没有敢和鳌拜作对的人了，于是鳌拜就更加猖狂起来。

被捕下狱

　　鳌拜的权势那么大，康熙小的时候不懂事，还能被他蒙蔽一时，但是康熙是一个非常厉害的人，在开始亲政以后，就对鳌拜的行为再也忍不下去了。鳌拜却依然不知道收敛，继续勾结朋党，凡事为着自己的私利考虑，在朝堂之上非常蛮横，竟然公开和康熙唱反调。

　　不仅仅是朝廷的事情全由鳌拜一个人说了算，而且鳌拜还常常会自称有病，不去上朝，如果康熙不亲自去给他问安，他就一直赖在家里。对于鳌拜的种种作为，康熙一直在极力忍耐着，但是由于鳌拜总是得寸进尺，不懂得尊卑，康熙对他已经忍无可忍了。但是想要除去鳌拜，却并不容易。

　　康熙首先和已经去世的辅政大臣索尼之子索额图建立密切的关系，接着又装作一副不务正业的模样，选了不少孔武有力的年轻人在宫里面整天玩扑击的游戏，准备着秘密收拾鳌拜。

　　公元 1669 年的五月，鳌拜到宫里面去见康熙，他怎么也想不到康熙正埋伏好了想要对付他呢，当他走到角场的时候，康熙马上下达了逮捕的命令。康熙平时训练出来的那些健壮少年一起上前，一下子就把鳌拜摁倒在地，虽然鳌拜是一个武艺高强的武将，但是在这么多健壮青年的围攻之下，还是没有能力挣脱出来。就这样，康熙略施小计，轻轻松松就把鳌拜擒住了。

接着康亲王杰书等一些人指出了鳌拜这些年以来的三十个重大的罪状，并向康熙奏请把鳌拜斩首示众，将他的所有财产全都没收。但是由于康熙对鳌拜这些年所做的事情还是心怀感激的，觉得他虽然独断专行，做事特别飞扬跋扈，但是还是有功于国的，于是并没有杀掉他，而是免去了他的职位，并将他关进了大牢里，永远囚禁起来。对于鳌拜的那些党羽，康熙可就没那么客气了，把他的一批死党全部斩首示众，以儆效尤。后来时间不长，鳌拜就死在了监狱之中。

如果看一下列举出来的那些鳌拜的罪状，虽然有三十条之多，但是其中有二十三条是说他这些年来如何专横跋扈、把持朝政、缔结朋党的，有两条是说他对太皇太后不尊敬，还有五条说他对册立皇后不满意，心生怨恨以及擅自买仆人。这些其实总起来说只有一点，就是鳌拜不服从皇帝的管理，太过霸道了。这种情况和那些作恶多端又贪污成性的扰乱国家之人不同，也没有什么造反的野心，甚至还做过不少对国家有好处的事情。对于鳌拜的是非功过，康熙知道的一清二楚，因此才没有杀他。

在康熙五十二年的时候，这时的康熙已经很老了，还是忘不了鳌拜那些年为国家所做的好事。有一回，康熙把诸王及贝勒、大臣们召集到一起，说："我忽然想到了几件事情，这些事情如果我自己不说的话，没有一个人敢说出来，而且除了我，再也没有知道这些事的人了。"在这些事情当中，康熙特别强调了，"我们大清朝自从跟着祖宗南征北战打天下开始，那些为我们家尽忠的大臣里，如果要说功劳最大的，没有人能比得上鳌拜……鳌拜的功绩太大了，是不容抹杀的，应该给他一个世职"。其中一些话康熙没有说出来，那就是当年他把鳌拜抓起来，完全是鳌拜太嚣张了，他被逼无奈才那样做的。在雍正当上皇帝之后，"赐鳌拜祭葬"并且将鳌拜的一等公恢复，允许对这个职位进行世袭，到了雍正九年的时候，又加封鳌拜为超武公。在鳌拜死后，皇帝们种种的恩赐都表明一件事，鳌拜并不是一个罪大恶极的奸佞之臣，他对清朝来说还是有非常大的功劳的，这些功劳足以让后世的人们牢牢将他记住。

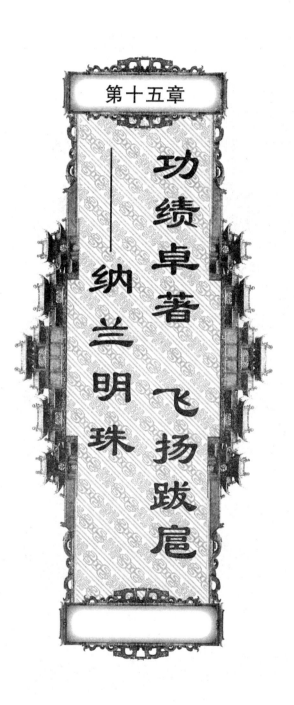

第十五章

功绩卓著 飞扬跋扈

——纳兰明珠

宰相档案

☆姓名：纳兰明珠

☆出生日期：公元 1635 年

☆逝世日期：公元 1708 年

☆生平简历：

1664 年，被提拔成内务府总管。

1666 年，迁为弘文院学士。

1668 年，受命治水，后任刑部尚书。

1672 年，调为兵部尚书。

1675 年，迁为吏部尚书。

1677 年，当上武英殿大学士。

1688 年，由于腐败，被革除大学士之职，后任内大臣。

1708 年，病逝。

人物简评

　　纳兰明珠，字端范，属于满洲的正黄旗。在康熙当上皇帝以后，把明珠提拔成内务府郎中。后来因为明珠在官位上的表现非常突出，在康熙三年的时候，他又被康熙提拔成了内务府的总管。明珠曾经对河患进行过治理，也平定过清朝的叛乱，功劳非常多，地位也比较显赫，受到康熙皇帝的信任，对他一再提拔委以重任，而且还负责辅国。但是在那么高的位置上的时间一长，明珠的私心就开始萌生了，逐渐对反对他的人大力排挤，结党营私。由于他的这种败坏纲纪的行为，渐渐的便失去了皇帝的宠信，在朝廷上的地位越来越低。但是总的来说，明珠这个人既有功劳也有过错，并不能相互遮掩，应该分开来说。

生平故事

治水与平叛

　　康熙五年的四月份，明珠当上了弘文院学士，从此一脚踏进了朝廷的中枢机构，成为社稷的重臣。过了两年，清朝发生了严重的水灾，黄河以及淮河有很多地方都决堤了，灾情非常严重，治水工作刻不容缓。

　　在这个危急的时刻，明珠临危受命和工部尚书玛尔赛一起致力黄河与淮河等水灾地区的水利工程建设，还亲自出马，对开凿黄河的引河工程进行指挥。在明珠的努力之下，水患被成功遏制住了，由于他这次表现得非常好，于是晋升成了刑部尚书。

　　经过这件事情以后，明珠就在官场上混的风生水起，一路不停地朝着更高的官位前进。到康熙十一年，明珠当上了兵部尚书，并且受到康熙皇帝的宠信，遇到事情的时候经常为康熙献计献策，并且各种机要事务都有他的参与。时间一长，明珠与康熙相互之间越来越信任，君臣关系非常融洽，更给他的仕途带来了巨大的好处。

在康熙初年的时候，清朝的南面地区已经平静下来，但是仍然存在着非常大的隐患。在广东有平南王尚可喜，云南有平西王吴三桂，而福建还有一个靖南王耿精忠，这三个藩王都手握重兵，是清朝统治者的巨大威胁。经过了十多年的养精蓄锐，这三个人的势力变得更加强大了，而且非常骄横，很多时候根本不把清朝的皇帝当回事。

对于这种情况，康熙决定要撤藩。但是由于这三个藩王实力太过雄厚，不是那么轻而易举就可以控制的，如果他们不接受朝廷的撤藩旨意，势必要发兵征讨，到时候清朝不一定能打得过他们。就算最后朝廷获得了胜利，一定也是损失惨重的一场硬仗。因此，对于到底应不应该撤藩，在朝廷里分成了两个派系，争论来争论去也得不出一个具体的结果，不过大部分人还是不主张撤藩的。

然而康熙是一个非常有魄力的皇帝，他心中已经决定要撤藩了，否则国家将没有办法再继续治理下去，就算勉强维持着和平的局面，时间一长迟早要出问题。这时候明珠等人主张进行撤藩，而且态度非常坚决，和朝中那些想要对藩王进行妥协退让的人展开激烈的辩论。康熙最终同意了明珠他们的观点，颁下圣旨进行撤藩。

这么一来，三个藩王果然全都不服，表示对朝廷非常不满，纷纷领着自己的军队开始造反，这就是在康熙时期非常有名的"三藩之乱"。朝廷里那些一直主张不撤藩的人见到这种情况，吓得不知道该怎么办才好了，大学士索额图领着那些主张和平的人一起向康熙上折子，请求把明珠等主张撤藩的大臣杀了，这样或许可以平息那几个藩王的怒火。康熙不像他们那样胆小怕事，所以对他们的请求根本不放在心上，而是积极备战，准备将三个藩王一举消灭，这样就可以一劳永逸了。

但由于连年征战，再加上自然灾害的影响，清朝的国力并不是太强大，而三个藩王却一直在一旁处在安定的环境之中，实力都非常强。这次三藩动乱给清朝带来了非常严重的影响，让康熙他们处在一种非常艰难困苦的境地下。这时候明珠身上的担子非常重，肩负着保家卫国的责任，一旦被藩王们打败，清朝很有可能就面临万劫不复的情况。

明珠参加了很多次高层的会议，将军力的部署问题、将领的委派以及军需物资的供应等种种问题进行了紧急的商定。接着明珠就帮助康熙皇帝进一步思索平定这场叛乱的方法，还不停地参加各种议政大臣举行的会议，对最新的军情进行讨论和分析，随时制定出最新的对敌方案。最终经过一番非常艰难的战斗，康熙在与三藩的战争中取得了胜利，维护了清朝的统治。在这件事情上，明珠做出的贡献是非常大的，康熙心里也非常清楚。

于是在康熙十四年（1675）的时候，康熙把明珠提拔成吏部尚书，到了十六年的七月，又让他当了武英殿大学士，一跃变成内阁辅臣当中的一员。

在这之前，明珠做得最正确的一件事就是积极主张撤藩，他的这个观点和康熙皇帝的想法不谋而合，因此得到了康熙的大力支持。并且在接下来和各个藩王的战斗中表现得非常出色，为清朝做出了巨大的贡献，将一直以来的心腹大患除去。正因为这样，明珠受到了康熙的赏识和器重，成了朝廷上一个格外受宠的官员。

为国尽忠

明珠不仅在打仗方面非常出色，而且还非常能识别人才，那些经过他举荐当上官的人，绝大多数都可以胜任自己的职位，有些还能在任上做出不错的成绩。有一次，两广总督的位子空了下来，于是康熙让吏部开出了一个满族与汉族官员的列表，这时候明珠便举荐了一个人——福建巡抚吴兴祚，说他曾经在征讨的时候出过不小的力量，而且这个人对海务比较熟悉，如果让他做两广总督的话，一定可以胜任。明珠的这个提议得到了康熙的认同，于是命吴兴祚当了两广总督。

康熙二十年的时候，吏部想要补授一个翰林院的掌院学士，推荐可以胜任这个职位的人里面包括侍读学士蒋弘道以及候补学士陈廷敬等一

些人。这时候康熙不知道应该让谁当这个掌院学士，因此就问明珠对这件事有什么看法，于是明珠就向康熙推举了陈廷敬，理由是这个人的才华非常高，是个不可多得的人才。康熙皇帝觉得明珠说得非常有道理，于是就采纳了他的建议，选择了陈廷敬。另外在治理黄河与淮河方面有着突出成绩的河道总督靳辅，也是经过明珠的推荐才当上这个官的。可见明珠在识人方面确实可以说是独具慧眼。

在以前，清朝任用官员的时候对于满族与汉族的区分非常看重，汉人是不可以当大官的。但是到了康熙的时候，为了让满人与汉人之间的民族矛盾得到一些缓和，康熙对汉人的一些文化表现的非常大度，能够虚心接纳。而且在官员的任命上面，他也顺应了当时的潮流，不再一味的坚持满族和汉族的分别。康熙二十一年（1682）的八月，在明珠的建议之下，康熙皇帝对盛京的知县以上的官员一定不能任用汉人的提议进行了否决。这种做法是深得民心的，由此可以看出，明珠不仅为朝廷做了很多事实，而且在化解满汉两族的矛盾上面也起到了非常好的作用。

明珠对清朝所做的好事还有很多，他非常积极地向康熙提议减轻老百姓们的苛捐杂税，让百姓们能够休养生息，将连年战乱所造成的损失弥补回来。在康熙二十二年的十一月，户部做出了一个决定，对于湖南的那些当铺以及酒铺们增添出来税钱的征收绝对不允许停止，但是明珠却不那样认为，他觉得现在天下已经差不多安定下来了，没有必要再继续增加税收，那些多加出来的税银应该停止征收，因此他对停征湖南那里的税银表示非常支持。山西那里因为遭受了自然灾害，没有粮食可以上交，所以请求停止钱粮的征收，但是经过户部那些人的一番讨论以后，还是决定继续征收山西的钱粮。这时候明珠又站出来反对他们，主张应该停征。由于明珠的这些让人民休养生息，社会良好发展的观点和康熙非常一致，所以康熙皇帝对他更加宠信了。

除了治理国家方面有不错的才能，明珠的文化水平还相当不错。他曾经主持重修过《太祖太宗实录》，并且对《平定三逆方略》、《大清会典》、《政治典训》、《大清一统志》、《明史》和《三朝圣训》等书进行过编纂。

结党营私

明珠在康熙面前一直得到宠信，而且又手握着非常大的权力，时间一长便开始有些飘飘然了。明珠在朝廷当中的地位非常高，清朝的时候那些内阁大臣并没有太大的权力，也不设立首辅大臣，但是明珠却仗着康熙皇帝的宠爱，经常把自己当作是首辅大臣，其他官员虽然心中不满，但是却一点办法也没有。

自康熙十七年至康熙二十七年（1678—1688）的这段时间里，明珠的权力剧烈地膨胀，随之而来的是私心和贪欲。于是他就利用自己手中的权力，不断地收买人心，手底下聚集了一大批党羽，对于反对他的人进行无情地打击与迫害，不断地为了自己的地位与权势做出一些卑鄙无耻的事情来。

明珠这个人变得非常阴险，嘴里说一套，背地里却做着另一套，把笑里藏刀的伎俩运用的炉火纯青。他经常用的一种排除异己的方法就是，当面说出很多好听的话，让人减轻戒心，忍不住对他说一些肺腑之言。这样一来，他就对这个人的想法有了充分的了解，对于那些对他不满的人，他就想方设法加以陷害。明珠只效忠一个人，就是康熙，只要是康熙比较赞赏打算委以重任的那些人，他都要用各种办法来讨好，而对于那些令康熙感到非常不满或者是比较讨厌的人，明珠也不会直接打击，而是不失时机地表现出他的宽宏大度，用同情心来对这些人进行笼络，形成自己的权力集团。到了后来，那些朝廷中的大官，不管是满族人还是汉族人，里面都有明珠的死党。

一开始的时候，由于索额图在内院和内阁一连当了八年的官，而且特别蛮横，一点也不讲道理，但是权力还非常大，这就让康熙感到非常不自在。于是为了平衡一下大臣之间的力量，康熙就选了明珠进入到内阁当中，这样一来，康熙的目的果然达到了。自从明珠到了内阁以后，就开始和索额图对立起来。他们两个的身边都聚集了一批党羽，然后就互相攻击、倾轧。当时索额图和皇太子走得非常近，想要让自己在下一任皇帝的时候也能继续风光。但是明珠就要和索额图反着干，他对那些朝廷里面和太子勾结在一起的人，全都想尽一切办法把他们从权力集团当中赶走。到了康熙十九年的八月，索额图生了一场病，辞去了大学士的职位，不过还是在内大臣那里上朝，接下来被封为议政大臣。因此，明珠和索额图之间的斗争还会一直持续下去，不知道什么时候才会结束。

在康熙初年的那段时间，由于打了不少仗，用在军事上的钱财非常多，因此有不少人就趁着这个机会用钱来买官，明珠是来者不拒，揽了一大批钱财，家里的那些银子堆得像一座山一样。到了康熙十七年的时候，有一个叫法若真的人重新受到重用，他以前是江南左布政使，现在本来打算让他当河南布政使，不过这个人没有像别人那样贿赂明珠和索额图他们，因此就在朝廷上受到了排挤，没有当上这个官。凡是那些比较大的官员位置出现了空缺的时候，明珠那些人就有大捞好处的机会了。而且一到快过年的时候，就会有很多人给他送礼，那些送礼的人会在门口排成一条长长的队伍，把他们家前面的那个胡同都堵满了。

在康熙二十三年，当时非常有名的理学家、内阁学士汤斌当上了江宁巡抚。这时候明珠就让人告诉他说，他这次可以当上江宁巡抚，全都是因为明珠在皇上面前替他美言，并且暗中还帮了很多的忙，所以就伸手朝汤斌要钱。但是由于那一年江苏发生了比较严重的水灾，老百姓们的粮食全都被大水冲走了，根本就没有收上来多少钱，所以汤斌就没有理明珠。对于这种不给自己贿赂的行为，明珠感到非常气愤，想要对汤斌进行报复，让他知道不按照自己的意思办会有非常严重的后果。然后明珠就在康熙面前极力推荐汤斌，希望康熙可以把他召到宫里来，让他来对皇太子进行辅导。康熙听从了明珠的建议，然后明珠就在汤斌来到京城以后，想方设法对他进行陷害，这样一来康熙就对汤斌起了疑心，并且非常严厉地将他斥责了一顿。

明珠做了那么多以权谋私的事情，经常担心会有人在康熙那里将他告发，所以对于各级的监察官员，他都采取了非常大的压制策略。为了将向康熙进言的道路阻断，防止有人偷偷将他的那些坏事告诉康熙，明珠还要挟一部分科道官，让他们不能直接给皇帝奏报，遇到有人上折子的时候，必须要经过他的检验以后，才可以送到宫里去。尽管他的防范措施很严密，但是由于坏事做得太多，还是有人将他的行为告诉了康熙。明珠于是就对那些敢挑战他的官员进行残酷的打击，用各种办法栽赃陷害。明珠这种贪污腐败的行为，对官场上的风气带来非常不利的影响，使得康熙时候的吏治非常不好。

因为明珠在那么长的时间里都结党营私，用权力为自己谋求好处，尽管他想出了各种办法进行掩盖，但终究是纸包不住火。康熙慢慢地发现了明珠贪污受贿、排除异己的行为，为了让他能够克制一点，不要做得太过分，康熙曾经警告过他。在康熙十八年的七月份，京城发生了一次地震，在封建社会这是一种不祥的预兆，因此康熙就借着发生地震的机会，向那些大臣们提出一点警告，要他们为官的时候要洁身自好，不可以弄权谋私，否则上天也不会眷顾他们的。但是明珠这时候已经贪污成性，根本不管这回事，还是继续过着贪污腐败的生活。康熙见这种泛泛的警告没有起到作用，就单独找明珠谈了一次话，希望他可以做一个清廉的好官，并且让他把于成龙当做榜样。经过康熙这么一说，于成龙顿时变成了当时公认的全天下最清廉的官员，但是对明珠还是一点作用也没有，他继续过着奢靡的生活。

康熙见明珠不听劝告，于是便想要对他进行整治了。但是由于当时明珠的权势太大，康熙就又用出了以前经常使用的老办法，给一个人权力让他去牵制另一个人。于是在康熙二十四年（1685）的时候，康熙让徐乾学到南书房当值，让那些官员们知道他对徐乾学非常信任，时间不长，他就又把徐乾学提拔为左都御史。这样一来，徐乾学的势力就慢慢变大了，逐渐可以和明珠的势力进行抗衡。

到了康熙二十七年（1688）的二月份，康熙见时机已经成熟，于是就让徐乾学和高士奇这两个人授意江南道御史郭琇向朝廷递了一个折子，就是非常有名的《纠大臣疏》。这道奏折一上来，顿时在朝野之中掀起轩然大波，因为上面满是明珠和余国柱这些年来的各种大罪。康熙收到这份奏折以后，马上就把明珠的大学士之职革去，后来又让明珠当了内大臣。明珠从此就不再受到康熙的宠信了，不过他的结局却不是很坏，在康熙四十七年的时候得病去世了。

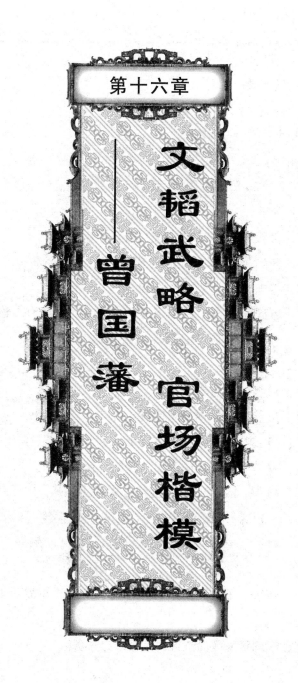

第十六章

文韬武略 官场楷模

——曾国藩

宰相档案

☆姓名：曾国藩

☆出生日期：公元 1811 年

☆逝世日期：公元 1872 年

☆生平简历：

1811 年 11 月 26 日（农历 10 月 11 日），曾国藩生于湖南省娄底市双峰县荷叶乡大平村。

1833 年，曾国藩 23 岁，参加湘乡县试，考取秀才。

1834 年，曾国藩 24 岁，进岳麓书院学习。

1835 年，曾国藩 25 岁，会试落第。

1838 年，曾国藩 28 岁，中第三十八名贡士，改名为国藩。

1841 年，31 岁的曾国藩，偕倭仁往谒理学大师唐鉴，请教治学之方，检身之要。

1842 年，32 岁，致力程朱之学。

1843 年，33 岁，升任翰林院侍讲。

1845 年，35 岁，升翰林院侍讲学士。

1847 年，37 岁，升授内阁学士、兼礼部侍郎衔。

1853 年，43 岁，1 月 21 日，接帮办湖南团练旨。9 月，奏准移驻衡州练兵。11 月，建衡州船厂赶造战船。派人赴广东购买洋炮，筹建水师。

1854 年，44 岁，奉命率师出征太平军。10 月取武昌。12 月攻陷田家镇。

1855 年，45 岁，石达开总攻湘军水营，烧毁湘军战船 100 余艘。曾国藩座船被俘。

1859 年，李鸿章来建昌进谒、留营襄办军务。

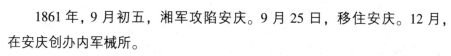

1861 年，9 月初五，湘军攻陷安庆。9 月 25 日，移住安庆。12 月，在安庆创办内军械所。

1862 年，奉旨任两江总督协办大学士，曾国荃补授浙江按察使。

1866 年，湘军总领曾国藩奉令进驻周家口，以钦差大臣的重权身份，督师剿捻。

1867 年，在江南制造总局下设造船所试制船舰。

1868 年，奉上谕改授为武英殿大学士。

1870 年，奉命前往天津办理天津教案。

1872 年 3 月初一，时发脚麻之症，舌謇不能语。3 月 12 日，午后散步署西花圃，突发脚麻，曾纪泽扶掖回书房，端坐三刻逝世。6 月，灵柩运抵长沙。7 月，葬于长沙南门外之金盆岭。次年腊月，改葬于善化县 (今望城区) 湘西平塘伏龙山。

人物简评

　　他有着非同一般的个人魅力，就连现代著名人物毛泽东都给予他很高的评价；他是一个备受争议的人物，有人说他为卖国贼，对其唾弃辱骂；有人则将其尊称为贤师，对其膜拜万千；他有着最精锐的治兵名言，有着最敏锐的知人之明。他就是晚清重臣曾国藩。

生平故事

出生传说

　　凡是历史上非同一般的人物，都是奇人异相的。相传，曾国藩出生的时候也和常人有所不同，留下一些匪夷所思的传说。

　　嘉庆十六年（1811）十一月，曾国藩出生于在湖南长沙府湘乡荷叶塘白杨坪（今湖南娄底双峰县荷叶镇天坪村）的一个豪门地主家庭。

　　据说，曾国藩出生的前天晚上，他的曾祖父便做了一个很奇怪的梦，梦中有一条大蟒蛇盘旋在空中，一下子降落在自家的院子里，盘了一周，而那巨大的舌头正对着房门口。噩梦惊醒，老人出了一身的汗。

　　第二天早上，曾国藩的曾祖父还想着昨天晚上做的那个梦，正百思不得其解的时候，突然听到隔室传来"哇"的一声，孙媳江夫人生下了一个男婴。老人顿时明白过来，立刻将曾国藩的父亲曾麟书叫了过来，并且把梦中的事情告诉给了他，说："我的这个曾孙长大了肯定有出息，你一定要好好培养他，以后必定能够光耀我曾家。"曾麟书也应付地答应下来。

　　更为巧合的是，在曾国藩出生的当天，曾家屋后面长出了苍藤，苍藤紧紧地缠在树上，后来树枯了，苍藤却是越长越茂盛，垂荫一亩，实乃世间罕见。因为它的形状竟然和曾翁梦中的蟒蛇很相似，所以乡里人也将其称之为"蟒蛇藤"。这样一来，他的祖父就更加相信巨蟒转世这一梦语。根据野史的记载，家人只要观察苍藤的枯荣，就可以知道曾国藩最近的情况如何，比如曾国藩加官进爵，一帆风顺，那么苍藤便会异常茂盛；反之则会枯萎。曾家屋后的苍藤也就成了曾国藩的化身。

不仅如此，曾国藩生下来便患了皮肤病，类似于牛皮癣之类的。全身上下都长满了像蛇鳞片般的癣。怪癣发作的时候，奇痒难忍，用双手抓挠，皮屑四处飞扬，就好比鳞片在空中飞舞一般。这也使得曾国藩自己都相信了蟒蛇转世的说法。

少年得志

最初，曾国藩并不叫此名，而是有好多个名字。他刚出生的时候，曾祖父给他起乳名宽一。后来，又改名为曾子诚。第二年又改为曾涤生。考中进士后，改名为曾伯涵，后为曾国藩。

曾国藩6岁的时候，他的祖父便为他开设了一所私塾，聘请陈雁门先生教他读书识字。第二年，其父曾麟书在家也开设了私塾，收了十几名学生，一边教学一边继续考取功名。

曾麟书心知自己的天分不高，想要考取功名也不是一件容易的事情，于是他便把所有的希望都倾注到儿子的身上。曾国藩在父亲的教导下，每日苦读《诗》、《书》，大有一点"头悬梁，锥刺股"的味道。就连吃饭，父子俩也是一边吃一边嘟嘟囔囔，讨论诗书。在父亲曾麟书的精心教导下，曾国藩9岁的时候便已经读完了五经，开始学做八股文。

别看曾国藩的年龄小，但是他一心向学，又有耐心，再加上其祖父和父亲的督促，学业上有了很大的起色。他14岁时，就是有名的才子了。那年，父亲好友衡阳廪生欧阳凝祉来看老友，期间读了曾国藩的诗文后，对其大加赞赏。为了试试曾国藩的才学，他当场出了几道题，曾国藩对答如流，这让欧阳凝祉很是惊奇，认为他肯定大有前途。于是当场便给他定了娃娃亲，而欧阳凝祉的女儿也就是曾国藩的原配夫人。

曾国藩 16 岁的时候，参加童生府试，考了第七名。这让曾国藩信心倍增，决定继续科考。考试回来后，曾国藩依然跟着父亲曾麟书学习，随着曾国藩学习范围的扩大，其父也感到越来越力不从心了。后来，他听说衡阳汪觉庵先生是有名的八股名师时，便把曾国藩送到了汪先生所开的唐氏家塾去学习，那一年曾国藩 19 岁。

曾国藩用了一年的时候，学完了学校的全部课程，后来又回到本县的涟滨书院读书。

道光十三年（1833），曾国藩 23 岁了。这一年是曾国藩一生中最重要的转折点。在这一年，曾国藩参加了科考，中了秀才。年底，便和从小订婚的欧阳家的女儿欧阳小姐成婚，可以说是"双喜临门"。

道光十四年（1834），曾国藩告别了妻子，前往省城岳麓书院读书。岳麓书院的山长是当时很有名的欧阳坦斋先生。曾国藩能诗能文，是屈指可数的优秀人才，深得欧阳坦斋先生的赏识，不过，这也引起了其他同窗的妒忌。相传，有一位性情急躁的同学，因为曾国藩将书桌放到了靠窗的地方，他便说："我读书的光线都是从窗中射来的，你岂不是挡住我的光线了吗？还不快闪开！"曾国藩说："那你说我该放什么地方呢？"那人说："放在床边好了！"曾国藩便按照他的话做了。曾国藩每日会读书很晚，那人又说："平日里不读书，晚上还要打扰别人吗？"曾国藩只能无声默诵。不久之后，曾国藩中举，那人愤怒地喊道："原本好风水都是属于我的，而现在却被你夺走了！"有个同学听不过去了，说："连书桌的位置都是你指定的，这怨得着别人吗？"那人说："正是因为这样，才夺了我的风水。"同学都认为这个人是无理取闹，替曾国藩抱不平。但曾国藩却不曾在意，由此也可见他非凡的气度。这一年，曾国藩 24 岁。

1834 年秋天，曾国藩参加了省城乡试，中了举人。这对于曾家来说，可是百年不遇的大喜事。可是，还没来得及庆祝，曾国藩又收拾行囊，赶赴北京，去参加来年的进士会试。

道光十五年（1835），曾国藩踏上了会试的路程。可惜的是，第一次出师不利，落榜了，而幸运的是，当年正好赶上太后 60 大寿，会增加一次会试，这也就是说明年曾国藩还会有一次机会。他和父亲、祖父商量之后，决定住在京城的"长沙会馆"。这样，他就可以安心的准备来年的考试，闲暇之余还能够欣赏京城的景色，开阔眼界。在第二年的会试中，他又落榜了。不过，他并没有灰心，因为自己还年轻，路还很长。曾国藩回家之后，更加用心读书，八股、制艺也都有所长进。

道光十八年（1838），又到了会试的日期。而此时，曾国藩家道衰败，连上京的路费都拿不出来，最后只好东凑西凑，才凑够了钱。曾国藩拿着这些钱上路了。这一次很幸运，曾国藩考取第 38 名进士。接着又参加了殿试、朝考。殿试取得三甲第 42 名，朝考取得一等第三名。皇上接见后，封为翰林，授翰林院庶吉士。而这已经是科举试授予的最高官职了！这一年，曾国藩 28 岁。

组建湘军

咸丰二年（1852），曾国藩的母亲去世，曾国藩回家守丧。这个时候，太平天国运动席卷半个中国。虽然政府从各地调集大量官兵来抵抗太平军，但是却没有起到多大的效果。因此，清政府多次颁发奖励团练的命令，想用利用各地的地主武装来遏制太平天国运动的蔓延。这也为曾国藩创造了一个契机。

这个时候，刚刚任湖南任巡抚的张亮基也是发愁不已，幕僚左宗棠献计说："原礼部侍郎曾国藩正在家中守丧，他的威望和资历都比较高，又熟悉湖南一带的风情，他才是最合适的人选。"张亮基听后很是高兴，当即奏准朝廷，要留曾国藩一同抗击匪徒。

咸丰三年（1853），借此机会，曾国藩在自己的家乡湖南一带，创建了一支地方团练，称之为湘军。

办团练从宋朝开始就已经兴起了，清朝乾隆嘉庆年间便用它镇压过白莲教起义。咸丰皇帝任曾国藩为团练大臣，但是曾国藩知道，他所带兵的团练并没有经过正规的训练，根本不能抵抗太平军。更何况，团练经常做一些扰民的事情，不得人心。出于这种考虑，曾国藩便立誓创办一支与众不同的地主武装。

曾国藩的计划和张亮基不谋而合，并且全力支持曾国藩。可是，虽然有了张亮基的支持，曾国藩还是遇到了一些困难。创建团练不久后，张亮基、左宗棠、江忠源便相继离开湖南，而署理巡抚潘铎等不支持办团练，提督鲍起豹也从中作梗。一时，使得整个湖南都乌烟瘴气，就连曾国藩设置在其他村里的公馆也被冲走了。

1853 年 7 月，太平军攻打南昌，江忠源要求支援，曾国藩和骆秉章商量派遣罗泽南带领三千士兵前往。第一次和太平军交手，湘军损失惨重。这也让曾国藩感到要想战胜太平军，就一定要拥有足够的兵力和精良的武器装备。所以，曾国藩与江忠源商量，要对士兵严加训练，希望能够养成艰难百战之师。与此同时，曾国藩还在计划着建立一支水师。

1853 年秋天，咸丰皇帝同意了编练水师的计划，湘军规模也改成编练水陆各 5000 人。随后，曾国藩离开长沙，前往衡州练军。到了 1854 年 2 月，水师、陆师各 10 营 5000 人练成，而中国近代史上一支最为凶悍的地主武装诞生了。

1854 年 2 月，湘军全部出动，围剿在湖北、江西一带的太平军。1855 年，湘军占领了湖北省城武昌，第二年又夺得江西重镇九江。1858 年，李续宾、曾国华带领六千名湘军，进驻三河。太平军前军主将陈玉成，急忙赶去救援，于 10 月初二到达三河，后军主将李秀成也赶到这里，两部号称十万的太平军，拦截了湘军的退路。李续宾没有采纳其部下的退兵之计，而是冒险出击，陈玉成包抄其后路，湘军突围失败。这个时候，李秀成带领部下前来助战，激战到 11 日，全歼烟筒岗之湘军，另攻还攻破了湘军的 7 座军营。湘军悍将李续宾投水自尽，曾国华也在三河之役中去世，所部主力 6000 余人全部被歼。

1860 年，曾国荃带领湘军的精锐之师将安庆包围，那个时候的曾国荃已经是一名骁勇善战的猛将，在安庆城外的赤岗岭一战中，守将刘琳所带领的 800 勇士坚守最后一垒无望后下令突围，又遭到了湘军水师的攻击，无一生存。刘琳被湘军俘获。

在战斗最惨烈的时候，一个湘军士兵对太平军投掷了一个火药包，因为引火绳太长而没有及时爆炸，最后却被太平军扔回了湘军，炸药一瞬间爆炸。曾国荃亲自在前方督战，这才阻挡了太平军的攻势。

当时安庆城已经被围很久了，城中的粮草也早就吃光了，只好用小船偷偷向城中运送粮食。湘军攻城的时候，守城太平军已经好几天没有进水米，很多的人已经饿晕在地。

1861 年 9 月初四夜，湘军成功撞开了安庆的大门。冲入城内的湘军官兵对安庆进行了空前的大掠夺，将城中店铺抢劫一空。

1862 年，曾国藩指挥湘军兵分三路进攻长江下游地区。左宗棠带领楚军从江西进入浙江；李鸿章则是带领 4 个营的湘军，攻打江苏；曾国荃则带领湘军主力顺江而下，直奔天京。最后在 1864 年（同治三年六月），湘军在曾国荃的带领下占领了天京，镇压了太平天国运动。湘军的兴起，造就了清朝末期的"同治中兴"，对清朝乃至中国都产生了很重要的影响。

选拔贤将

曾国藩深知带兵打仗并不是自己的强项，而他最擅长的便是有识才之能。根据不完全统计，曾国藩在 20 多年里，曾经召集的幕僚多达 400 多人，其中有 47 人官拜三品，有 33 人位至督抚。左宗棠、刘蓉、李元度、郭嵩焘、李鸿章、彭玉麟、沈葆桢、罗泽南等晚清时期的栋梁之材，都是曾国藩举荐任用的。

那么，曾国藩的识人术到底有何不同呢，他又是运用什么方法让这些顶级的人才心甘情愿屈服于自己呢？根据历史记载，曾国藩善于相士，也就是说他看人的本领很高。

有一次，李鸿章向曾国藩举荐了三位年轻人。黄昏时分，曾国藩刚

刚回到家，家人便告诉他，李鸿章推荐的三位人才已经在院中等候多时了。而曾国藩摆摆手，示意家人退下，自己则是偷偷地走了过去，暗地里观察这几个人。其中一个人不断地用眼睛打量屋内的摆设，似乎在想着什么；而另一个年轻人则是规规矩矩地站着；而第三个年轻人虽然长相平庸，但是气度却不凡，只见他双手背在身后，正抬头看天上的浮云。曾国藩又观察了一会儿后，见那位看云的年轻人依旧气定神闲地观赏周围景色，而其他两个人明显已经有些不耐烦了。

观察完之后，曾国藩又亲自召见了这三个年轻人。交谈中，曾国藩发现，那个在打量自己屋内摆设的年轻人和自己最投机，他似乎早就已经习惯了自己的一切喜好，所以二人相谈甚欢。相比之下，其他两个人也都不那么出众了。不过，那位抬头看云的年轻人，虽然口才一般，但是却语出惊人，对事对物都有不同的看法和观点。

谈话结束后，三位年轻人起身告辞。但是让人意想不到的是，曾国藩并没有给那位最投机的年轻人要职，而是让他做了个有名无权的虚职；而那个低头不语的年轻人则被派去管理钱粮马草；而那个看云的年轻人则被派去军前效力。他还再三叮嘱下属，这个年轻人一定要重点培养。

曾国藩看人的时候，都是从细节的地方去观察，因为细节能够反映出一个人的性格。例如，第一位年轻人在等待的时候，会用心打量屋内的设施，这也说明他是一个懂得投其所好的人，从这里也能够看出，他将来肯定是一个奸猾不诚实的人，所以不能委以重任；第二个年轻人虽然做事唯唯诺诺，但是他却是一个谨小慎微的人，所以便让其管理钱粮马草；第三个看云的人，等待了那么长时间后，却不急不躁，有着大将风度，而更加可贵的是，在曾国藩这样的高官面前都不卑不亢，敢于发表自己的意见，由此也可以看出他是一个有主见的人，也是一个少有的人才。而这个人便是台湾首任巡抚——刘铭传。

刚开始，李鸿章也不理解曾国藩如此做的理由，不过听了曾国藩的分析之后，他对曾国藩识人的本事佩服的不得了。而在用人方面，李鸿章就是也很好的例子。

其实，当初曾国藩收李鸿章为徒，并不是因为李鸿章多么的优秀，而是看在李鸿章父亲的面子才收了他。李鸿章的父亲和曾国藩是科考时的同学，曾国藩对他的印象不错，所以才会帮他这个忙。当然，曾国藩重用李鸿章并不是完全出于他父亲的关系，更重要的还是李鸿章的个人才能。在北京时，曾国藩时刻把李鸿章带在身边，指导其八股文等方面的学业。而李鸿章倒也没有辜负老师的一片苦心，25 岁便考中科举。

此外，曾国藩选才不拘一格。薛福成是清朝末期著名的外交官，也是当时很出名的改良思想家。他出身书香门第，早期考取了秀才，后来因为家庭缘故没有继续参加科举考试。不过，不可否认，薛福成的确是个难得的人才，不管在治国、治军，还是在经济等方面都有他自己独到的观点，而且做事也非常有主张。曾国藩要去北方剿捻的时候，曾经四处张贴广罗人才的告示。那个时候，曾国藩已然是一名大家。薛福成认为投奔曾国藩，自己肯定会有出人头地的那一天。于是他给曾国藩写了一封信，里面阐述了治理国家的建议。曾国藩读了薛福成的这封书信，心中暗自惊喜，薛福成的一些观点和自己的主张不谋而合，便把他召来，留在自己的幕府中。后来薛福成对于清朝的外交起了很重要的作用。

在曾国藩的一生中，他举荐过很多人，不过，曾国藩举荐人才也有自己的原则，有几种人他是绝对不会举荐的，例如才高德薄、名声不好的人。在曾国藩看来，一个人的才能再高，但是他的德行和名声却不好，那绝对不是可造之材，不能委以重任的。其中最为典型的便是金安清。金安清这个人才高八斗，在经济方面的能力特别强，而且还练得一手的好书法，不过他的名声实在令人不敢恭维。金安清沉迷于女色，周围的亲戚、朋友，甚至乡邻里党的寡妇，都被他沾染过。金安清的口才非常好，擅长钻营，再加上好的文笔，在当时谋得一个要职也倒不难。

按理说，像金安清这样的人应该可以拜见曾国藩的，但是据说，金安清登门拜访了七次，七次都被曾国藩拒之门外。曾国藩不见他的原因有很多，根据《清朝野史大观》的记载，曾国藩不见他，是担心金安清的三寸不烂之舌会说动自己，让自己不得不重用他。不过，到底是不是这个原因，还没有一个确切的结论。不过有一点很确定，曾国藩曾经在自己的家书中写出自己的想法，说金安清这个人的计策可以用，但是金安清这个人是万万用不得的，用了他对我没有什么好处，他的坏名声也对我没有任何好处，所以我才不敢用他。

另外，还有一种人曾国藩也不会推荐，那就是才德平平，但是升迁过快的人。意思也就是说这个人的才能和他所处的官职不相匹配。

有一个名为恽世临的人，他在曾国藩的保举下官职升迁很快，没多长时间便做到了湖南巡抚的位置，不过很快便被朝廷罢免了官职。这一事件，无疑是对曾国藩举荐人才的一个否定。曾国藩经过反复思考后，认为，自己没有认清这个人的本质，没有估对他的才华。恽世临性情比较倔强，而且任性，做事从来不会顾全大局，他任职湖南巡抚之后，居然和总督毛鸿宾之间发生了很大的矛盾，而且还以巡抚的身份去弹劾总督，可以称得上是一个犯上之人，很难处理好和同僚之间的关系，这也是致使恽世临被罢官的很重要的原因。

其实，曾国藩不仅在选拔人才方面慧眼识人匠心独具，他的驭人之道也是让人称赞的，其中最为主要的一点就是赏罚分明。赏罚分明说起来很容易，但是做起来却是很难了。但是在曾国藩这里，他是一直致力于赏罚分明的。

例如，曾国藩严厉处置了失守徽州的李元度。李元度可是曾国藩所说的辛苦久从之将，曾国藩自称和李元度的感情非常深厚，是任何外力都打不倒的。在过去的几场大型的战斗中，比如靖港、九江之战等，即便是屡战屡败，李元度也都一直默默地陪在曾国藩的身边。这样的一员爱将，不管从哪方面讲，曾国藩都不应该对其这般严厉。

故事的起因是这样的。当时曾国藩奉命在祁门驻守，而徽州是祁门的一个很重要的门户，曾国藩认为一定要派可靠可信的人前去驻守才行。这样他便想到了李元度。那个时候，虽然李元度只是一个书生，没有经历太多的战役，但却是曾国藩最为信任的一员爱将。临行之前，曾国藩再三嘱咐李元度，并且还告诉其有几种情况是不能出击的。但是，当太

平天国的将领李世贤带着部队到达徽州后，李元度因为过于相信自己的能力，而忘记了曾国藩对他的嘱托和约束，执意带着军队和李世贤交战了，而这一战使得他大败而回，丢了徽州这一战略要地。曾国藩虽然对李元度很是重视和欣赏，但是犯了错误就必须受到惩罚的。于是他把决定上奏朝廷，给李元度严厉的处分。其他大臣都纷纷为李元度说情，尤其是李鸿章，更是据理力争，最后居然跟曾国藩说："如果你真的弹劾了李元度，那么以后谁还愿意跟着你在祁门呢，连我都想走了。"曾国藩却生气地说："你愿意走就走，李元度我是一定弹劾的。"最后，曾国藩把弹劾李元度的奏书上呈了朝廷。

　　处罚分明，奖赏也是一样。有一个人叫做雷嘉澍，曾经是一个地方小知县，因为太平军的攻击而丢失了整个县城，他也因此遭到了免职。不过，雷嘉澍可是一个爱民如子、爱兵如子的好官，他赏罚分明，为人又十分公正。他被免职之后，有一天，太平天国的部队又打到了他原来所在的德兴，雷嘉澍组织当地的百姓一起反抗，并且取得了最后的成功。这件事情被曾国藩知道后，便不计较他以往的失误，给皇上写了一份保荐书，将其纳到了自己的军营里来听差。

中兴无望　萎靡不振

　　自从曾国藩在京城做官之后，十年的时间连升十级。他的仕途之路可真是让不少人急红了眼睛。后来，曾国藩离开京城，带着自己组建的湘军开始四处围剿太平军，最后在他的带领下，攻克了南京，成功镇压了太平天国运动，成为清王朝的顶梁大柱。

　　同治七年（1868），直隶总督官文因为阻击西陕军失败，被清政府罢免了官职，而将正任职两江总督的曾国藩调到了那里，做了直隶总督。这是时隔很多年之后，曾国藩再一次回到了京城做官。当时，曾国藩收到圣旨后，他的心里是有些不安的，因为直隶总督一职在总督地位中是最重要的职位，如今他也搞不懂朝廷到底是怎么想的了。于是，便和自己的心腹赵烈文商量。他说，自己"北征"无功（"北征"指的是征讨捻军），回到两江上任不久，做出的政绩就连他自己都还不满意，这个时候，朝廷却交给自己这么重要的一个位置，到底有何用意呢？可是，他思来想去，就是想不明白。于是，他打算拜折辞谢，免得将来落入进退维谷的境地。虽然曾国藩想要请辞，但是在朝廷的一再坚持下，曾国藩也只好启程上任了。

同治七年（1868）十一月八日，曾国藩冒着严冬酷寒到达北京。镇国将军奕山将他从军机处引向了两宫和皇帝听政的地方——养心殿。曾国藩对两宫和皇帝行了君臣之礼后，便是两宫的问好，后来就是慈禧的问话，不过也都是一些家常话，并没有什么可疑的地方。

后来曾国藩又先后晋见了三次，但是每次的问话都相差无几。几次下来，曾国藩感慨良多。曾国藩每次进宫，问话的都是太后，而同治皇帝却不说一句话，分明就是一个傀儡皇帝，没有一点实权。而慈禧则号称"专断"，几次问话都是她一个人发问。这倒也没什么，但是连续几次的接见，又没有谈及什么正事，这让曾国藩完全摸不着头绪。

除了日常的接见以外，朝廷还会特意大摆筵席款待曾国藩。在宴席上，还将曾国藩的位置摆在大臣之首，其荣耀风光自是人生之极了。可是，那个时候，外强侵略，朝廷无能，曾国藩中兴的希望完全破灭，而曾国藩的身体也在这一打击中彻底颓萎下来。早期常年和太平军周旋，以及"剿捻"无功，早就已经让曾国藩感到心力憔悴。不过那个时候，曾国藩还抱着希望，正是这种希望还支撑着自己，让他还能够为清朝廷效劳。可是，自从这一次北京之行后，他感觉自己一直以来所坚持的希望就这么彻底瓦解了。

曾国藩回去之后，便患了疾病。刚开始的时候，只是眼睛看不清楚东西，视线中犹如隔了一层迷雾，后来就演变成疼痛难耐，不管是吃药还是打针，都对其没有任何的作用。不久之后，曾国藩的右眼已经完全瞎了，而左眼也只能看到一丝余光。祸不单行，后来曾国藩又得了眩晕之症，耳鸣脑涨，日夜惶惶，没有办法再处理公事，最后只好具疏请假。

晚年声名尽毁

同治九年（1870）四月，曾国藩的肝病加重，朝廷准假一个月。五月又续假一个月。六月，正在直隶总督任职的曾国藩又奉命前往天津办理天津教案。

天津教案便是：1870 年六月二十一日，因为怀疑天主教堂以育婴堂为幌子拐卖人口、虐杀婴儿，天津几千名群众在法国天主教堂前聚集示威。法国领事丰大业认为这是中国民众在聚众闹事，而中国官方却没有任何的行动，于是便拿枪在路上扫射。正好遇到了天津知县刘杰，二人还没有说几句话便争吵起来，丰大业开枪便射，当场将刘杰的仆人打死。这一下子，彻底激起了人们心中的愤怒。他们联合起来将丰大业以及他的秘书西门杀死，随后还砍杀了 10 名修女、2 名法国领事馆人员、2 名法国侨民、2 名神父、3 名俄国侨民和 30 多名中国信徒，将法国领事馆、望海楼天主堂以及当地英美传教士开办的 4 座基督教堂全部烧毁。

曾国藩到达天津后，考虑到当时的时局，不愿意和法国宣战，"但冀和局之速成，不问情罪之一当否"。在法国的强烈要求下，双方商讨决定，处死为首的 18 个闹事群众，流放 25 人，并且将天津知府张光藻、知县刘杰革职充军发配到黑龙江，赔偿外国人损失 46 万两银，并且由崇厚派遣使团前去法国道歉。

这一交涉结果，顿时引来了朝中上下和各界民众的不满，这也使得曾国藩的名誉大受影响，全国百姓都唾骂他为卖国贼，就连他的家乡人也焚毁了以往夸他功绩的匾额。

"天津教案"不久，曾国藩又奉命任职两江总督。1872 年二月，曾国藩带头上奏朝廷得到了批准，和李鸿章、丁日昌等人一起，将包括詹天佑在内的第一批四十名中国幼童，送往美国留学。这也是中国历史上第一次向海外公费输送留学生，这项前所未有、功在后世的创举将近代史上中国洋务运动推进了一大步。几天之后，曾国藩病情加重，卧床不起。

　　1872 年三月十二日，晚清中兴名臣曾国藩在南京因病去世，终年 62 岁。他繁重又辛劳的一生就此谢幕。

第十七章

—— 李鸿章

奋发图强　无力回天

宰相档案

☆姓名：李鸿章

☆出生日期：公元 1823 年

☆逝世日期：公元 1901 年

☆生平简历：

道光二十三年（1843），李鸿章在庐州府学被选为优贡。

道光二十四年（1844），第一次科考落榜，住京曾国藩宅邸受曾补习教导。

道光二十七年（1847），二十四岁的李鸿章考中进士，选入翰林院任庶吉士。同时，受业曾国藩门下，讲求经世之学。三年后翰林院散馆，获留馆任翰林院编修之职。

咸丰三年（1853），李鸿章随营帮办一切，遂受命回籍办团练。多次领兵与太平军作战。

咸丰七年（1857），皖抚福济奏报李鸿章丁忧，为父亲守制，从而结束了他为时五年的团练生涯。

咸丰九年（1859）末，投奔建昌曾国藩湘军大营，担任幕僚。

咸丰十年（1860），李鸿章统带淮扬水师。湘军占领安庆后，被曾国藩奏荐"才可大用"，命回合肥一带募勇。

同治元年（1862）二月，曾国藩在李鸿章的陪同下，检阅已经到达安庆集结的淮军各营，淮军正式宣告建军。

同治二年（1863）和三年（1864），李鸿章率淮军攻陷苏州、常州等地，和湘军一起基本剿灭太平天国。

同治四年（1865），李鸿章在署理两江总督任上，鉴于原设三局设备不全，在曾国藩支持下，收购了上海虹口美商旗记铁厂，与韩殿甲、丁日昌的两局合并，扩建为江南制造局。

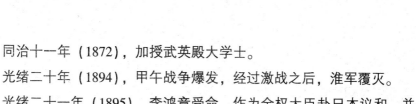

同治十一年（1872），加授武英殿大学士。

光绪二十年（1894），甲午战争爆发，经过激战之后，淮军覆灭。

光绪二十一年（1895），李鸿章受命，作为全权大臣赴日本议和，并且签订了《马关条约》。

1900年6月，八国联军入侵，大清国宣布与各国进入战争状态。慈禧命李鸿章北上与列强谈判。

1901年，李鸿章代表大清国与11国签订了中国近代史上著名的不平等条约《辛丑条约》。

1901年11月7日，这位大清重臣油尽灯枯，带着无尽的遗憾，离开了人世，享年78岁。

人物简评 ☁

李鸿章出生在大清国最黑暗、最动荡的时期，他的每一次"出场"都是在国家存亡的危机时刻，大清国要他承担的无不是"人情所最难堪"之事。所以，国人在对他痛斥辱骂的时候，确实"不可不深自反也"，确实不可"放弃国民之责任"。只是，怎样评价这一位100多年前的大清重臣，的确是一件很困难的事情。

生平故事 ☁

李鸿章一直努力想着让国家富强起来，他在竭尽全力让国家富强，缩短与西方帝国之间的差距，在开启民智的引进技术的事情上他做出了务实的举措。但是，他的一生都没有摆脱传统体制的束缚，又没有办法抵挡列强入侵的步伐，特别是没有给民众带来本质性的变革，例如自由和平等，因此他的努力最终失去了大家的认可，最终只能充当可悲的清政府"消防队员"角色。他在接连创下中国47个第一，也是历代签署丧权辱国条约最多的国务大臣，在百姓的口中他是"汉奸卖国贼"，因为他为合肥人，民间流传出"宰相合肥天下瘦"的言辞进行讥讽。

昔日翰林　今日绿林

李鸿章出生在安徽庐州府合肥县（现今安徽合肥）一个书香门第的官僚地主家庭，后人称他为"李合肥"。李鸿章在家排名第二，本名章铜，字渐甫。他从小就聪明好学，受到家庭环境的影响，希望有朝一日可以通过科举的门径步入仕途。李家世世代代以耕读为生，至李鸿章高祖的时候才"勤俭成家，有田二顷"，但是却一直和达官贵族无关。李鸿

章的父亲李文安在科举入仕之前，长期在家乡以课馆为业，高中进士的时候已经将近40岁了，不过，他的这个进士不早不晚，正好和曾国藩同一年考中。

同时考中进士，就意味着要同时做官，最初为京官的他们有着共同的参照和联系，无形之中成为了一个整体。那时，李文安是刑部司法官，有正直清廉之名，性格内向，资质平平，但是眼力很好，在他的安排下，将两个儿子李瀚章与李鸿章安排到曾国藩的门下，学"经世之学"，这或许就是李文安贡献给家族的最高智慧，从而奠定了李鸿章的思想基础。

咸丰元年（1851），洪秀全领导了金田起义，中国长达百年的混乱拉开了序幕。在天子脚下握了6年笔杆子的"翰林"李鸿章，也被派往老家干起了"绿林"。

咸丰四年（1854），李鸿章的父亲也回家和儿子一起办团练。李家父子的团练"整齐皆可用"。李鸿章本人先后跟随周天爵、李嘉端、吕贤基、福济等清廷大员在皖中和太平军、捻军展开激战。

所谓功高易遭人嫉妒，一时间，关于他的诽谤之言四起，李鸿章在乡里几乎呆不下去了。咸丰七年（1857），皖抚福济奏报李鸿章丁忧，为父亲守制，从而结束了他为时五年的团练生涯。第二年，太平军再一次攻陷庐州，李鸿章携带家人出逃南昌，暂时居住在哥哥李瀚章这里。他本人于咸丰九年（1859）末投奔建昌曾国藩湘军大营，担任幕僚。那时候，正好赶上湘军在三河战败，十分需要军事人才。所以，曾国藩对于招李鸿章入营襄助，十分积极主动，但是曾国藩认为李鸿章恃才傲物，才高气盛，还需要经受一定的磨炼。于是，他在平日里还是让李鸿章参与一些核心机密的讨论，将他和胡林翼、李续宜等同等看待。当时，湘军幕府中有很多能言巧辩的人才，如李元度、左宗棠等，曾国藩为了培养李鸿章，时常有意无意让他们和李鸿章产生一些口舌之争，以挫其锐气。

咸丰十年（1860），太平军第二次攻破江南大营后，江南的地主豪绅，都逃往了上海。为了免遭灭顶之灾，上海的豪绅买办一面筹备"中外会防局"，依靠外国的雇佣军保护上海；另一方面还派出钱鼎铭等为代表，前往安庆请曾国藩给予支持。钱鼎铭先是动之以情，同时，还利用其父亲钱宝琛是曾国藩和李文安同年的关系，走李鸿章的门路劝说曾国藩。

在如此猛烈的攻势下，曾国藩最终同意派兵支援，最开始时他有意让曾国荃领兵东援，但是曾国荃一心要攻打天京，建立首功，所以不愿前往。之后，曾国藩又去信请湘军宿将陈士杰出山，但是陈士杰以"母老"断然拒绝了他，曾国藩在无可奈何之下与李鸿章进行商议，他欣然答应了，于是就开始了淮军的招募与组建。事情进行得十分顺利，很快投入了训练。

剿灭义军　飞黄腾达

同治元年（1862）二月，曾国藩在李鸿章的陪同下，检阅已经到达安庆集结的淮军各营，淮军正式宣告建军。之后，上海士绅花银 18 万两，雇英国商船 7 艘，将淮军用水路运往上海。因为"济"字营留防池州，所以乘船进入上海的一共有 13 营，大约 9000 人。李鸿章本人于三月十日跟随第一批淮军进入了上海。半个月之后他被任命为署理江苏巡抚，十月十二日实授，次年二月又兼署通商大臣，从此平步青云，开始了他在晚清政治舞台上纵横捭阖的四十年。

李鸿章刚刚上任的时候，形式十分严峻。当时，上海是全国最大的通商口岸，是江南财富集中之地。淮军到达的时候，正好太平军举行第二次大举进攻，能不能可以保住上海并徐图发展，是摆在李鸿章面前最大的考验。面对这种情况，李鸿章又是怎样做的呢，李鸿章激励将士们："军贵能战，待吾破敌慑之"，硬生生地将这些"叫花子"训练成了悍勇的淮军。

不久，淮军独自进行了虹桥、北新泾与四江口三次恶战，李鸿章亲自到前线指挥作战，并且成功守住了上海，人们顿时对淮军另眼相看。

打了几次胜仗之后，李鸿章在上海初步站稳了脚跟，接着，他开始从"察吏、整军、筹饷、辑夷"各事入手，进一步巩固自己的地位。与此同时，李鸿章还采取了招降纳叛、兼收并蓄等措施，不断扩充自己的兵力，只用了不到半年的时间，淮军就迅速扩充到50个营头。在军费上，李鸿章采取了"关厘分途，以厘济饷"的方针政策，以关税支付常胜军、中外合防局及镇江防军的军需，而以厘金协济淮军，随着淮军军力和军事实力的不断发展，厘卡也层层添设，进而确保了饷源。在对外关系上，李鸿章利用洋人赫德和士绅潘曾玮当说客，不费一兵一卒就平息了因为苏州杀降而引起的戈登率常胜军聚众闹事的时间，并且最终解散了常胜军，初步显露了他的社交手腕。

同治元年，常熟太平军守将骆国忠降清。李鸿章借此机会率领淮军展开了收复苏、常的战役。经过和前来平叛的太平军反复激战，淮军最终攻克了太仓、常熟等地。在初步扫清苏州外围之后，李鸿章制定了三路进军的计划：中路程学启统率，从昆山直取苏州；北路李鹤章、刘铭传从常熟攻打无锡、江阴；南路则攻打平望、吴江，截断了浙江太平援军的道路。同治二年（1863）七月，程学启部兵临苏州城下，太平天国忠王李秀成率军自天京往援，与北路淮军大战于无锡大桥角，最终太平军以失败告终。这时，苏州太平军守将纳王郜永宽等在立场上发生改变，与程学启部紧密接洽献城事宜。十一月初五，郜永宽等杀死了守城的主将慕王谭绍光，开城投降。但是淮军入城之后，太平军八降王率部屯居半城，不愿意剃发解除武装，而是索要编制和官衔。此事，李鸿章采取了程学启的建议，斩杀了八降将，并且将其余部众遣散回家。苏州杀降，虽然引起了戈登的强烈不满，一度闹得不可开交，但是就李鸿章个人而言，毕竟消除了"变生肘腋"的隐患。曾国藩收到捷报之后，称赞李鸿章为"殊为眼明手辣"。

从此之后，淮军势如劈竹，节节胜利。同治三年，攻占常州，太平天国护王陈坤书被斩杀，苏南地区的太平军基本上被肃清。

太平天国起义失败之后，曾国藩和李鸿章在湘军和淮军的去留问题上，李鸿章和他的老师曾国藩采用不同的做法。曾国藩在攻下天京之后的一个月，就把他统帅的湘军大部分遣散。当时，北方的捻军起义还正在如火如荼的进行中，曾国藩不顾清廷责成他再顾皖省军务的命令而毅然裁军，因为他的湘军"暮气已深"，最重要的是，曾国藩担心自己功高盖主，为自己带来杀身之祸。但是李鸿章从国家的角度出发，主张保留湘淮军的用意，不止于"靖内寇"，更在于"御外侮"。

太平天国失败之后，安徽、山东一带捻军四起，严重威胁到了清王朝的统治。清廷在无奈之下，只好调曾国藩对抗捻军，李鸿章署理两江总督，负责调兵、筹饷等后勤事宜。因为湘军大部分已经被裁退，因此曾国藩北上率领的多是淮军。曾国藩认真研究捻军特点，仔细分析当前的形势。他认为，捻军的优点在于灵动活泼，他们数万精骑，行踪飘忽，神出鬼没，如果四处追击，必定给了捻军可乘之机。如今唯一的办法就是以静制动，以不变应万变，以己之"逸"来待捻军之"劳"。

几乎所有的事情已经准备就绪，而且依然在不断扩充自身的马力，却不料几个月下来，淮军屡战屡败，接连吃了四五次败仗，就连李鸿章身边的大将都丧了命。李鸿章痛定思痛，重新审视自己的战略，才知道这是遏制捻军的唯一方法。李鸿章坚定信心，在朝野一片"河防不可恃"的反对声中，始终坚持以逸待劳的方针，压制了捻军的气焰。捻军覆灭之后，清廷开复李鸿章迭次降革处分，并且封太子太保衔，授湖广总督协办大学士。

李鸿章从一介儒生，依靠着镇压农民运动而平步青云。同治九年，李鸿章接任直隶总督，十一月又兼任北洋大臣。李鸿章在这个位置上，稳稳当当的坐了25年，这在清王朝的历史上未开先例：李鸿章成为了清末最具影响力的封疆大吏、中堂大人。

洋务首领　功不可没

19世纪70年代出任直隶总督之后，李鸿章深切地感受到自己责任的重大，在考察了世界各国的发展之后，李鸿章为中国之积弱不振深感痛心，原因就在于"患贫"，得出"富强相因"、"必先富而后能强"的深刻认识，将洋务运动的重点转移到"求富"。为了实现富兵强国的愿望，李鸿章率领淮军来到上海，在上海与洋人展开了密切的合作：建造弹药厂，后改为洋炮局；成立金陵制造局，专门生产枪、炮、子弹、火药等；建立江南制造总局；建立天津机器局等，总之，李鸿章几乎遍布经济的各个领域。

基于"自强"、"求富"的需要，李鸿章在引进"制器之器"创办军工企业、民用工业企业的同时，还主张改革科举改革，培养一批合格的"制器之人"，也就是掌握科学技术知识的新式人才。为此，李鸿章大肆兴建新式学校；他还坚持向欧美等国家遣派了少量留学生，这是中国派遣留学生的先声。通过这些新式学校，一大批中国近代知识分子与专业技术人才被提拔任用。

在军事上，李鸿章除了用最先进的设备装备自己的淮军之外，最令人瞩目的就是创办了北洋海军，这是李鸿章兴办洋务的主要目的。

光绪二十年中日甲午战争爆发，李鸿章苦心经营多年的淮军败得一塌糊涂，北洋舰队也全军覆没了，李鸿章洋务运动的军事目的宣告失败，李鸿章权倾朝野的日子也就此宣告结束。然而李鸿章在创办军用、民用工业企业、发展教育、交通、通讯等领域的功劳却是不可磨灭的。

议和之旅　马关遇刺

光绪二十年（1894），甲午战争爆发。八月十六日，驻朝陆军在平壤与日军激战几个昼夜之后宣告失败，总兵左宝贵战死，统帅叶志超等人逃回国内。八月十八日，北洋舰队与日本海军主力在黄海大海沟附近遭遇截杀，丁汝昌执行李鸿章"保船制敌"的方针，消极制敌，仍心存侥幸，出海护航的时候居然连弹药都没有带足，导致北洋海军在弹药不足的情况下与日军进行了长达5个小时的海上会战，极大程度地影响了战斗力的发挥，也加重了损失的程度。最终，旅顺、威海等重要海军基地失守，北洋水师几乎是全军覆灭。

不管是陆战还是海战，清廷都是彻彻底底地失败了。这时，坐山观虎斗的各国列强们早已经按捺不住。他们想，日军这样强大，如果不早些遏制，以后还有立足之地吗？这帮"二手"的好人终于跳出来当上了和事老。

其实，日本也正在盘算着这件事情，以他们的实力，虽然打败清朝并不困难，但是毕竟自己还没有强大到可以占领整个中国的地步，更何况一个朝鲜已经让他们筋疲力尽，不如先捞点便宜再说吧。于是，日本便给清朝送来了一只和平鸽，表示愿意和谈。

1895年3月13日，李鸿章等人乘坐雇佣的轮船，悬挂"中国头等议和大臣"旗帜，从天津起程直奔日本谈判地——山口县马关的春帆楼，开始了他们的议和之旅。李鸿章在出发之前曾见过慈禧太后与光绪皇帝，请示妥协的底线。光绪皇帝的意见是宁可多赔款也不要割地。慈禧太后意见却是"社稷为重，边地为轻"，表示要割舍一些地方。当时朝廷内部对于是否割地这个观点的意见不统一，赔款数量原议是以一亿两白银为上限。

日本方面的谈判代表是伊藤博文、陆奥宗光。他们对大清王朝提出的条件不是苛刻，而是十分苛刻：日军占领大沽、天津、山海关，从天津到山海关的铁路线也归日军管，还要清朝承担所有费用。

当时李鸿章看到这些条款，心中的怒火燃烧，但是他深知不可以惹怒日本人，因此他决定先稳住敌人，就以要向北京请示为借口，不拒绝他们的条件，也不回答他们的任何问题，在北京没有传回消息之前一直保持沉默。这下子可是急坏了陆奥宗光，整天在屋子里转悠，他担心其他列强知道日本打算独占中国，会趁此机会跑出来捣乱。

3月24日下午3时，李鸿章与日本全权大臣内阁总理大臣伊藤博文、外务大臣陆奥宗光举行了第三次的会谈。李鸿章正式向伊藤博文提出，清政府拒绝日本方面提出的这些无理要求！李大人这一次算是扬眉吐气了，虽然打不过，但是也不会割地啊！

下午 4 时 15 分，会谈结束之后，李鸿章从春帆楼大门外登上乘舆，30 分经外滨町邮便电信局前，朝着江村杂货店的方向走去。经过江村杂货店再向北拐，便是引接寺的大门口了。街道的拐角处原本就十分狭窄，再加上人多，争着抢着要看大名鼎鼎的中国全权大臣李鸿章，秩序十分混乱，轿夫只能排群缓行。就在乘舆在人群中穿过的时候，突然有一个暴徒窜到了轿前，左手按住轿夫的肩膀，趁轿夫惊讶停步之际，右手举起枪向李鸿章射击。枪弹击中李鸿章左眼下，嵌入颊骨，鲜血流淌着。李鸿章手掩创口，神色镇定，等到乘舆来到引接寺大门前的时候，依然神情自若地一个人走着台阶进去了。

随后，几个随从把李大人搀扶着赶往医院进行救治，李鸿章眼下中的这一枪，子弹正好嵌在左眼下方一寸的位置，但是并没有伤害到眼睛。

事出突然，日本政府为了不破坏既得的利益，竭尽全力追捕凶手。后来总算查清楚，行刺的暴徒名叫小山丰太郎，是日本激进浪人组织"神刀馆"的成员。这一位浪人听说李鸿章拒绝了日本的要求，一怒之下，就准备将李大人杀死，只可惜枪法不是很准，没能一枪把他打死。为了缓和局势，日方宣布将小丰太郎判了无期徒刑。

很快，各国"友人"都知道李鸿章遇刺了，也纷纷前来慰问。这一次就连伊藤博文都乱了手脚，他想，这一次行凶事件若是被西方列强们知道了，岂不是要纷纷谴责日本？就算我们可以不要脸，但是如果李鸿章借此回国，中断谈判不是太亏了吗？当然，他最害怕的还是西方列强借机插手干涉。果然被他猜中了，很多国家都纷纷谴责日本是一个野蛮的国家。日本当局陷入一片混乱的状态。

左思右想，权衡利弊后，伊藤博文最终决定还是稳住李鸿章。他带着陆奥宗光，双目含泪地去看望破了相的李鸿章，并且安慰李鸿章。伊藤博文担心这件事闹得越来越大，最终不可收拾，只好先答应清廷暂时休战。不过，伊藤博文与陆奥外相这一次又充分展示了侵略者的奸诈狡猾，他们仅仅答应了在东北与山东停战，并不包括台湾与澎湖列岛。因

为，这个时候日本已经占领了中国的宝岛台湾。

接着，4月1日，陆奥宗光拿出了谈判的最新方案。李鸿章仔细向下读，越读越气愤：承认朝鲜独立；割让辽东半岛和台湾、澎湖列岛；赔银3亿两；开沙市、重庆、杭州、苏州为通商口岸。李鸿章暗想：这个条件简直太卑鄙了，这是要把大清吃光啊。可是败军之将，又有什么办法呢？还是能够争取一点是一点吧。

但是面对日本人的漫天"要价"，朝廷在给李鸿章的电报中也都是一些模棱两可的回答，最常说的一句话就是"希望鸿章自酌"。倘若采取强硬的立场和态度，只会导致中日的战争继续扩大。以大清国现在的军事实力而言，最终结果只能是中国东北全部被占领；而如果答应日本人的条件，大清国主权和财产的损失也是巨大的。两害取其轻，这是面对残局的李鸿章的选择，他将利害权衡了一番之后，心中也有了谱。

接下来，在和李鸿章谈判的过程中，伊藤博文二人彻底被震住了。他们惊奇地发现，这个古稀之年的老头不仅精力充沛，而且思维敏捷，说起话来不但侃侃而谈，还擅长引经据典、谈古论今，尤其是冷嘲热讽的功夫更是一流，竟然将日本说成是卑鄙小人。

在李鸿章的努力下，伊藤博文同意将赔款降到2亿两。但是李鸿章依然不满意，一点点的往下砍价。伊藤博文等人死死咬住这个数字不放，最后，李鸿章清楚这已经是底线了，也就同意了签约。回国之后的他遭到了人们的一致唾骂，没错，这一次颜面尽失的马关之行深深刺激了他，他发誓"终身不履日地"。

支持维新　保护康梁

《马关条约》签署之后，在全国上下引起了强烈的反响。维新派康有为等发动公车上书，掀起维新变法的高潮。虽然李鸿章也认为马关条约是奇耻大辱，发誓终生不再履日地，并且倾向变法。但是在"国人皆曰可杀"强烈的呼声中，他最终成为了代罪羔羊。甲午战败之后，李鸿章被解除了稳坐 25 年的直隶总督兼北洋大臣职务，投置闲散。

不过李鸿章的仕途厄运很快就结束了。没过多久，慈禧太后就将其恢复原职，让他进行环球巡查，这次出访更是让他对西方社会制度产生由衷的赞叹，归国觐见光绪和慈禧太后时，他详细解说了自己在欧美的繁华强盛，并且以中国贫瘠为由提出了"须亟设法"。还在演讲中大声疾呼："五洲列国，变法者兴，因循者殆。"

但是，他的意见并没有得到光绪帝的重视，他个人也没有如愿被重新得到重用。1896 年 10 月 24 日李鸿章被任命为总理衙门上行走，仅仅是一个见习大臣，并没有什么实权，被人们称之为"伴食之宰相"。从权倾一时的直隶总督、北洋大臣到被视为"陪人吃饭"的"伴食宰相"，落差是何等的悬殊啊。对此任命，李鸿章当然很不乐意，拖延了七八天才去上任。就在任命他为总理衙门上行走的同一天，又有人告发他几天前曾经私入圆明园，几天之后吏部准备将其革职，但是光绪下旨改为："罚俸一年，不准抵销。"不但没有得到重用，反而因为无心之失而受到处罚，他的处境实在不妙，不能不时时小心、处处提防。

在空前的危机下，康有为、梁启超发动的维新运动勃然兴起。对于维新运动，李鸿章是抱着支持态度的。甲午战争失败之后，李鸿章便开始反思自己，希望大清朝强大起来的愿望越来越强烈。周游列国时李鸿章研究了很多关于西方社会体制的材料，他曾在给英国传教士李提摩太的一封信里，明确表示希望中国可以走向"公天下之局"。但是对于身居高位、深谙宦情的重臣而言，他知道维新运动又不能不深涉足以光绪皇帝为首的"帝党"和以慈禧为首的"后党"之间的激烈的权利争斗，而卷入是必然的；而且，他与支持维新运动的重臣翁同龢之间又积怨多年。甲午战败已经让他变得声名狼藉，被朝廷冷落到一边，地位原本就已经是岌岌可危了。但是这一切，都让他在"政治安全"的情况下支持维新派。他曾对一外国人说过，现在权利在保守派中，因此"稍明新学"的官员需要格外小心，不敢倡言新法，很难做成事情。

从 1895 年"公车上书"起，经过几年的努力，维新变法已经大刀阔斧地展开了，康有为的变法主张首先打动光绪皇帝。1898 年，光绪帝命令翁同龢、李鸿章、荣禄等人约见谭嗣同。李鸿章在问起康有为这些问题：若是六部（吏、户、礼、兵、刑、工）都撤掉了，那么有些旧的体制是不是也要撤掉呢？康有为自信地回答道：如今世界各国并立的状态，而我们现在的法律与官制，都是过去的，中国之所以弱，原因就在这里。最好都能够撤去，即使一时间不能完全撤去，也应该考虑斟酌修改。李鸿章听到这些话之后，没有说什么，事后他对大家说：我真的不如康有为，废掉过去的旧政策和体制，是我思考了几十年也没有想到的，他却可以，我真的感到深深的惭愧。

李鸿章没有公开表态并不代表没有态度。6 月 11 日，光绪帝下定决心全面改革，荣禄一直对提拔康有为这件事提反对意见，并且屡次向慈禧太后告状。李鸿章知道这件事情之后，曾经两次告诉康有为，告诉他小心一点。后来，听说有人想要杀死康有为，李鸿章又派人告诉了康有为。他建议康有为"养壮士，住深室，简出游"。光绪帝为了保护康有为，让他出京，李鸿章又派人送行。

1898 年，戊戌政变失败之后，康有为和梁启超逃亡了日本，"六君子"被杀，只要是支持维新变法的人都要被杀，新法尽废。这时，李鸿章刚好被派任两广总督。慈禧下令对康有为和梁启超的亲戚进行搜索，刨开他们的祖坟。李鸿章极力反对这样的做法，一直拖延着没有办理。他回复朝廷说：新党在香港完成了勇衣和战袍，正式提出要"勤王"，现在平坟，只怕他们会找借口生事，照我看还是暂且缓一缓吧。后来，他对自己的部下说："我是坚决不会做刀斧手的。"

在如此严峻的形势下，李鸿章还暗中保护了一些维新人士，例如张元济因为参加了维新革命而被革职，他不但派人前往慰问，而且还让盛宣怀在上海安排工作，并且和康、梁暗通信息。因为他们的很多思想与维新派极其相似，因此有人上弹章告他就是维新派。有一天，慈禧太后拿着厚厚一摞弹劾李鸿章的奏折问李鸿章："现在有人揭发你是康党，关于这个你是怎么看的？"李鸿章回答说："臣确确实实是康党。在我眼中，

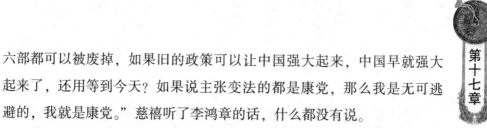

六部都可以被废掉，如果旧的政策可以让中国强大起来，中国早就强大起来了，还用等到今天？如果说主张变法的都是康党，那么我是无可逃避的，我就是康党。"慈禧听了李鸿章的话，什么都没有说。

李鸿章之所以这样回答慈禧，是因为李鸿章了解慈禧最关心并不是"法"变不变，而是她的权利是不是受到威胁；注重的不是臣子是不是支持"变法"的观点，而是是不是参与光绪、"帝党"、维新派的实际政治运动。因此他强调"废立之事，臣不与闻"，表明不参与宫廷政争，不参与朝廷的"家务事"。

李鸿章作为洋务健将，改革口号喊了这么多年，主张变法的思想当然是赖不掉的，但是既然当权的是太后，那么只要说自己没有跟上皇上的步伐，这就是李作为老官僚的官场智慧。而李对康、梁的"保护"态度，和下面拒绝挖康、梁两家祖坟的事情，又充分显示出了老官僚做事情为自己留后路的生存智慧。

签订条约　丧权辱国

1900年6月17日，八国联军攻破了中国素有海门古塞称谓的大沽炮台，3天后，京城门户天津陷落，列强以保护使馆为由浩浩荡荡地向通州进发，而通州距大清国的都城只有20公里。21日大清国正式宣布与各国列强已经进入战争状态。接着朝廷的电报不断地发往南方，要求各省封疆大臣率兵北上共同灭洋。这时的李鸿章深深知道国家的忧患已越积越深，军力积弱日久，现在迎战犹如鸡蛋碰石头，自行找死。于是李鸿章向朝廷发了一通电报——大清国两广总督对朝廷"北上勤王"的圣旨回答说："此乱命也，粤不奉诏。"

接下来，两江总督刘坤一、湖广总督张之洞、闽浙总督许应、四川总督奎俊等人在获得了李鸿章的电文之后，确定了共同抗旨以求东南互保的原则。他们的道理十分简单：若是大清国的南方也发生了动乱，那么乱了敌人的同时也乱了自己。虽然在之后的很长一段时间他们都被国人称为"出卖民族利益的无耻之徒",但是在 1900 年的庚子巨祸中他们保证了大清国的半壁江山的稳定。

就在这一联合抗旨事件发生之前,朝廷的电报接二连三地到达南方,要求李鸿章和洋人议和。朝廷为此将李鸿章由两广总督重新调任为大清国封疆大臣中的最高职位:直隶总督兼北洋大臣。而慈禧的最后任命书说:"着李鸿章为全权大臣。"每当满清政府把这个巨大的帝国带到毁灭的边缘,他们唯一必须启用的人就是李鸿章。1900 年 7 月 17 日,就在 77 岁的李鸿章准备在广州登船北上的时候,南海知县裴景福询问他有什么办法可以让中国的损失减少到最低,李鸿章长叹一声说:"这是不可预知的!只有竭尽全力进行交谈,还不知道能不能够做到?我还可以活几年时间?一日和尚一日钟,钟不鸣,和尚亦死矣!"李鸿章生命的最后一年就是在这种悲伤的心境中和与洋人进行如噩梦般的周旋。

李鸿章在 9 月 29 日到达天津,他首先去看了他执政 20 几年的直隶总督府,这时的总督府已经是一片废墟。10 月 11 日,李鸿章来到北京,除"两个小院落仍属于清国政府管辖"之外,整个京城被各国分区占领。那两个小院落一个是李鸿章居住的贤良寺,一个是参加与八国联军议和谈判的庆亲王的府邸。

紧接着,联军们召见了李鸿章和庆亲王,提出了议和谈判的六项原则:惩办祸首;禁止军火输入中国;索取赔款;使馆驻扎卫兵;拆毁大沽炮台;天津至大沽间驻扎洋兵,保障大沽与北京之间的交通安全自由。李鸿章见到着六条严重有损清政府主权的"原则"之后,忧愤地说出了列强犹如"虎狼群"之类的话,他终于意识到仅凭借一己之力无法挽回大清国的厄运。而此时逃亡至西安的慈禧在黄尘烈风中正翘首盼着李鸿章的"好"消息,尽管大清国 1900 年发生的这场巨祸是慈禧一手酿造的,但是李鸿章在联军追究面前维护住慈禧的权力,他只能日复一日的竭力磋磨。终于疲惫不堪的李鸿章病倒了,起因是在拜会英、德公使后回贤良寺的途中得了风寒,以此来拖延"漫天要价"的联军。终于联军沉不住气了,占尽"中国财力兵力"的"议和大纲"终于出笼。

　　这时，湖广总督张之洞联合南方的封疆大臣，竭力主张不可以在"议和大纲"上"唾押"。李鸿章对"不明敌情"却"局外论事"的张之洞十分恼火，他表示如果现在不画押，那么这场谈判就会破裂，结果只能是将大清国陷入无休止的战乱中——联军在京城屯兵数万，有随时扩大战争的能力；在这种内忧外患的情势下，高谈阔论又怎么可以扭转局面呢？

　　最终的"议和大纲"不但没有将慈禧列入罪魁祸首的行列，也没有迫使她交出权力，最终朝廷给李鸿章致电说："敬念宗庙社稷，关系至重，不得不委曲求全。"1901年1月15日，李鸿章与庆亲王作为大清国的代表在"议和大纲"上签了字。国人立刻指责说："卖国者秦桧，误国者李鸿章！"

　　这时的李鸿章身体越来越差，他知道自己的时间已经不多了，只想要尽快结束谈判。他代表清廷要求各国的军队早一点撤离中国的土地，但是，"议和大纲"签字之后，联军似乎并没有撤军的迹象。各国的态度是，必须亲眼看到祸首被惩办，必须将赔款的数额定下来，否则是绝对不会撤军的。

　　1901年2月21日，李鸿章接到了各国要求办理的12人名单，他们就是瑞郡王载漪、辅国公载澜、庄亲王、山西巡抚毓贤、都察院左都御史英年、刑部尚书赵舒翘、礼部尚书启秀、大学士徐桐、协办大学士吏部尚书刚毅、刑部左侍郎徐承煜、四川总督李秉衡、陕甘提督董福祥。其中除刚毅、徐桐、李秉衡三个人已经死了，载漪、载澜"定以斩监候罪名，如以为应行贷其一死，则遣戍新疆，永远监禁"，董福祥"事缓办"外，其他的人都被处斩或者勒令自杀。

　　到了4月，清廷又接到了列强要求严惩的地方官员的名单，但是这些名单都是依据"风闻的证据"列出来的，并不真实。清廷于4月29日和8月19日先后发布上谕，惩办了96名官员：其中"4人死刑，11人判死刑，减为永远流放，13人终身流放，4人监禁终身，2人长期监禁，58人永不叙用，2人谴责，2人追夺官职"。

　　慈禧老佛爷就像切瓜一样轻轻松松杀死了120多名官员，才让各国要求惩办祸首的风波平息下来。接着，关于赔款的问题就成为了中外议和的至关重要的所在，而这才是各国关心的最核心的问题。俄国首先提出了赔偿白银1.3亿两。联军统帅瓦德西在来中国的前几天，德皇威廉二世告诉他要"谨记在心，要求中国赔款，务到最高限度，且必彻底贯彻主张。因为皇上急需此款，以制造战舰故也"。德国提出的赔款大约是4亿马克。除此之外，法国要求的赔款也达到7千多万两。他们都要求以现金的方式支付，而且要一次性付清。

　　英、美、日等国害怕过多的赔款压力会严重削弱中国在国际市场的购买力，进而损害本国的商业利益，因此他们首先应该了解的是中国可以承受的赔款额是多少。英国人赫德在不断的分析后得出结论。他认为："最合适的偿付方法"是"各国政府同意接受中国政府保证在若干年内每年分期摊付"。那么，究竟是什么原因让英国人出面帮助中国说话，还如此仗义呢？这主要是因为赔款要靠增税，中国的海关税如赫德所说："增加到'值百抽五'，那么赔款问题根本不用增加其他的税，就可以得到解决。"这些增加的海关税说到底还是由列强们，尤其是对华第一贸易国——英国的国民进行支付的。

　　李鸿章每天周旋在与各国的议和中，身体一日不如一日，终于一病不起。再加上俄国从中作梗，更是让他心力交瘁，加速了他的离世。

　　面对这些，李鸿章开始咳血了。在生命的最后时间里，李鸿章已经没有精力与洋人们再论长短了。他唯一可以做的事情就是躺在病榻之上，指挥着下级官员尽量将损失降到最低：从一开始的10亿两白银降到4亿5000万两，分39年还清，年息4厘；4亿5000万两，是对4亿5000万中国人所定的数字，"人均一两，以示侮辱"。李鸿章接受了，因为他没有任何办法拒绝了。

　　1901年9月7日，清廷代表李鸿章、奕劻与11国代表正式签订了《议和大纲》的"最后议定书"，即为《辛丑条约》。在《辛丑和约》签订的前后，李鸿章与俄使及维特代表波兹德涅耶夫的接触十分频繁，俄国使臣逼迫李鸿章画押。

在《辛丑条约》这份文件上，李鸿章将"李鸿章"三个字签成了"肃"字的样子，这三个字拥挤在一起，软弱无力。从此之后，李鸿章就背负起了"卖国者秦桧，误国者李鸿章"的骂名，悲恸欲绝的李鸿章在签字回来之后，就开始大吐鲜血。医生最终的诊断是：胃血管破裂。

1901 年 11 月 7 日这一天，李鸿章灯尽油枯，背负着世人的骂名离开了人世。消息传来，慈禧泪如雨下，感叹说："大局未定，若有不测，竟再也没人可以分担了。"